21世纪教育理论与实践丛书

ZHISHI SHIYU XIA DE
JIAOYU SHIJIAN ZHIHUI

知识视域下的教育实践智慧

蒋 茵 ◎ 著

暨南大学出版社
JINAN UNIVERSITY PRESS

中国·广州

图书在版编目（CIP）数据

知识视域下的教育实践智慧/蒋茵著. —广州：暨南大学出版社，2015.8
（21世纪教育理论与实践探索丛书）
ISBN 978 - 7 - 5668 - 1361 - 9

Ⅰ. ①知… Ⅱ. ①蒋… Ⅲ. ①师资培养—研究 Ⅳ. ①G451.2

中国版本图书馆 CIP 数据核字（2015）第 046722 号

出版发行：暨南大学出版社

地　　址：中国广州暨南大学
电　　话：总编室（8620）85221601
　　　　　营销部（8620）85225284　85228291　85228292（邮购）
传　　真：（8620）85221583（办公室）　85223774（营销部）
邮　　编：510630
网　　址：http：//www.jnupress.com　http：//press.jnu.edu.cn

排　　版：广州良弓广告有限公司
印　　刷：湛江日报社印刷厂

开　　本：787mm×960mm　1/16
印　　张：14
字　　数：253 千
版　　次：2015 年 8 月第 1 版
印　　次：2015 年 8 月第 1 次

定　　价：33.00 元

（暨大版图书如有印装质量问题，请与出版社总编室联系调换）

前　言

对教师知识的关注源于十多年前，那时候我还在华东师范大学跟随叶澜教授做访学。在一个很好的机缘里，周围的博士生们向我推荐了石中英教授的《知识转型与教育改革》。在这本书里，我第一次接触到"教师个人知识"，它开始吸引了我。在此牵引下，我又开始进一步了解波兰尼（Polanyi，M.）的人类知识——"个人知识理论"，对其所阐述的"缄默知识"产生了浓厚的兴趣。它似乎给了我很大的思考空间。而那时国内陈向明教授关于教师的"实践性知识"的研究进一步关涉了教师们实际"知道"的和真正"信奉"的之间的隔阂，于是，我开始关注并涉及教师个人知识结构中的"缄默知识"的研究。

2004 年，我进入浙江大学教育系比较教育专业读研。在导师的帮助下，我把我的研究方向再次定位于教师知识，并在把行动研究引入教师知识研究的过程中，开始从实践层面，以行动的方式去思考、研究教师知识在其个人教育生活中的影响。

由于工作需要，一直以来，我在师范院校中除了承担师范生的教学工作外，还有很大的一块工作内容就是教师教育的在职培训。从最初的骨干教师在职培训，到后来省里的"领雁工程"，以及现在五年期的教师专业发展培训，省市级的各类培训工作也让我有机会广泛接触这些来自基层一线的教师，通过讲座、交流、研讨、对话各种方式的接触与探析，对实践层面的教师知识便有了更深的感悟和理解。教师们在实际的教育教学生活中，真正"信奉"的是什么，实际操作得如何，他们的行为受什么支配，他们真正需要什么样的"知识"。我的关注视角在不断延伸。

教育实践智慧是我在这些年来陆陆续续的研究中一直关注的议题。从教师的职业幸福到教育中的智慧追寻，我常常在思考一些问题：为什么基础教育中的教师们总是对教学生活感到疲倦？为什么教师们很少能感受到教育所带来的充实感与成就感？为什么本是滋养人心灵与智慧的教育生活却不能让教育者从根本上收获生命成长的快乐与愉悦？当智慧在教育实践中不自觉地隐退和被边缘化时，我们又该如何去追寻教育实践的终极意义？随着思考的持续与深入，怎样做一个"智慧型"的教师也成为我研究的核心内容。教师的教育生活能否以智慧的方式展开和践行，在教师专业发展中，如何成长为一名"智慧型"的教师，在给予学生生命发展的过程中，实现教师个人生命价值。教师是一个独立的生命个体，他的生命是在创造中体现价值的，教师职业不是单纯意义上的"奉献"，更不是消耗和牺牲，而是在给予学生知识滋养中丰富着自我生命，教师要学会享受这份职业。这些理念开始融入我的认知结构，并成为我思考教师职业人生的一个方向。

于是，我开始尝试从教师知识的角度去思考教师的职业生活，考量在教师专业发展中，知识与智慧是以何种方式影响教师成长的。知识是教师的根与专长，而智慧则是教师的神与灵魂。作为一名教师，没有知识是万万不行的，但仅有知识也未必能成为好教师。知识给教师底气，而智慧给教师灵气，有智慧的教师能从沙子里发现"黄金"。有底气、有灵气的教师才能大气，才能在职业生活中如鱼得水、运筹帷幄，才能享受到职业带来的幸福感和成就感。可见，知识和智慧在教师的职业生活中是不可或缺的两个元素，缺少任何一个，都会影响到教师的"智慧人生"。而实践是知识与智慧生长的"土壤"，也是两个元素的契合点，知识和智慧需要通过实践的方式得以沟通、转化。实践性知识是最具教师专业特征的知识，而教师的教育实践智慧是需要在实践性知识的基础上，在灵感与顿悟的作用下生发的。所以，我开始探寻在教师知识的框架下建构与发展教育实践智慧，去成就教师的职业人生。

蒋　茵

2015 年 4 月

目 录

第一章　知识的视角

　　"知识"在我们日常生活中是再熟悉不过的词汇，同时又以普通而平常的方式影响着我们的生活、职业和人生发展。事实上，知识是一个内涵极为丰富、外延相当广泛的概念。它指向人类的认识经验，如人类在实践中对客观世界的认识、对人类自身的认知，以及事实、信息、描述或在教育和实践中获得的技能，但它又不是简单的人类的认识经验，因为它是以成果或结晶形式出现的认识经验，是那些得到证明或证实的、有价值的经验。无论是理论的还是实践的，知识都可以被看成是构成人类智慧的最根本的因素。至于知识的存在方式，有学者曾经指出：知识寓于生命的载体和非生命的载体之中。生命的载体指掌握知识并具有相应智能的人，非生命的载体包括书本、电脑软件以及各种寓知识于其中的人造自然物。人类的知识必须不断地从非生命的载体向生命的载体运动，将它返回到人自身上来，通过人的思考、探索、研究等活动，将已有的知识激活，并赋予它新的发展因子，创造出新的知识。而实现活动转化的中介正是知识教育，通过知识教育的方式，人可以从各种途径、渠道，主动地或被动地、有意识地或无意识地获取各类知识为己所用，并不断生发出新的知识。

　　知识是主客体相互作用的产物。从知识被占用和使用的特征来看，可以把知识定义为个体通过与环境相互作用后获得的信息及其组织。知识被储存于个体内，即为个体的知识。通过书籍或其他媒介储存于个体外，即为人类的知识。这样的分类方式明确强调：第一，知识是后天经验的产物，不包括遗传的适应机制；第二，强调知识获得过程是主客体相互作用的过程；第三，强调知识的范围广泛。从获得具体信息到机体的认知结构的根本变化，都属于知识范畴。①

　　一直以来，对知识的定义理解可以从不同角度加以探究和思考，如哲

---

　　① 皮连生．智育心理学［M］．北京：人民教育出版社，1996．40．

学的角度、实践的角度、知识的本源等诸多视角。学者们对知识没有形成定论，也难以达成共识，"这是因为，第一，在日常生活中，'知识'概念的外延非常宽泛，包括了各种各样性质、类型、范围、层次及陈述方式都不同的认识结果，因此其内涵很难确定。第二，在逻辑上，'什么是知识'的问题与'什么不是知识'的问题联系在一起，实际上就是与'知识标准'联系在一起。第三，在日常生活中，'知识'概念与'真理'、'信仰'等概念之间有着复杂的关系"①。但这并不影响我们对知识的认知和使用，甚至完全不影响我们对知识的信任和判断。知识教育是一种具有建构性、个体差异性、多元性和复杂性的教育实践活动，个体在成长过程中接受的各种教育影响，关乎他所在的环境、社会价值取向以及他成长的社会实践。由个体在自身的认知结构中自主建构出来的知识框架，一定带有自我的价值态度、情感审美、品性认知。由此，我们可以得出结论：知识不具有价值中立性，它与人是有关联的，对知识的理性认识离不开实践。此外，知识的有效把握与认识者的经验、认识的对象与目的也有很大的关联。

第一节　知识视角中的教育

知识具有教育属性。因为知识内含有一种引导人不断地发展、超越自我的局限性的能量和力量，具有促进人的发展的重要功能，因而知识也就具有最基本的，也是最主要的教育功能。知识具有促进人的发展的重要属性，没有知识的发展就没有人的发展。我国东汉时期的唯物主义哲学家王充曾提出了"人有知学，则有力矣"的命题。英国思想家培根提出了著名的"知识就是力量"的命题。知识在人的社会化过程中可以促进人的"政治化"、"经济化"、"专业化"、"道德化"、"审美化"等多方面的功能和属性。教育离不开知识。教育以知识为基本的"原材料"，知识是教育存在和发展的前提或条件，没有知识或知识的发展，就没有教育和教育的发展。因而知识的生存方式往往决定了教育的生存方式，"知识是教育活动的一个重要对象，知识的性质与人们对知识性质的判断往往决定了教育的本质"②。知识与教育的关系，从最朴素的层面来看，知识是教育的重要内

---

① 石中英．知识转型与教育改革［M］．北京：教育科学出版社，2001. 11～12.
② 温正胞．知识观的变化与主体性教育的发展［J］．教育研究与实验，2003（3）.

容和载体，教育通过传递、积累和发展知识来体现自身价值与作用。离开了知识，教育就成了无米之炊，成为一具"空壳"；反之，缺了教育，知识的传承和发展便失去了依托之根或生长机制。从教育的产生、社会存在和发展变革来看，教育的实质是知识传承的一种途径、工具和手段。可以认为，教育与知识之间存在着一种相互作用、共生共存的关系。离开了任何一方，另一方都难以独立存在和发展。所以，知识与教育之间的关系是内在而又"天然"的。

正因为如此，人们在接受知识和教育时，很容易理解它们之间的共通性、互为性、依赖性，接受它们之间最简单自然的关系，即知识是影响和制约教育存在与发展的重要因素；反之，教育又是知识存续和发展的内在的、必然的诉求。对于个体的成长，教育的价值就在于为人往高层次发展提供了途径与条件。因为个体只有借助教育，才能获得系统的知识，才能从无知到有知，不断丰富自己的知识储备，更新自己的知识结构，提高自己获取、反思和应用知识的能力，提升自己在社会生活和职业领域中的竞争力和创造力。从目前的社会现状来看，人们对知识的需求转化为对教育的追崇和依赖，教育消费、教育投资成为生活的主要元素。而从社会发展的角度来说，要提高全社会的知识水平和知识创新能力，就必须通过教育的方式，不断普及教育，提高教育的年限和质量，使社会中的每一个成员都能接受教育，掌握不断更新的知识，从而提高民众的知识素养，并通过改革与创新，鼓励更多的人参与知识的生产与创造，造就大量优秀的人才，推动国家社会的知识竞争能力。随着知识社会的到来，一个国家的综合实力归根到底就在于教育能培养出怎么样的人才，能否推陈出新、创造知识。教育正在这个时代中发挥着它应有的作用和价值，当这个时代需要的是人人具有知识创新的意识和能力，需要不同层次、不同领域、不同方面的知识时，教育的力量就在于为每一个人注入知识创新的意识和能力，从而使整个社会因教育而变得富有活力，因知识而变得充满智慧。

教育是人类生活的重要组成部分，教育活动是"人为"和"为人"的活动。那么，什么样的教育才能更好地完成育人的使命？教育如何才能更符合人发展的需要？或者说，什么样的教育更能体现教育的本源性、价值性？实践表明，教育必然会和人对知识的态度、认知、理解、价值取向等因素相关。美国学者索尔蒂斯（Soltis, J. F.）说："我们如何思考知识，确实在相当程度上影响着我们如何思考教育。"①所以，事实上，知识本身并不直接影响教育的发展，而人们对知识的理解、态度、看法、观点影响着教育的发展，如对教育目的的理解、课程知识的选择、教学过程的组织、教育实践的展开，教师对教育生活的理解、对学生发展的评价以及教育改革的态度等方面，都会受到人们在教育实践中所形成的教育知识的极大影响。可以说，在整个教育生活过程中，教育知识贯穿着整个教育实践。

在教育研究的领域里，"教育知识"的意义和作用开始凸显出来，在现实的教育生活中，我们已经觉察到它对教育行为，尤其是一线教师的教育实践行为的影响力。教育知识来自人类教育实践活动，是教育实践者在伴随着教育实践活动的过程中所滋生的认识、体验、思考和行动。在最初起源时，教育知识是关于"怎么做的知识"。它以潜在的教育经验为形式。例如，苏格拉底的教育活动是以讲演、交谈的方式在各种场合进行的。著名的"产婆术"就是苏格拉底教育实践智慧的结晶。苏格拉底的教育著述有许多关于教育内容的论述就是其对教育实践思考、体验的积累。中国古代的孔子提出的"不愤不启，不悱不发，举一隅不以三隅反"、"学而不思则罔，思而不学则殆"等也都属于孔子教育实践的体验。随着人类教育实践水平的提高，教育活动的构成日益丰富，教育知识就由"内蕴"逐渐"外显"，从隐性逐渐显性出来，伴随着人类经验的总结开始上升到思想层面。教育思想是对教育实践经验的总结，也是教育知识的另一种表现形态，它不仅有主体性，更有文化性和历史性。而随着对教育思想、规律、方法的不断论证、思辨和系统化认识，教育理论开始介入，教育知识获得了极大的推动和发展。夸美纽斯的《大教学论》就是把零散的教育经验和教育思想上升到了理论的高度。当教育成为一门学科，当教育知识进入理论化阶段时，人们的教育认识不再是一种简单的教育实践体验，对教育的要求也不再停留在知识授受、习文识字的水平，教育"成人"、"为人"的特性更为彰显，教育知识的建构已经成为基于一定哲学思考的活动，不仅教育认识活动日益具有了专业的性质，对教育活动的目的成效也有了更理想化的期待。

在知识的体系里考察教育知识，源于对教育知识理性践行的诉求，这使得教育实践者可以更接近教育实践生活本源以及其中的意义，理解他们

---

① ［美］索尔蒂斯. 教育与知识的概念［A］. 载瞿葆奎. 教育学文集·智育［C］. 北京：人民教育出版社，1993. 62.

行为的效应，或应承担的道义职责，提升教育实践水平，增强教育实践的有效性、科学性，充分彰显教育知识的实践底蕴。随着社会的发展，教育活动已不再是纯粹的经验性活动，教育活动的内涵更多地被赋予了理性成分；而与此同时，教育知识类型的不断丰富，教育知识体系的不断成熟，也使教育知识逐渐地远离了复杂、多变、经验型的教育实践生活，甚至有"脱离"具体而丰富的教育情境、教育现象的趋势。近现代社会，知识的性质和功能越来越表现出科学化、工具化、实用化等方面的价值倾向。培根的"知识就是力量"使得教育进入了一个科学化、技术化、程式化的发展轨迹，教育实践本应是构建教育知识的根基，但教育知识的技术化特征遮蔽了它原本丰富的实践意义，也背离了教育知识的原初性。至于当前教育知识仍徘徊在"科学化"的道路上，未能摆脱传统的"教育科学"理想，体现在具体的教育生活中，表现为缺乏生命意识，缺乏实践智慧，缺乏个性色彩，追求一种"普适的"、"客观的"、"价值中立的"的教育导向。其实，教育实践本身是充满复杂性、丰富性、情境性和差别性的，教育知识就应该表现出人性、真实、开放与多元等品质特征，而不应该是一些抽象、程式、简单化的条理规则。在这个意义上讲，教育知识给人们所提供的应该是一些"大观念"（big idea），能够提供帮助有效思考的、具体的、机智灵活的理性知识，并且在教育世界里表现出一种实践的、自觉的、境遇式的知识，是融合着实践意蕴的教育智慧。

从一定意义上看，教育实践的成效往往与实践者本身对于教育知识的态度、立场、理解与坚持有关，即教育实践者在实践过程中，首先需要明白"我"所秉持的教育知识是什么？"我"的教育主张、教育信仰、教育价值对"我"而言，对"他们（教育对象）"来说，意味着什么？不同的学者曾以不同的角度、不同的层面对教育知识进行界定与理解，其观点各有侧重。有人把教育知识理解为对教育规律、思想、方法的系统认识。[①] 有人则认为教育知识是人类对教育进行认识的结果，它经历了漫长的历史发展过程，其最高形式就是体系化的教育学。[②] 也有学者把教育知识泛指教师获得的关于教育的认识、体验和行为能力。[③] 显然，"知识立场"的不同使得不同学者对教育知识的理解也存在着分歧，他们各自有着不同的理论范畴和实践规定性，但不容置疑的是教育知识在教育视域中具有教育学

---

① 宋一桢. 谁来普及教育知识 [N]. 光明日报, 2001 - 10 - 4（A03）.

② 刘庆昌. 论教育知识发展的实质 [J]. 教育理论与实践, 2005（11）.

③ 陈向明. 实践性知识：教师专业发展的知识基础 [J]. 北京大学教育评论, 2003（1）.

的内涵或意义，即它与人的生命的意义、人的发展与价值相关。尽管教育知识与其他学科知识相比较，教育知识具有较强的个别性和主体性，如果依据其他学科的客观标准，教育知识相对而言更具有随意性、模糊性和不确定性。但它一定是源于教育实践场景中的理性判断，具备实践理性的特征，同时又融合了实践场景中的教育信念、价值取向，尤其是在构建与人的生命相关的新的意义关系时，更是需要彰显一种智慧的光泽。

在知识视野中探讨教育知识，显然需要区别于一般哲学意义上知识论的衍生，因为它无法像所有的科学知识一样保持"客观"、"普遍"和"中立"的特征，而忽视教育本身所具备的实践、生命、人文等应有的内在品性。教育的使命在于发展人、生成人，教育应该是为了体现人的生活价值和生命意义而存在的一种富有人性意味和智慧元素的实践活动。如果说，过往的教育知识过多地趋向于公共理性知识，而遗忘了教育世界中的丰富性、差异性和多元性，我们只能说这是对教育知识理解上的偏差和行为上的混乱。显然，对于教育知识的基本特性，有几个观点需要清晰。

第一，教育知识是带有个体性的，即每个人的教育知识可以不同。尽管教育知识在发展推进中，其公共性逐渐占据了主导地位。但教育实践表明，教育知识在教育生活中更多地还是以个体性特征显现的。这不仅是因为教育知识源于教育经验，如较早的教育知识都是教育实践者在开展教育实践的过程中所获取的方式和方法，它必然与个体的教育经验、体会、感受等有关，更是因为教育知识的个体性特征也是符合一切知识的内在的属性或根本的品性。波兰尼（Polanyi，M.）在论述知识时就谈到所有知识都是个体参与的，所有的知识都包含个人系数（the personal coefficient）。"在知识的产生过程中，个体非理性因素（形而上学信念、激情、缄默的知识、主观判断等）是根本不能缺少的。"① 教育经验是教育活动最原始，也是最基本、最简单的形式。杜威认为，一切真正的教育都是从经验中产生的，教育是一个极其复杂和独特的经验过程。个体会根据自身经验的不同倾向、视角、理解形成对教育实践的不同认识。正是因为个体的经验、体会、感受不同，教育知识也就会因人而异，以不同的方式存在于每个个体中，包含个人的判断、价值和情感等内在因素，成为个体精神活动的产物。

反观教育实践，教育活动中教师的认识和实践均具有独立的"个体

---

① 石中英．知识转型与教育改革［M］．北京：教育科学出版社，2001. 193.

性",是由无数琐碎的经验、常识与智慧火花所汇集而成的,包含着教育场中无数个"是什么"、"为什么"和"怎么办",充满了情感性的'悟'和创造性的"行",由此可言,每一位教师对教育知识的认识和理解都凸显着个体性,体现了教师个体独特的教育实践观念与行为。可以肯定的是,教师的教育知识来源于个体经验,是一种高度个体化和情境化的,并且是通过反思、批判、创造等复杂的过程而建构起来的。通过对教育经验的不断反思,使经验积淀为新的教育知识,在教育实践中使用自己的教育知识,在解决问题中不断获取新的经验,然后思考、转化并提炼,由此成为新的实践起点。这个过程就是教师将感性的、表面化的教育经验提升为教育知识,转而内化为自身的实践智慧的过程。可见,教育经验是教师构建个体教育知识的基础,是个体生产教育知识的一种重要来源。在教育实践中,教师自然而然地运用自己的知识与经验,以自己独特的方式,协调安排和合理使用着教育资源,重构有效的课堂教学。从这个层面意义上看,教育知识不可能成为纯粹意义上的客观知识,它必然是一种主观的、带有个体特征的知识。犹如波兰尼在"个人知识"的理论中提到的"默会知识",知识中的缄默成分,他认为这其实就是一种具有个体性特征的知识,它与个体的活动、信念、经验都是不可分的。加拿大康奈利(Connelly,F. M.)等人所提出"教师个人实践性知识"的概念,同样也认为教师的个人实践知识是出自个人经验的。为此,教育知识是教师实际具有并使用,在教育实践中知道如何表达的认识、体悟与行为能力,是真正属于教师个人的。教师在教育实践中使用和表达教育知识时已蕴含着对教育实践本身的思考。

第二,教育知识带有价值取向,即它与人的教育信仰有关。人类知识发展史告诉我们,"人所创造的知识涵盖着人类的价值取向、目标理想、审美尺度,表征着人的本质特征,不存在冷冰冰的、置身于人类活动之外的客观知识,知识总是烙有人类主体精神与创造的印记"[1]。在此意义上,人类所获取的知识不仅反映了客观世界的一面,也彰显着个体的思想信念、情感、价值观等。教育知识是关于"怎么做教育"的知识,当然不仅是长期教育经验的积累,更是教育信念在实践活动中的内化。主体的价值取向、情感意识、思想行为等都将综合渗透在实践主体的思维与行动中,规范引导着教育实践者的认识与行为。按波兰尼的观点,人类的知识是一

---

① 潘洪建. 知识本质:内在、开放、动态——新知识观的思考[J]. 教育理论与实践,2003(2).

种信仰、一种寄托，人只有相信某种知识的合理性，才会接纳该知识。

事实上，人类的教育发展史已经告诉我们，有什么样的教育价值观就有什么样的教育知识生活。因为任何教育实践，其背后都有一定的教育信念在支撑着，即在教育实践过程中一定会坚持着什么样的价值取向。夸美纽斯（J. A. Comenius）的教育主张体现在"师法自然"；卢梭（J. J. Rousseau）的《爱弥儿》认为教育的首要目的是保护儿童的自然天性，一切教育都必须是人的教育；杜威用他毕生的教育实践来强调体现"教育即生活，教育即生长，教育即经验"，要解放儿童的自然天性；苏霍姆林斯基（B. A. Cyxomjnhcknn）鼓励儿童探索与发现，在快乐中学习和成长。上述的教育家在用教育实践的方式告诉我们如何"做"教育，不容置疑的是他们的教育价值观为他们的教育实践活动提供了基本的价值指引。从某种意义上说，整个教育实践就是他们教育价值观的映照。可见，教育价值观以其独特的方式不仅关涉个体观念、态度、想法，而且关涉行为方式与实践取向。由此可以理解为教育知识是一种内蕴价值取向的、具有价值性的知识。对教师而言，持有什么样的教育价值观，就会按照怎样的教育方式去实践、去行动，从而在实践过程中表现出个人的教育信念、价值取向、教育思想等。实践性就成为教育信念的重要表征方式。而教育知识是可以通过教师的信念和行为折射出来的。教育知识的实践方式渗透着教师的教育信念，也是教师个人教育价值观在教育知识实践性中的体现。因为教育信念是教育实践中信奉和遵行的准则，是人对未来教育生活的一种精神追求，表现出对教育实践应然方向和教育理想的体悟性追求。所以，教育知识必然以教育信念为根基，在人的发展、生成与教育的生活关系中展开。对教师来说，教育信念是支撑教师体悟教育生活的内在动力，是推动教师勤勉教育实践、追寻教育理想的根基或依托，更是促进教师对教育知识的深度理解与智慧把握的助推力。

第三，教育知识一定基于教育实践，即是关于如何"做"教育的知识。众所周知，教育是一项关乎人的实践活动，有着极强的实践性，它触及的必然是真实、感性、多元的教育生活。而且教育实践活动充满着价值反思与意义追问，教育知识就是为了使教育实践能够更好地实现教育本源性目的而建构的，它不仅离不开教育实践，而且带有很强的价值取向与目的色彩。实践性关涉的就是教育知识如何体现"有效"、"有用"的价值。显然，什么样的教育知识才是教育实践应追求的？什么样的教育知识能体现教育实践的品性？什么样的教育知识能使教师产生持续的工作成效和激情？这些都是教育实践者需要并一直在叩问与追寻的问题。教育知识实践性的价值主要就体现在如何最大限度地影响、改进与提升教育实践，为教育生活提供帮助，指导如何"做"教育。

实践表明，教育知识是为教育实践而存在的，但这并不意味着教育知识是按照一定的"程式化"、"规训化"要求提供给教师现成的技术、方式，而是在对教育实践进行批判、反思的基础上，提示教育实践应然的行为导向和践行方式。过于强调普适、客观、逻辑理性的教育知识显然很容易背离教育实践的复杂、境遇、多元和价值的特征，只关心怎么做，而不关心是否应该这样做的简单思维很直接地，也很容易让教育知识可怕地沦为一种技术、一种"训练"，工具理性的教育模式不仅使教育实践远离其生命性、价值性等本性，也离教育的本真意义越来越远。而最可怕的是，它可以剥夺、压制教师在教育实践生活里独立思考与判断选择的能力，使教师成为知识授受中的传道工具和"代言人"，继而沦落为"教书匠"的角色，并且在知识的工具理性控制下，教师应有的智慧性生成与独立的创造性建构都被遮蔽与消磨殆尽，难以找到教育实践安身立命的根基，这显然不是我们一直向往和追求的教育实践生活。

我们需要认知的是，教育知识源于教育实践场景，同时也是教育场景中教育智慧的映现，不仅包含了"教育是什么"的知识，更折射出"知道如何做教育"的知识。所以在这个层面上看，教育知识主要不是逻辑理性，而是实践理性。教育知识应关涉教师"怎样做"的实践取向，是在特定情境中"知道如何做"的知识，所有教师个人关于教育的意蕴、理解、理想和价值，都蕴含在"如何做"之中。如此，教育知识的实践性少不了会带有教师个性经验和风格的特性，这种具有高度个性色彩的教育知识恰恰体现出教师独特的教育实践感，有关"如何做"的知识是教师对教育实践经验主动地反思、批判、积累、创造而生成的，是一种以解决实践问题为核心、以身体力行为方式的实践性知识，是教师个人实践经验的不断生成、修正、建构的结果。也正因如此，教育知识的实践性一般会呈现内隐状态，具有一种缄默的特性，它基于教师的个人实践经验，呈现在教师的日常教育情境与行动中，大多是以个人知识的方式存在的。教师在实践情境支撑下依据经验而作出的判断与选择，是教师在教育现场关于"如何做"的行动思考，不是工具理性下的简单机械操作，而是实践者基于教育信念、智慧、理解、思考等教育元素的综合与创造，从而获得带有个体独特性并不具有普适性特征的教育知识。所以，教育知识的实践性特征由其所处的实践情景所决定，本质上是一种实践智慧的彰显。

第二节 知识视角中的实践

知识产生于人类实践。对实践内涵的理解与追问，出自不同语境、不同目的考量，不同的人对实践的界定各不相同。一般而言，实践被看作人类认识和改造主观世界与客观世界的所有活动。但与认识范畴相对应的实践，是一种基于知识，应用知识改变主客观世界的活动。有学者把它称为狭义的实践。

在古希腊，"实践"的本性是求善，涉及人生的意义与价值，实践内蕴着一种价值取向。"实践的目的就是'善'，每一种活动都有具体的善，这种善就是最高善，只有当这种善与活动本身融为一体，而不被财富、荣誉、快乐等主观欲求和欲望所控制时，这种善就是最高善。"① 亚里士多德认为，实践与理论是人类的两种主要活动形式，"实践或行动可用于一切有生的东西"，实践是道德的或明智的活动，其目的既可以是外在的，也可以是实践本身。与实践相比，理论是知性的、理智的，而实践则在具体情境中作出判别、选择与行动。为此，实践的特点就是践行，以践行的方式趋向一种目标，获取经验或体验。实践中的求知则是通过行动及特定的操作而达到，以获取真实而有意义的经验，在经验的基础上升为理性的知识。鉴于此，实践的根本意义，在于使人通过践行的方式使主客观世界变得更好。在这点上，石中英教授对人类实践共同的和基本的特征作了较全面的概括：第一，所有的人类实践都是目的性实践，都是由活动目的所指引和支配的；第二，所有的人类实践都是对象性实践，都是要改变某种形式的主客观事物或其存在状态的；第三，所有的人类实践都是制度性实践，都是在一定的社会制度下并遵循一定的社会制度来进行的；第四，所有的人类实践都是技术性实践，都需要一定的专门的技术；第五，所有的人类实践都是文化性实践，都是在一定的文化背景下进行的；第六，所有的人类实践都是历史性实践，都是在历史上已有实践成果的基础上并为了解决历史实践所未能解决的问题展开的。② 由此可见，实践不是一种简单的仅仅在认识结论支配下的机械操作，而是人以全部信念、情感、认识、

---

① ［古希腊］亚里士多德. 尼各马可伦理学［M］. 廖申白译注. 北京：商务印书馆，2003.5.

② 石中英. 知识转型与教育改革［M］. 北京：教育科学出版社，2001.3～4.

智慧和力量投入的具有丰富创造性的行动。可以说，人类的实践是以知识为基础的，实践就是知识参与下的实践，实践的程度和范围是受人类知识状况和发展所制约的。

在我国长期以来的教育实践中，理论与实践、间接经验与直接经验的分离是一种十分普遍的现象。一个非常重要的原因在于，人们往往过分地强调理论知识或间接经验的重要性，而将实践性知识直接经验置于一种或次要或不重要的位置。长期以来，这种状况都一直被看作合理的、正常的。当然，理论知识是重要的，这点我们并不否认，它为我们认识世界提供了方法论和指导依据，但理论知识如果没有实践性知识的支撑，尤其是理论知识如果没有转化并指导实践性知识，那么理论知识就只是某种知识的躯壳，少了些真实、感性和灵动，不再是活生生的知识，而是缺乏生命力的知识，也就少了些存在的价值。事实上，我们很难判断理论知识与实践性知识哪个更为重要，我们甚至也无须在它们之间分出高下。我们强调的是理论知识与实践性知识必须相互转化，彼此交融。唯有如此，知识方能被激活，与人的认识相联结，并真正进入人类的实践活动，知识才能指导人们进行实践活动，知识教育才能有效地促进人的发展。当然，需要明确的是，知识教育实践与人类认识实践是既有共性又有区别的。人类的认识活动主要是以整个客观世界为实践对象，而在知识教育实践尤其是学校知识教育实践中，人的认识主要是以"自我"为实践对象的，关涉人的主观世界、自我认识发展水平。正因为如此，知识教育实践不能被当作一种被动的"知识授受"过程，而是一种需要充分地发挥人的自觉能动性的教育实践活动，无论是教师还是学生，教育实践生活中的主体都必须以一种主动参与、自觉反思的姿态体悟实践活动。

其实，从人类长期的知识实践过程来看，知识实践崇尚的是一种自主的"悟道教育"。这种"悟道"即是个人对于知识的"能动领会"。我国明代著名思想家、教育家王守仁曾经对这种知识实践进行过分析，认为学生依其不同的为学方法可获得三种不同的知识：记得的知识、晓得的知识与明得的知识。"记得的知识"只是指学生通过记诵的方式所获得的知识，但学生还未对知识有明晰的理解，更谈不上将知识运用到实践中去；"晓得的知识"是指学生对知识有了一定程度的理解，但这种知识仍然是一种外在的知识；而"明得的知识"则是一种内在的知识，是一种经过长期的实践体验与思考后获得的知识，它既是对内在良知本体的明了，也能自觉地外化为行为。① 由此看来，唯有第三种方式才能获得知识的"精髓"，成为知识实践的导向。知识实践需要主体实践者通过身体力行的方式把知识内化为个人的认知结构，然后使行为变得自觉，"悟"与"思"是知识实践中不可或缺的要素。然而，在当下的教育生活中，我们所感受、观察到的知识教育实践大多是"非实践性"的，知识教育实践几乎等同于被动性的"知道教育"，仅停留在"记得的知识"，灌输、告诫、强化、记诵成为活动的主要形态，人的经验、智慧、思想完全被割离在外。而真正意义上的知识实践，或许应该是人的认识、情感、心灵、品德等方面在亲历各种各样的体验、冲突、困惑、矛盾、反思等实践活动的过程中获得发展，真正的知识是在具体而丰富的实践活动和独立的思维活动中获得的，而不是简单地被"告知"。"唯理性"的说教方式，使知识教育实践从根本上丧失了"实践"的原则、立场和意蕴。

实践遵循的是实践逻辑，教育实践应当具有实践的品性，体现出复杂性、丰富性、生命性、生成性等特性，并非仅是呈现操作、控制和支配的技术特性。反思当下的教育实践，其主要表现为一种只关乎知识表象的实践，处处追求的是知识的精确、确定和同一，对知识储存量的要求成为实践的最终目的。这显然是一种非本真的教育实践，内蕴着一种工具理性的价值追求。只在乎结果而忽视生成的过程，注重知识与技能的训练，放弃人的情感、态度、价值观的养育，它关注的仅是知识与技能，并不在乎或很少考虑学生的身心需要与发展水平，把知识的获取当作升学或竞争社会地位的主要工具。在这样的价值导向下，人的发展不自觉地被放逐于教育的边缘，以至于"知识仅仅成了谋生的手段，知识之增长伴随着对价值的漠视，也伴随着心灵的贫困和心胸的狭窄"②。这样的知识实践是与人的生活内容相背离的，更与人的情感、审美、个性发展等相去甚远，或许只能归结为一种"技能"的实践。

正是因为技术理性的导向在知识实践中处于上风，迫使教师在教育实践中恪守教材和教参等知识逻辑，以程序化的流程进行标准化的"实践"，仅需要回答知识"是什么"，并不需要深究知识"为什么"的价值。于是教育实践在这个过程中被格式化、规范化与精确化。这样的实践显然遮蔽了学生发展这一核心价值，也背离了教育的终极目标，使知识实践滑入了

---

① 张学强. 知识、方法与智慧——对王守仁教育思想与实践的一种阐释 [J]. 华东师范大学学报（教育科学版），2001（4）.

② 陆有铨. 躁动的百年——20 世纪的教育历程 [M]. 济南：山东教育出版社，1997. 173.

工具理性的泥潭，"学生被当作要加工的零件，受教育的控制、操纵和灌输，学生在教育的流水线中被程式化和机器化，他们不再对新鲜事物感到惊奇，不再对日升日落的绚丽感到惊喜，不再有创造性和想象力"①。与此同时，这种知识实践同样也使教师自身远离了教育本真的目的，淡化了作为教育者对智慧的渴求，在遵从教学常规或经验的惯性操作过程中，忽略了教育实践中的创造、感悟与激情，放弃了其专业的使命与职业的精神。正如弗洛姆（E. Fromm）指出："技术理性使人成为自己创造力的囚徒，陷入了毁灭自己的最严重的危险之中。"②

教育是一种知识性的交往实践，知识教育应是人的一种特殊的实践活动方式，是教育实践者的一种自主性、反思性的实践活动。离开了实践主体具体的、主体性的实践，离开了实践者个人丰富多彩的经验活动，知识教育实践就只能依赖灌输的方式了。现代社会，随着人类实践能力的提高和实践范围的扩大，人类的知识在质量、数量等方面也在不断提升、增长，知识已成为人类生存发展的重要内容。当知识成为人的一种生存方式时，知识教育实践就越来越强调其真实性、价值性，回归实践本身的践行方式和力量越来越成为人类对知识的一种诉求，期待人类的求知过程成为人的自我生成、自我发展和自我展现的过程。"知识，在当今首先意味着一种实践能力、实践智慧，而不是理论能力。简单地说，拥有知识在过去意味着头脑中拥有很多正确观念、原则、概念、公式、事实，今天这些都不再那么重要，拥有知识意味着拥有实践能力，特别是创新能力。"③

第三节　知识视角中的智慧

智慧来源于知识。知识是智慧的基础，智慧是知识的升华。人类的认识发展往往以获得智慧，即获得人生的自由创造为目的，但智慧并非天赐神授，它以知识和科学为必要条件，且根植于知识。柏拉图就说过"知识是灵魂的粮食"。知识是人类思想的成果或结果，智慧则是人对知识能动、

---

① 金生鈜. 理解与教育——走向哲学解释学的教育哲学导论［M］. 北京：教育科学出版社，1997. 26.

② ［美］弗洛姆. 弗洛姆著作精选——人性·社会·拯救［M］. 黄颂杰主编. 上海：上海人民出版社，1989. 478.

③ 李志江. 走出后现代知识观［J］. 河北学刊，2002（5）.

积极的运用。知识就像是土壤，智慧在其上面生长。所以，我们可以这么去看待，知识是智慧的一种物化形态，而智慧是知识的高度综合。没有知识的积累，便难以有智慧的创生。古希腊的哲学家们视知识为智慧的化身，强调知识教育即为智慧教育。在古希腊时期，知识与智慧是不分家的，是合而为一的。翻阅古希腊的哲学著作，其中的知识包括并指向智慧，知识本身保持着一种"质朴的智慧品质"。苏格拉底把"知识与道德等同起来，智慧的人必然是有美德的人"，并认为教育的目的就是"通过认识自己获得知识，最终成为有智慧、有完善道德的人"①。亚里士多德从知识的普遍性来认识智慧，认为拥有智慧的人就是拥有广博知识的人。"智慧由普遍认识产生，不从个别认识得来。"② 他认为，哲学家是具备最高级的普遍知识的人，因而他们也是最富有智慧的人。英国哲学家怀特海曾提出用"智慧统率知识"的主张，因为任何知识都是社会历史发展的产物，一定具有公共性、历史性和文化性，而智慧虽然也受社会历史条件制约，但都是人在自主、自由的特性上创造和超越的结晶。

由此看来，智慧并不等同于一般意义上的"小聪明"，因为"聪明"是一个中性的范畴，并不一定呈现出特定的价值取向，或者善良，或者邪恶。而智慧则不同，它是褒义的象征，总是与一种积极向上的人生观、世界观、价值观密切相关。当我们崇尚"爱智慧"的时候，期间总会表达出人性中的一种积极、健康、美好的价值态度和情感意蕴。智慧从来只垂青热爱知识和追求知识的人们。在积累知识的过程中，人们的智慧在无限地生发，在洞察事物万象中探索宇宙自然和社会人生最深邃、最根本的奥秘，这是一个至高无上、永恒无限的理想境界，是人们向往和追求的美好归宿，更是人类对自身存在状态的反思、审视、超越和关爱。

智慧在对知识的理解和运用过程中，并非仅是简单的、机械的叠加，它需要人在实践活动中将各种各样的知识不断地进行"内化"与"活化"。由于智慧是关于人生的真理性、价值性的认识和实践，因此它总是与人的自由发展有着内在的关联性，它更需要将来源于多样性、系统性、综合性和实践性的知识理顺、归类与还原，使它转化为人的思维力、判断力、批判力、创造力等各种综合能力。"智慧是对宇宙人生的某种洞见，它和人

---

① 王天一，夏之莲，朱美玉. 外国教育史（上册）[M]. 北京：北京师范大学出版社，1993. 39～40.

② [古希腊]亚里士多德. 形而上学 [M]. 吴寿彭译. 北京：商务印书馆，1959. 2.

性自由发展有着内在的联系。"① 当然,智慧来源于知识,但并不意味着一个人获得了知识、拥有了知识,就会自然而然地拥有智慧、生成智慧,知识只是智慧生成、发展的一个基本条件,而不是全部的条件或唯一的条件。由知识生成智慧需要人的独立个性、人的主体经验、人的主观意愿等在实践中的亲自历练,还需要人的深刻思考、精确洞见、敏锐判断等各种综合能力,并同时需要伴随许多的媒介和实际的环境,通过实践活动将各种知识进行加工、改造和类化。在一定意义上,智慧正是把知识转化为生活能力、人生价值、实践本领的基本素质,因为智慧能引导人寻找明智的、良好的生存和生活方式,追寻睿智、豁达、益智的人生境界。用杜威的话来说,"……智慧与知识不同,智慧是应用已知的去明确地指导人生事物之能力"。莫里斯·梅特林克指出:"只有当知识转化成美德和善行时才是真正的智慧。"

一直以来,知识与智慧保持着相互缠绕、彼此共存的关系。知识反映了人们对事物和现象的认识,它对事物作出了清楚的解释和说明,是我们探索人自身及外界环境的各种关系的产物。智慧则表现出更"宏大"的意蕴,它是对宇宙、人生、社会、世界及其相互关系的一种博大圆通的认识。无论是孔子的学说还是庄子的思想,或是释迦牟尼之智识等皆然类此。尤其是科学知识往往只关涉理性世界——客观、普世;而智慧则还需要关涉意义世界——价值、信仰。为此,人的情感、态度、意志以及人性的发展无不需要智慧的统领才愈发变得丰满而富有意蕴。智慧与知识的矛盾统一,构成了人类认识和实践的一个十分重要的领域。"智慧是抽象的,但又直接关乎人的生活整体;智慧是高度综合性的,而不是对具体事物及其演变过程的精确说明。智慧涵盖着对无限的理解,但智慧所涵盖的对无限的理解不同于数学对无限的描述。数学所说明的无限是纯形式的无限,而智慧所涵盖的无限是本体的无限,是有限的人类应对之心存敬畏的无限。与纯理性的知识相比,智慧的综合不仅体现为概念的综合,而且体现为思想与实践的合一,体现为理性、情感和意志的统一。智慧能用语言表达,但更多地体现于主体的行为选择和处世态度。"② 显然,智慧的作用不在于技术层面的操作,而在于指导人们的价值取舍,引导人类的努力方向。尤其当人类社会发展进程中面临着日益严峻的生存困境时,当各种社会问题纷至沓来,战争、灾难、疾病、生态环境以及人自身关乎信仰缺

---

① 冯契. 智慧的探索 [M]. 上海:华东师范大学出版社,1994. 332.

② 卢风. 知识与智慧:现代文明中的二律背反 [J]. 社会科学辑刊,2000 (3).

失、价值模糊、道德沦丧的种种危机开始凸显时，我们还是会困顿、矛盾、冲突、纠结，因为我们清楚，面对这些问题，现实的人类社会其实并不缺乏理论，也不缺少知识，但我们还是不得不承认，我们缺乏思想，缺乏那些高瞻远瞩、能够洞察未来、引导人类发展方向的智慧。

我们知道，古希腊的哲学家、教育家们提倡发展"理性智慧"，主张培育"理性人格"，追求理性的、科学的智慧。而古代中国的思想家、教育家们也积极倡导"伦理智慧"，强调培植"德性人格"，追求实践的、生活的智慧。可见，人类早期的教育就孕育着一种引导人智慧成长、促进人自由发展的原生性特质。智慧是教育的一种内在的品质、状态和境界。教育的真谛在于引导人智慧地生长，在于将知识转化为智慧，使文化积淀为人格。英国当代著名哲学家怀特海就主张："智慧是掌握知识的方式。它涉及知识的处理，确定有关问题时知识的选择，以及运用知识使我们的直觉经验更有价值。这种对知识的掌握便是智慧，是可以获得的最本质的自由。"① 为此，处于教育关系中的知识与智慧，虽然都是关于世界和人性的构想与探询，但智慧是"根"，知识是"芽"。或者说，知识是教育的外表，智慧才是教育的灵魂。智慧关涉了人的聪明才智、渊博学识、优雅德性和良好修养，是综合而深邃的。它与知识相关，在知识的基础上建立，但又超越了知识。由此看来，人类教育存在着两类知识："普遍的知识"和"实用的知识"，前者与功利和应用无直接关系，虽然不能产生实际利益，但对人性的养成、完善以及人类的文明起着重要的推动作用。后者与社会需要密切相关，能给个人和社会带来直接的利益。但这两种知识对人性的需要和社会发展而言都是必不可少的。人类既需要实用的知识以满足自我生存与社会发展的需要，也需要普遍的知识为自己确定长远的目标和价值选择。教育在今天虽已呈现出多元化趋势，但现代社会发展的基本特点和要求就是专业化程度越来越高，要求更多的专家和专业人才。教育通过传递知识，让人拥有实用技巧与应用能力，这无疑是教育的重要目标，然而不是唯一目标。教育在传递知识的基础之上应该有更重要的价值追求，传递知识应该作为实现价值追求的载体，使人走向一种博大、灵动、圆润的智慧境界是教育的更高目标。

而现实的教育却在对知识的狂热追求中逐渐淡化甚至吞没了对智慧的渴望，教育在很大程度上愈来愈亲近于具有工具价值倾向的科学知识，而

---

① ［英］怀特海. 教育的目的［M］. 徐汝舟译. 北京：生活·读书·新知三联书店，2002. 54.

远离了具有本体价值倾向的人生智慧，现实教育已实质性地演变为一种"训练"，把人培养训练成为一种"专业人"，"实用的知识"膨胀直接导致"普遍的知识"荒芜，使得教育萎缩为职业的附庸和工具。蔡元培先生曾说，"教育是帮助被教育的人，给他能发展自己的能力，完成他的人格，于人类文化上能尽一分子的责任，而不是把被教育的人造成一种特别器具，给抱有他种目的的人去应用的"①。而现实的情况却是教育的功利目的掩盖了教育的本源性，甚至在某种程度上加剧了知识与智慧的分离。事实上，"知识至上"的命题使得智慧教育的领地在不断萎缩，这也导致人们拥有了知识而缺少了智慧，教育中的智慧品性已渐行渐远。

从有知识的人到有智慧的人，在很大程度上是需要教育的力量的，但教育并不必然会促进一个人"转识成智"。因为知识渊博和学富五车绝不意味着智慧就高人一筹，即知识与智慧并非同步增长，拥有与智慧相关的知识并不表示拥有智慧的行动，更重要的是对知识的理解、解释和内化的能力，在于知识是否深入受教育者的内心世界，内化为他生命的必需，成长为受教育者的智慧。怀特海认为"没有某些知识基础，你不可能聪明；但是你也许轻而易举地获得了知识，却仍然缺乏智慧"②。可见，知识并不必然转化为一个人的智慧，这种"转识成智"需要教育的支持和个体的努力。教育给予人价值、力量、情感、审美，而主体在体验、学习和思考中顿悟。为此，教育实践在引领人处置知识问题时应该体现宏大的视野和人文的关怀，关注受教育者在接受知识的过程中是否有所领悟、有所体验，"人文知识不是科学意义上的知识，而是一种生存智慧"③。这样，我们才能突出"教育"的完整内涵，也才有可能培养出相对完整意义上的人。

人生活在世上的目的不单在于"活着"，更在于人"像人一样"智慧地、体面地、高尚地活着。这就是人之为人的独特性。德国以巴尔茨（Baltes，P. B.）为代表的"柏林智慧学派"认为，智慧是帮助个体对生命事件作出正确判断的一种知识或能力；智慧是和生命事件有关的知识，并不必然表现为个体身上的某种特质，只有经过时间的检验仍能存留下来的知识才属于智慧的范围；与智慧有关的知识可以使个体超越自身利益，将

---

① 蔡元培．教育独立议［A］．载高平叔．蔡元培全集（第四卷）［M］．北京：中华书局，1984.177.

② 赵祥麟．外国教育家评传［M］．上海：上海教育出版社，1992.315.

③ 赵汀阳．长话短说［M］．北京：东方出版社，2001.190.

社会整体共同的利益视为人生终极目标。① 智慧是人性的核心内容，它是对人的存在方式的一种最为亲切、最为明了的概括。人性需要的满足在很大程度上取决于人的多元智慧的发展，取决于人的知识、经验、能力的充分融合。坦率的思想交流、真诚的微笑问候、适宜的言谈举止、超然的生活态度，不仅处处都闪烁着智慧的光泽，也洋溢着人生幸福的惬意。雅斯贝尔斯说过，"教育是人的灵魂的教育，而非理智知识和认识的堆积"②。智慧蕴藏于知识与经验之中，又创造、展现在生活与实践之上。智慧可以把科学的"真"变成生活的"善"和人性的"美"，指导人们过一种有意义的、有品位的生活。而教育的目标也应当是唤醒人的真正人性，在"转识成智"中使人彻悟人生，成为自我生命的真正主宰。

---

① Baltes, P. B., et al. Wisdom: A Metaheuristic (Pragmatic) to Orchestrate Mind and Virtue toward Excellence. *American Psychologist*, 2000, Vol. 55, No. 1, pp. 122 – 136.

② [德] 雅斯贝尔斯. 什么是教育 [M]. 邹进译. 北京: 生活·读书·新知三联书店, 1991. 4.

第二章　教育实践智慧

从上一章对知识与教育、实践、智慧三者关系的阐述中，我们可以了解知识与它们之间有着天然的关系，知识是教育的内容和载体，而教育又是知识传承与发展的手段；知识产生于实践，知识教育本身就是一种特殊的实践活动方式；知识又是智慧的基础，无知不可能有智慧，智慧必然是建立在丰富知识的基础之上。从人的生命存在的角度来看，人对智慧生存的渴求表明人在努力寻找着人生的意义。实践智慧可以理解为人类安身立命，谋求更好生活的一种智慧。它源于认识但又远远高于认识，它有理性相伴但又超越了理性。自古以来，在东西方都存在着对实践智慧的追求与反思，它是促使人追求向善的终极境界。

近些年来，实践智慧被广泛运用于教师专业发展领域，探讨教师的实践智慧，反思教师专业成长过程中的外在规定性和内在的主体价值，认为"实践智慧来源于教学经验，通过对具体的教学情境和教学事件的关注和反思，将感性的、表面化的经验提升，使其内化为教师的实践能力。但它在某种意义上又具有理性化的特征，较之直接的教学经验，其迁移性更强"①。随着后现代对知识研究的拓展与深入，人们对教师的实践智慧认知，尤其在教育活动中所表现的对教育实践智慧的思考，开始觉察其与知识之间有着无法割离的关系。自从英国人波兰尼在他的《人的研究》一书中提出了人类知识研究新的视角，"人类有两种知识。通常所说的知识是用书面文字或地图、数学公式来表述的，这只是知识的一种形式。还有一种知识是不能系统表述的，例如我们有关自己行为的某种知识。如果我们将前一种知识称为显性知识的话，那么我们就可以将后一种知识称为缄默知识"②。他提出的知识类型与认知方式，尤其是对隐性知识的研究分析，使得人们对教育实践智慧的产生与研究开始转向其背后隐含的内容，关注

---

① 吴德芳．论教师的实践智慧［J］．教育理论与实践，2003（4）.

② Polanyi, M.. *The Study of Man.* London：Routledge & Kegan Paul，c1957，p. 12.

一种"默会"的知识或"缄默"的知识对其的影响。

第一节　实践智慧

实践智慧（phronesis）是一个古希腊术语，在西方实践哲学中也是一个专有名词，有其独特的内涵。要追溯其本源，可见于柏拉图和亚里士多德的一些著作之中。这一术语有时被译成"实践理性"，甚至被简单地译为明智选择意义上的"理智"。实践智慧最初在希腊文中是指一种实践的知识或明智考虑的能力。在苏格拉底和柏拉图的论述里，他们认为实践智慧就是指知识和德性的协同，理性即知识，在他们那里，实践智慧就是德性与理性的统一。亚里士多德则认为，实践智慧并不仅仅是理性，它是被理性所伴随的。亚里士多德在《善与恶》中指出："实践智慧在于深思熟虑，判断善恶以及生活中一切应选择或该避免的东西，很好地运用存在于我们之中的一切善的事物，正确地进行社会交往，洞察良机，机敏地使用言辞和行为，拥有一切有用的经验、记忆、经验和机敏，它们全都或源于实践智慧，或伴随着实践智慧。"① 由此可见，古希腊文化中的实践智慧从开始就有着理性认识的根基。它指向一种理性的用途，这种用途不是用于计算或推理问题，而是用于理智成熟的人类判断问题。尽管目前"实践智慧"在教育研究领域频繁地被人们使用，但学者们对它的解读和理解并不统一，在理论内涵上还是缺少清晰的界定。

实践智慧并不是一个具体的"物体"，它以人类特别的善（eudaimonia）和实践活动以及练习（praxis）为基础，表现出一种"慎思"的品质。当然，它并非仅仅是一种理念上的思辨，更不单纯是一种实践性技巧，而是指向人的实践方式、生存状态与生命之境界。因为东西方文化背景和思维方式的差异，在实践智慧的理解上会带给我们不同的启发与感悟。由于中国古文化中强调的是"天人合一"，在宇宙观上就是一种主客一体的伦理取向，强调人融合于世界之内，与万物息息相通，因此在实践智慧上也更为注重本体的"道"与"德"，主张一种非理性的体验境界，带给我们的理解就是"天"、"道"，并把它作为终极的智慧追求。而西方文化与东方不同，其一直以来主张的是主客对立的宇宙观，人是站在万象

---

① ［古希腊］亚里士多德. 亚里士多德全集（第 8 卷）［M］. 苗力田主编. 北京：中国人民大学出版社，1994. 460.

万物之外的，通过对具体客观事物的分析、判断与概括，努力剖析事物的本质和普遍性，从而获得对事物本身理性的认知。如柏拉图就认为感官所得来的认识并不一定是准确的（如眼见不为实），只有认识到事物本质的理念才是准确的认识。他认为唯有借助于辩证法领略到理念世界光辉的哲学家，才能廓清一切谬误，将社会和人生引向至善至美的境界。因此，在西方语境中的实践智慧必然有理性的、认识论的根基，并随着形式逻辑发展和完善。这让我们明晓，西方一切思维品格和知识都有求真唯实的特性。

实践智慧与理论智慧共同组成了人类的和谐行为，它们互相联系但又有区别。实践智慧是"掌握真理的一种形式，是关于人或好或坏的事情的行为推理"。而理论智慧指向一种正确的知识，以理性的问题和思考为基础。事实上，对理论知识的"好和坏的表述"只能用"正确或者错误的"来判断，所以，理论智慧往往被作为一种专门的知识，以真实、准确、可传递的方式而存在，习惯以逻辑严密的专业术语来表征，"理论智慧是被教育理论接纳的知识形式"①。但理论智慧和实践智慧对一个人来说并不是共生共长的，也就是说，即便一个人拥有了丰富的理论智慧，也并不意味着他一定具有相当的实践智慧。因为实践智慧是和具体的实践活动相联系的，在显现中特别关涉主体在作出行为抉择时的具体情境，而无法像理论智慧那样确定、可证明。情境的不确定性和复杂性决定了实践智慧是灵活易变的、个体缄默的，而且难以准确地被复制。从本质上说，实践生活本身的易变、多元与复杂，意味着个体总是无法完全预知实践活动可能或将要用到的知识、方法和规则，甚至也无法准确预测实践活动可能出现的结果。所以，人类的和谐行为往往需要以理论智慧提供"知"为基础，再以由实践智慧付诸"行"或与"行"有关的理性能力为结果。在具体的行为过程中，实践智慧将受理论智慧的影响，或表现出巧妙应用理论智慧的过程。每一个个体在具体的实践情境中会自然而然地表现出多种和理论与实践相连的活动。

一、东西方对实践智慧的文化解读

有关实践智慧的思想在西方哲学发展中有久远的历史，以"爱智"为

---

① Carrie Birmingham. Phronesis-A Model for Pedagogical Reflection. *Journal of Teacher Education*, 2004, Vol. 55, No. 4, pp. 313 – 324.

宗旨的西方哲学充满了对智慧的发自内心的热爱。实践智慧也由此一直被认为与道德、善甚至与幸福有着密切的渊源。苏格拉底把智慧与知识等同起来，认为知识与美德是等同的，从而强调实践智慧的理性认知。同样，柏拉图也认为理性的德性是智慧，善是人的最高德性，人在理智中获取"智慧"，也就获得了"完善"。由此，苏格拉底和柏拉图视角中的实践智慧就是一种理性的智慧，在对"至善"的追求过程中，更是强调对理性认知的重视，认为实践智慧就是一种理性和知识。

在西方，作为实践哲学的创始人，亚里士多德在对实践智慧的理解中与苏格拉底和柏拉图存在一定的分歧。亚里士多德在《尼各马可伦理学》中把实践智慧定义为"那些对人类有益或有害的事情采取行动的真实的、伴随着理性的能力状态"。亚里士多德把人类的知识划分为纯粹科学、技术（应用科学）和实践智慧三种类型，认为实践智慧的本质是一种不同于生产或制作的践行，"在可以改变的事物中我们要区分制作和践行，制作和践行是两种不同的活动……旨在践行的反思活动不同于旨在制作的反思活动"①。亚里士多德并不认可苏格拉底"德性就是理性（logos）"的观点，而是认为"德性与理性一起发挥作用"，德性是被理性所伴随的。"离开了明智就没有严格意义上的善，离开了道德本性也不可能有明智。"② 亚里士多德对"实践智慧"的解释指向为：实践智慧慎思关注的是不确定的、可变的事物；实践智慧的本质是践行，强调对情境的知觉和洞察；实践智慧是追求"普遍的幸福"，思考对人的生活有用和有益的事情。在西方哲学中，实践是人的生活方式的本质特征，也是有生命的存在者的一种行为方式，它总是指向德性的活动。如在康德那里，实践能力就是指向有德性的活动方式。康德（Kant）说："我们终究被赋予了理性，作为实践能力，亦即作为一种能够给予意志以影响力的能力，所以它的真正使命，并不是去产生完成他意图的工具，而是去产生在其自身就是善良的意志。"③ 所以，追求人类生活的善是实践智慧一个最为重要的本质特征。总之，实践智慧是对人类行为的解释，它能够体现主体的积极参与，强调思考与慎思，如此的"实践智慧"自然是一种实践之知，"是在实践上知道怎样做（know-how）的知识类型和推理形式，它不等同于任何脱离主体的

---

① Aristotle. *Nicomachean Ethics*. Oxford：Oxford University Press，1984，pp. 1 - 5.

② ［古希腊］亚里士多德. 尼各马可伦理学 ［M］. 廖申白译注. 北京：商务印书馆，2003. 29 ~ 32.

③ ［德］康德. 道德形而上学原理 ［M］. 苗力田译. 上海：上海人民出版社，1986. 45.

存在的'客观知识',它是人在生活实践中知道怎样做的知识和经验"①。

可见,亚里士多德是从"实践"的角度出发来分析和反思人类的行为的,他认为实践哲学的目的就是获得关于人的生活存在的知,以及认识这种知对人的伦理生活的指导作用。在他之后的实践哲学家,如康德、伽达默尔,在这个基础上进一步发展了实践哲学。康德非常明确地提出实践理性与纯粹理性的区别,并且清晰地划分知识与道德的不同领域,反对用知识论来限制道德之知,在他那里,实践智慧或实践理性都是作为一种知识的形式。伽达默尔是在论述实践智慧和技术的区别中认识实践智慧的,他认为实践智慧"只在具体的情境中证实自己,并总是置身于一个由信念、习惯和价值所构成的活生生的关系之中。即是说,在一个伦理之中"②。强调实践智慧拥有者有深度的专业知识,能把其存在扩展到所有的情境和关系中。在实践哲学领域里,亚里士多德、康德、伽达默尔一直被认为是三个里程碑式的人物。而他们这种思维方式也为我们探究人类的行为提供了另一种思维的角度。进而,马克思的观点和学说也认为认识或智慧不会是与主体无关的自在之物,而是在人的实践活动中逐渐形成的。智慧是不可能脱离主体而客观存在的。马克思认为如何看待外在事物或认识对象是主体认知和实践活动的前提。这个观点突出了认识和智慧的实践本质,强调客观事物不会自动成为认识对象,只有在主体的实践活动中当其成为主体的实践对象时,它才可能转变为主体的认识对象。而真正的问题只能在实践中发现并在实践中得到解决,所以,智慧一定是和实践相关的。由此看来,马克思的观点与亚里士多德的实践哲学并不矛盾,马克思强调了人的实践性以及主体与智慧的关系,智慧是在实践中呈现的;而亚里士多德的实践智慧更突出有关"善"和"幸福"的道德追求,而"善"与"幸福"都与实践相关,也是主体在实践中想追求和获取的。可见,他们都看重人的生命实践过程,强调在人生的终极追求中的至善至美。

在东方,实践智慧同样是一种指向终极性的追求,在中国的传统思想里,与之相对应的是"天"和"道"。这"天"并非自然界意义上的"天空"或日月星辰,而是一种超越人格力量的、高于或深于任何现实状态并和人的生存与终极追求相联系的境域。东方人的思维特征是以形象为主,表现出一种体验性的思维方式,逻辑学、辩证法在东方人的思维里并不受

---

① 金生鈜. 教育哲学是实践哲学 [J]. 教育研究, 1995 (1).

② [德] 汉斯-格奥尔格·伽达默尔, [德] 卡斯腾·杜特. 什么是实践哲学——伽达默尔访谈录 [J]. 西北师大学报 (社会科学版), 2005 (1).

重视，因此，在思想视域上强调思维的实践和实用的品格，并不注重思辨中的抽象论证、推理中的严密逻辑以及理论的系统建构。中国的儒家文化在对"天"的深刻理解基础上提出了建构德性的智慧，将人引入至诚的天道。在孔子的思想体系中，德是与人的终极存在相联系的，知天知命，为了至诚的人生境界，甚至可以或者必须安贫乐道，在通达人生之境界中感受着德性的体验，通过"好问"、"好察"等方法进行思维的加工体悟，并获得解决问题的智慧。这样的人生存在才会富于意义。儒家的"智慧"强调人的主体性，表现出对人生价值的一种自觉和生命意义的一种觉知。对于实践智慧则强调一种道德品质的培养。

道家以"自然"为价值原则，其思想核心所诠释和主张的都是"无为"。"自然"、"无为"在道家的思想体系里处处都喻示着人性的随性自然与人格的圆润和谐。道家把人的内心自由、安恬守静作为修道之人的智慧境界。道家讲求的智慧更关注个体生命的存在，尊重人性的自然，追寻通达生命的原理，从"大"处着眼，修复被蒙蔽了的天性，并在此基础上不断自我反省，以恢复天性的自然和谐。老子非常重视人生的智慧问题，在他看来，人的智慧包括了对外部世界的认识和对自己的认识。他强调指出，"知人者智，自知者明。胜人者有力，自胜者强"。也就是说，智慧是对人世秩序的认识，是一种处世之道，能认识他人、灵活处世是智巧，但能认识自己才算是真正的高明。而无论是知人还是自知的能力都需要在实践中不断修缮与调整，其实老子真正向往的是"大智若愚"的人生境界。

佛教认为智慧圆融并不在于彼岸世界，而是存于人的内心，智慧之法则是去除内心的障碍，除去种种束缚，修心、明心、静心，以恢复和彻悟自己的本性。对于佛教的智慧觉悟需要直觉顿悟，要正心，清心寡欲，以修行的方式直达人的真心。佛家注重修行，修行是修正人的内心和外在的行为，做到心地光明磊落，行为止恶行善。可见佛教的智慧也是与实践相连的，并非一种意念的空悟。口诵心行中体现的是人生的一种觉悟，在相信人的本性真善中有着对生命内涵的追寻和诉求，在行善抑恶的凡俗情怀里有着对生命更多的敬重和包容。

东方的实践智慧表现为对现世生命的执意追求，把现世生命的快乐感受作为精神丰盈的基础，实践智慧在视角上更偏向于"道"、"德"，认为这才是人生的大智慧。儒家在伦理秩序中追求德性的充盈，孔子的"上学而下达"，就是从"格物"、"精义"开始，然后上达至"德"并将其作为终极目的。而学习过程要将知识转化为内在的德性，用德性来通达人生的智慧境界；而道家在自然契合中承享清虚恬然，强调的是一种生命内涵的孕育养成，祛除对外在世界的智巧与精明，呈现生命本性的真实。可见，东方人在追求实践智慧的过程中，其精神意向所显示出的个体的人生是不断自我充盈的自足体。

二、实践智慧的价值内涵

尽管东西方的先哲对实践智慧在终极追求的意义认知上有着不同的理解，但人类对智慧人生的追求从未停止过。无论是东方将"天"、"道"作为终极的智慧追求，还是西方从理性或明智两种不同视角来理解实践智慧，实践智慧都是离不开主体的实践活动，并把人生真与善构成的终极境域作为追求的目标。现实中，实践智慧与知识、认识、理性相伴相随，但又超越了简单的认知和理性。也就是说，它不是简单意义上的思辨，也不是一种行为上的技巧，而是指向人生的一种生活和生存境界，当然，人生的所有追求都需要基于现实的实践活动。

（一）行动

行动是实践智慧的主要价值，也是实践智慧产生的基础和前提。实践智慧源于主体具体的实践活动，是主体在具体实践过程中生发，基于活动自身，并以活动为目的的"知"与"善"相融合的一种体验，不是以某种理论假设或纯粹的理智为前提，或完全是借理性思辨凭空产生的。实践活动的基本目的就是帮助实践主体获得对外部客观世界的正确反映，因为这是个体认知客观世界的基本，也是唯一的正确方式。实践智慧离不开实践的主体，并呈现于独立个体的实践活动之中，是动态生成的，也是体悟发展的。为此，行动恰恰反映了实践智慧产生的客观基础，在具体的实践活动中，人具有了自由，自由是产生一切有生命特征的个体灵动性、创造性和想象力的前提。实践活动正好展现了人的创造性，"良好的践行本身就是目的"，也促使人趋善避恶。生活中，以活动作为实践智慧的根基，以行动作为实践智慧的存在方式，正好打通了感性经验与理性世界的两种对立，反映和体现出实践智慧的非思辨性、非现成性的特点。强调以人的行为和向善为前提和目的，正是人类生存实践过程中自觉的、本真的追求。"通常当我们谈到'实践智慧'的时候，主要是指人生智慧。作为一种区别于理论理性或认识能力的独特的思维方式，它所关涉的是我们的意志与行为之间的关系以及行为的正当性。如果说理论智慧是'知'，那么可以说实践智慧是'行'，或者说是一种与'行'有关的理性能力。"①

（二）理智

理性和明智是西方哲学视角中有关实践智慧的价值内涵。"当苏格拉底探索'明智'的时候，他实际上就是在探讨'实践智慧'问题。明智作为一种实践智慧是一种人生智慧，它为我们谋划安身立命的所在，使我们的人生臻于完善。"② 实践智慧产生的过程是以理性的认识作为基础的，并且伴随着思虑和选择。理智是建立在"知"与"善"的基础上能够正确思考的一种能力，这种能力必然是经验和理性相互关照的结果。所以，理智并不是单纯的思辨推理，因为理性的思辨是不可能必然地产生实践智慧的，理性只是实践智慧的基础，但实践智慧在追求合理性的同时，还强调对情景的感知、辨别和顿悟。为此，理智强调不仅需要关照自我生活，更需要反思人生价值意义，在不断变化的具体的世界中建立善的思考与判断能力。实践智慧当然需要理智相伴随。"融合于伦理实践的理智就是实践智慧，它是面向生活的。"③

（三）德性

实践智慧的本质特征之一就是"向善"，向善是实践智慧中带有终极意义的追求。西方有研究者指出，实践智慧"表征了那些知道怎样生活得更好的人"，是一种走向"善"的行动倾向，具有技术倾向所缺乏的道德意识，而且"实践智慧和道德品性是一种互惠关系"④。而表现在东方的传统哲学中则趋向于"道"或者"德"。依据价值的视角，"善"体现为一种价值或德性，而这种德性关涉精神层面，指向个体与自我、他人、社会及自然之间的价值关系。主体的实践生活是各种各样、丰富多彩的，德性是理性生活追求的目标，人类对实践生活的向往是过一种充满德性、善性的幸福生活。向善也就是美好生活中的德性活动本身。人们具体的生活是有很多种形式的，但无论是功利性活动或者是生产性活动，还是自由美好的生活，都是人类的本质活动和存在方式，实践智慧的价值内涵就在于帮助人们寻找一种最终的目的，即过上一种洋溢着德性光辉的生活。为此，实践智慧能给人一种无法言说的愉悦，即人的最完满的幸福。由此，实践

---

① 张志伟，欧阳谦. 西方哲学智慧 [M]. 北京：中国人民大学出版社，2000. 57.

② 张志伟，欧阳谦. 西方哲学智慧 [M]. 北京：中国人民大学出版社，2000. 57.

③ 金生鈜. 德性与教化——从苏格拉底到尼采：西方道德教育哲学思想研究 [M]. 长沙：湖南大学出版社，2003. 87.

④ Dunne, J.. *Back to the Rough Ground: Practical Judgment and the Lure of Technique*. Indiana: University of Notre Dame Press, 1993, p. 283.

智慧要考虑的是对人的整个生活有意义、有价值的事，不仅要在日常生活的周遭世界中寻求德性的生活基础，并且要反省、洞悉人的内在精神世界，在整体社会的伦理要求和个人的价值精神中寻求平衡，既寻求真正的知识和德性，又实践各种德性。实践生活被一种有价值的、充满善性和丰富性的行为所充实，这样的生命整体才是有意义的。"行为之所以善，不是因为它具有善良的结果，也不是因为明智，而是因为行为出自遵从这种内在的责任感。"①

第二节　教育实践智慧

教育活动是一种价值性的追求，"教育的智慧和机智可以看作教育的本质和优秀性"。当我们在关心"优质教育"的本质和如何生成"优质课堂教学"时，范梅南的"智慧教育学"为我们提供了很多有价值的启发。他所阐发的教育智慧的性质及其与教育学、教育机智之间的关系，指向的正是实践意义上的教育智慧。他认为教育智慧是一种对他人内心生活的敏感觉察能力，也是对自我内心生活意义的一种把持，自然地表现出对教育生活的良好判断和对教育情境的灵活应变，少不了关涉道德直觉力（moral intuitiveness）。解读范梅南的教育智慧，其实就是一种教育实践智慧。这种教育实践智慧非常强调其作为"专业智慧"（professional wisdom）的特殊性所在。"教育智慧的生长场所与用武之地被限定在教育世界中，因而，教育世界的特殊性会深刻地影响教师的教育智慧。同时，这意味着脱离对教育世界中问题的研究而去其他领域追求教育的智慧，恐怕是徒劳的。"②

在教育学语境里，教育智慧是极具理想色彩的词汇，"相对一般智慧而言，教育智慧是一种特殊智慧，即合理认识与解决教育理论与实践问题的才智"。可见教育智慧表达的是对现实教育的一种期许，也是理想教育的一种衡量指标。叶澜教授在论述教师的教育智慧时，有着很独到的界定："教师的教育智慧集中表现在教育、教学实践中，他具有敏锐感受、准确判断生成和变动过程中可能出现的新形势和新问题的能力；具有把握教育时机，转化教育矛盾和冲突的教育机智；具有根据对象实际和面临的

---

① ［美］威尔·杜兰特. 哲学的故事（下册）［M］. 金发燊等译. 北京：生活·读书·新知三联书店，1997. 32.

② 熊川武，汪玲. 理解教育论［M］. 北京：教育科学出版社，2005. 246～247.

情境及时作出决策和选择、调节教育行为的魄力；具有使学生积极投入学校生活，热爱学习和创造，愿意与他人进行心灵对话的魅力。"① 这句话反映的教育智慧正是作为一种"专业智慧"，呈现的不仅是教师在教育活动中所表现出来的一种动态的卓越能力，同时也必然包含教师的教育美德和良好的个性品质，是教师对美好教育生活的一种追求姿态。

教育智慧是由理论智慧和实践智慧构成的一种特殊的智慧，它是沟通教育理论与实践经验的有效媒介，它体现的是教育中的人对人生意义的关怀和价值追求。理论智慧是教师通过外显的学习获取的，是以书面的或口头形式存在的，其作用是为教师的教育实践提供依据、资源和指明方向，是实践智慧的基础；实践智慧既来自教师个人经验的感悟与沉淀，同行之间的探析与对话，也来自对理论智慧的理解和运用。因为从认识论的观点来看，任何一种行为，尤其是有目的的实践行为背后，总是由一种观念、意识或知识所支撑着的，现实中并不存在没有任何知识基础的有目的的实践行为。因此，理论智慧对实践起着指导作用。同时，理论智慧产生于实践，因为只有教师在教学实践中发现并解决了问题，获得了感悟与认识，才有了实践智慧。而实践智慧通过沉淀、提炼才上升到理论智慧。因为从一般意义上看，教师在各种教育实践活动中形成的有关教育活动的看法、观点、思想和行为等，需要在长期的教育实践活动中不断接受实践的检验，在被证实、被修正的基础上，被教育领域中的大多数人接受、认可、学习，并经过实践者的不断总结、提炼、沉淀，最终成为一种可以交流、分享和书写的理论智慧。

教育是一种实践性活动，在教育生活中呈现出的智慧主要是教育实践智慧。尽管在教育生活中有许多教师通过教育活动形成了各自有关教育的各种意见、观点、思想、理论等，有了关于"是什么"和"应是什么"的智慧，而教师们在通过具体教学行为折射出来的"如何做"的综合能力才是真正反映教育智慧的内涵，即教育实践智慧。"展现智慧的人似乎都具有在复杂而微妙的情境中迅速地、十分有把握地和恰当地行动的能力。"② 为此，对于教师在教育实践活动中所形成、产生和表现出来的教育实践智慧，教育学者有着许多不同的理解和解读。有学者从三个方面对教育实践智慧加以定位：第一，实践智慧表现为对知识传授的超越；第二，实践智

---

① 叶澜. 新世纪教师专业素养初探 [J]. 教育研究与实验，1998 (1).

② [加] 马克斯·范梅南. 教学机智——教育智慧的意蕴 [M]. 李树英译. 北京：教育科学出版社，2001. 165.

慧表现为一种教学机智，是教师在教学中的即席创作；第三，对教师发展而言，实践智慧表现为对自我完善的不懈追求。① 也有学者认为："教师实践智慧就是指教师对教育合理性的追求，对当下教育情景的感知、辨别与顿悟以及对教育道德品性的彰显。"② "教师的实践智慧是教师在教育教学实践中基于善的教育价值追求，对教育教学工作的规律性把握、创造性驾驭、深刻洞悉、深度思考、敏锐感悟与反应以及灵活机智应对的综合能力。"③ 可见，教师的实践智慧是在实践中知道"如何做"的一种综合能力表现，它的生成依赖于其丰富的理论智慧，但同时又是对理论智慧的超越和创造，"实践智慧是一种更高的智慧"，因为它是建立在教师已有理论知识、实践经验和反思体悟的基础上，在教育情境中机敏地、果断地、直觉地作出反应的能力。

在教育生活中，教育实践如何创生和创新一直是人们关注的焦点。而越来越多围绕"教育实践智慧"的思考更是确定了实践智慧在教育生活中的价值和地位，并且在教育实践被要求以智慧的方式展开的同时，教师也被要求具备"智慧人"的特质和品性。显然，教育实践智慧必然有着其独特的内涵和特质，在展现过程中才能够呈现出生命与教育之间的本质关系。

一、教育实践智慧的特点

（一）教育实践智慧是在实践中生成的

马克思认为，一切认识源自实践并归于实践。教师不仅需要学习书本的理论知识，还要亲自经历种种教育情境，在实践中获得判断和处理教育问题的能力。"拥有实践智慧的人就必须具备实践感知。"教育是培养人的实践性工作，而人又是具有主观性的，复杂的个体。教师的教育实践智慧就是在复杂多变的教育活动中形成的。实践智慧就是教师对教育教学实践的一种良好回应，通过教育教学实践而显现出来的一种智慧品性，这种品性是需要依据实践的历练、磨炼而慢慢沉淀而成的，仅靠理论知识的学习是无法实现的。实践智慧是一个"动态的、顿悟的、灵活的概念，可以称

---

① 吴德芳. 论教师的实践智慧 [J]. 教育理论与实践，2003 (4).
② 邓友超，李小红. 论教师实践智慧 [J]. 教育研究，2003 (9).
③ 赵瑞情，范国睿. 实践智慧与教师专业发展 [J]. 教育导刊，2006 (7).

之为实践顿悟"①。可见，教育实践智慧必须根植于具体的教育教学实践，在教与学、师与生的困顿、互动中逐渐顿悟、积累生成。

《学记》写道："虽有佳肴，弗食不知其旨也。虽有至道，弗学不知其善也。是故教学然后知不足，教然后知困。知不足然后能自反也，知困然后能自强也。"由此可见，世间万物需要亲自实践方能知其深意。古人经实践得出这样的结论也意味着经典的理论源于对实践的反思。教师的实践智慧也是在个人的经验基础上，面对教育教学活动的问题、疑惑、矛盾、冲突、困难等状况，主动反思，逐渐形成。对实践反思所得的实践智慧有助于教师把握教学的规律，促进教育质量的提高。

（二）教育实践智慧具有缄默性

教育实践智慧的缄默性也是其主要特点之一。其缄默性是指实践智慧在教育教学中表现出内隐性。因为它是教师面对复杂的教育教学情境瞬时的直觉反应，是一种突发的灵感，甚至是教师实践活动的瞬时顿悟，因此教育实践智慧往往表现出既理性又非理性的特征，且是模糊的，并以隐蔽的形式存在于教师的认知结构中。教育实践智慧作为一种缄默知识，通常情况下是难以顺畅地通过语言来传达的，也难以用常规的形式来传递，往往是教师下意识地把握、无意识地运用，甚至更多地表征为只能意会的一种"内隐知识"。教师的教育实践智慧恰恰具备缄默知识的特点。教师在教学中需要根据不同的教育情境，针对不同的教育对象选择合适的教学方法，再将所得的经验结合环境、学生等因素进行思考，使之内化成教师独有的个人实践智慧。由此可见，实践智慧是教师对教学情境的体会和对教育生活的感悟，经过教师的思考后内隐内化的知识经验。而当教师运用这些实践智慧时往往就是瞬间的、自觉的，很难用语言梳理出来，更难以清晰地与他人交流。

（三）教育实践智慧具有综合性

教育是一种十分复杂的社会实践，从宏观方面来说，它涉及文化、社会、政治、道德和伦理各个方面。具体到课堂的教学，它也受当时的环境、教育者的心理、学生的差异、教师本身的素质等多方面的影响，也就是知识、经验、能力、技术和行为的合理运用，还包括情感、思想、道德和责任的融合，这也是教育实践智慧综合性的特点。从专业视角来看，每位教师的教育实践智慧都是源自教师对自己或其他教师的教育实践的反

---

① Noel, J.. On the Varieties or Phronesis. *Educational Philosophy and Theory*, 1999, Vol. 31, No. 3.

思，结合诸多的教育理论知识和经验的感悟，有生活的历练、有教育的思考、有文化的积淀等，在实践中相互同化、发展，逐步走向自我更新的更高层次。在课堂上，教育实践智慧的综合性还体现在教师对课堂的整体把握上。课堂是开放的，有着各种不确定的因素，教学的过程处于生成的状态，各种资源、信息会在这里碰撞、相遇，学生作为独立的生命体，灵动而鲜活，教师是"领航人"，需要准确、机敏地协调各种资源，把握当下学生的需要、心理，保证教学顺利有效地进行。动态的课堂需要教师具备多种能力和专业知识来驾驭，这也是教育实践智慧综合性的体现。

（四）教育实践智慧具有个体性

教育实践智慧与教师个体的知识、理念、情感、价值观等密切相关，它是个体在教育教学实践中通过感悟、体察、反思等方式逐步形成的。由于每位教师的年龄、知识、成长经历、生活经验等方面的差异，无论是教育实践还是课堂教学，当教师面对问题、事件、学生以及各项活动时，往往需要教师预设自己的行为，或以瞬间采取行为的方式，或自觉规范自己的行为，所以就会形成极具个性化特点的实践智慧。每一位教师的教育实践智慧都是人、事、情、景等诸多复杂因素交错影响的产物，具有鲜明的个体性。教育实践智慧的形成与教师对自己教育工作的体验、思考、感悟有着密切的关系，是教师具有个人色彩的综合能力。教育实践智慧体现着教师的个人魅力，是教师区别于其他人的独特的教育教学风格。即使有相同的教育情境、相同的学生和相同的环境，不同的教师也会根据自己的经验采取不同的教育教学方式和手段，从而产生不同的教育教学效果。

（五）教育实践智慧具有情境动态性

教育教学实践永远是一个复杂多变的过程，充满了不确定的因素，教师、学生、环境、问题，所有的要素都可能在每一个瞬间变动着，多元、变化是教育教学活动永恒的特征。对教师而言，实践活动必须在真实而具体的教育场景中展开，面对每一个有思想的、活生生的生命个体，每一个心境变动的瞬间，教师仅能预测它的发展，而无法预定它的结果。因此，教师需要根据具体的、动态的和不确定的实践活动，随时微调自己的教学目标，随时改变自己的教育行为，随时调整自己的教育理念，随时改善自己的教学策略，千变万化的教育教学实践促使教师的实践智慧永远处于动态的、发展生成的过程中，没有固定的套路，也没有一定的格式，需要教师随机应变，需要实践者的灵感创造，唯一不变的宗旨就是基于对生命负责的态度和对教育善的理解，教育实践智慧正是教师对具体而真实的教育情境展开"高层次的思考、判断、选择的决策过程"。

二、教育实践智慧的生成要素

教育实践智慧是在教育教学活动中体现出来的实践智慧，是教师在引导学生成长、获取知识的过程中产生的，源于教育教学活动自身的真与善相统一的智慧品质。尽管实践智慧不是实践活动本身所固有的客观属性，也不是理性的逻辑规定，但是教育主体在教育实践过程中以智慧的方式展开行动是教育本真的一种追求，也是对教育生活中的生命个体的一种尊重，具体、鲜活的实践活动是生成教育实践智慧的源泉和基础。所以，这需要师生在教育教学活动中创建生成实践智慧的境域，在创造性的教育实践活动过程中，改变以往教育中规训式的理念，把人的生命及对学生的生命与自由的尊重放在首位，促使教育与生活世界相联系，让教师和学生都能够身心自由地投入教育生活中，形成一个和谐的教育场域。

（一）自由的生命个体

生命是教育的出发点，也是教育的归宿。只有以完整的人的生命作为教育教学的核心，才能真正构筑生命完整的教育实践，这样的教育才是"成人"的教育。对于生命的理解，不同的学者基于不同视角的解读有着不同的意蕴，叔本华强调生命的意志论，关注生命原始意义上的思维方式和形态；狄尔泰则诗化了生命的体验，他的生命解释学突出理解世界，认为生命是世界的本原；生命是每一个人都能通过自我的内省而体验得到的；而传统儒家的生命伦理观既关注人生的意义和人的价值，更看重生命的社会伦理内涵；道家的"率性而为"强调生命的自然特性，恢复生命的本来之真、本然之性。尽管学者们的观点立场各有不同，但对生命的尊重与敬畏，体现生命的自由与价值是学者们共同的信仰。教育实践过程也应依循生命之道，尊重人的生命的自然本性，尊重儿童生命生长的内在特性与规律。教育的目的与归宿应该是人的生命的自由成长。

教育生活中的教师和学生是有着丰富情感的生命体，他们丰富的内心情感、独立的价值观念和健康的审美情趣建构着个体独特的生命体验。充满实践智慧的教育教学过程是让师生在不断认识自我、感悟生命及生活的意义的过程中，激活和激发生命的内在潜力，追求更有价值的生活和生命意义。显然，对于生命的尊重是实现教育实践智慧价值的前提。尊重师生整体的生命存在，在富有生命张力的教育教学中，他们以主体"在场"的姿态进行积极体验与感悟，可以敞开彼此的心灵，张扬人的生命之活力，增强个人的生命体验。教育教学中的自由是主体以生命"在场"的方式表征的。

遗憾的是，长期以知识为中心的教学实践更注重的是知识外在的功利价值，对于格式化的教学过程，学生不仅没有兴趣，厌学的情绪也油然而生。当我们将学生视为无生命特征的"物化"的客体时，学生的主体性和创新意识，包括生命的快乐与愉悦都受到了压制。没有了"自由"的生命，灵感、创造和智慧也随之黯然失色，谈何教育实践智慧？在以升学为目标的教育实践过程中，对于大多数教师和学生来说，学校、课堂是学生们被规训的场地，它意味着服从、听话、教化，意味着规规矩矩地听课，也意味着知识的储存与复制。教育实践智慧在这里失去了它生长的空间和"土壤"。所以，教育实践要去除学生成长中的各种外在的和内在的阻碍，重新呈现教育实践本真的内涵，帮助他们回归到生命价值的追求中来，形成追求自由的勇气和能力。教育应该促进每一个个体生命自由地成长与发展，"不要满足于教给学生什么，而要创设一种海阔凭鱼跃、天高任鸟飞的发展空间，要放飞儿童的思维，让他们自由自在地思考问题，使教学成为探索和发现的过程，成为发展学生智慧、感悟自由精神的过程"①。

教育实践是人作为整体的生命存在参与其中的过程，教学也并非单纯知识授受的过程，其要体现的是主体与客观世界的积极关涉，生命自由生长的和谐过程。教育本应是一个充满价值关怀的智慧过程，师生双方必须在教育教学过程中感受到来自其中的人文与价值关怀，有精神的超越，有智慧的生活，更有对真美善境界的追求。

（二）灵动的创造思维

教育实践应该是一种美好的心灵洗礼和思维激活的历程。实践智慧是以知识、能力、品德的发展为载体的，是建立在对生命本质的尊重和向善基础上的。如果我们的教育教学只在乎对知识的掌握，就会使整个教学过程演变成以灌输、训练和强化的方式来处理和加工储存知识，使整个教育生活演变为紧张的、机械的乃至僵化的过程。没有了灵动的思维和创造的个性，无论是教师还是学生都将成为教育实践中机械的、呆板的零件。教育本该为师生创造性的发挥提供一定的空间，而不是用知识、技能的灌输或者是死记硬背的方式来阻碍创造性灵感的生成，甚至扼杀思维和想象力。"知识仅仅是已经获得并储存起来的学问，而智慧则是运用学问去指导改善生活的各种能力。"智慧必须在智慧的教育中生成，而师生也正是

---

① 国际21世纪教育委员会. 教育——财富蕴藏其中 [M]. 联合国教科文组织总部中文科译. 北京：教育科学出版社，1996. 69.

在这种饱含创造性元素的教学中才能徜徉流连于智慧增长的愉悦之中。教师和学生谁也不是知识的旁观者，双方都要主动积极地参与到知识的创生过程中。在巧妙的匠心独运和愉悦自然的交流中，知识的学习为学习者形成自由、理性、智慧的人格提供了基本的元素。

知识教学是教育实践生活中的主要活动，但是知识的实践并不应该只是为了让学习者功利地获取一些实用技能，或者只是为了在考试中取得好成绩而作为升学的工具，而是应该为学习者可持续的发展习得基本的学力。所以，教学中的知识传授绝不应该是教师简单地将其呈现并传递给学生的一种格式化、毫无灵性的操作，而应该是师生自由的知识创生、张扬的思想对话，由文本与师生以及师生之间的会话、互动而创造出思维的火花和独立的个性，促使教育实践智慧在师生"交流场"的每一个角落流淌、生发。其实，知识学习并不是终极性的目标，如果把知识学习看成终极性的目标，人就很容易沦为知识的工具，教育是要让学生了解科学知识发生和发展的过程，更重要的是使学生体悟发现真理的方法。

因此，教育教学过程中师生良好的交往、教学目的的实现、教学结果的达成等都蕴含着教育实践智慧生发的要素。因为教育本就是人的心灵生命净化升华的过程。好的教学自然是一段充满创造力与成就感的体验旅程。师生共同参与到教学中来，把教学过程视为彼此对话沟通、智慧共生的过程，尽可能释放每一个个体的思维观点与想象空间，给教育实践中的生命个体以创造的机会和灵感，而伴随着灵动的思维，被激活的智慧自然会源源不断。这样的学校与课堂必定充满睿智和愉悦、灵感和创造，而这种愉悦的情感促使师生孜孜不倦地探讨知识、关注世界、感悟生活，教学不再是教条化的、技术性的操作，美好的情感和体验将成为创造力的源泉与动力，激活师生自由自觉的对科学实践的探索活动。显然，教育世界中既有智慧的愉悦，也有精神的和谐与完满，这是完全有可能的。充满实践智慧的教育教学正如同一把启迪人心灵的钥匙，开启人们的理智，也开启每一个生命个体的智慧人生。

（三）丰富的践行生活

人的认识和理解都是建立在不断创造和更新的实践活动之上的。作为教育实践活动的主体，教师与学生的实践交往以精神活动为主，也包括社会交往活动，包含着对世界的认识以及人与人之间的理解。实践智慧始终是在掌握知识的过程中展开的，虽然知识不再作为教学的唯一目的，但知识教学依然会是教育实践的主线，成为教育智慧展示、生成的主要平台。而师生双方不仅以认知的方式参与教学，更会以一种内在体验和外显行为的方式投入教学中，从而达到真正的"我与你"在场、相通与交融。实践智慧需要师生之间的平等、宽容、对话的精神。

正如实践智慧产生于人类的物质实践活动中，教育实践智慧也同样产生于师生的实践活动中。具体的教育实践活动生成教育智慧，这里的实践活动既包括日常的教学活动，也包括丰富多元的课外活动。虽然实践智慧不可言，但还是可以通过师生的活动、行为，以践行的方式来认识、以身体和交往的方式来言说、以体悟事实世界之理来展示教育实践智慧的"非常之道"的。对于教师而言，他需要在教学过程中调动自身的经验所赋予的心智与智慧来思考和反观问题，在不同的情境、不同的现场，以行动和对话的方式展开反思性思维，并致力于在复杂的情景中解决问题，寻求恰当的、智慧的教学方法与途径。从一种"技术性实践"转换到"反思性实践"，这应该是教师智慧实践的基本立场。因为固定、程式化的教学实践是不能激发更自由、更丰富的活动的，更不能在特定情境下激发教育实践智慧。教师要清楚自己的角色定位，要明白教育实践的根本含义，更要具备生命"在场"的意识，像医生一样对"临床的"案例进行研究，将专业知识合理运用到实践情境中，而不能像生产流水线上的技工一样只是技术性地操作教学。显然，教师要解决的问题具有更大的复杂性和综合性，践行永远是教师积淀和表达教育智慧的途径。教师们要自觉地省察教育教学活动，对实践中的复杂问题和偶发事件予以极大的关注，更要提升自我对生活和人生意义的关注，才能使教育行为呈现出更理性的智慧光泽。

三、教育实践智慧的内涵

教育实践是纷繁复杂的，在教育教学过程中，教师总在寻找实用且带有普遍性的技术与策略，但依然难以应对教育实践的独特性和多变性。而情境化的教育实践，决定了教师必须具备从特定的教育场景出发即时判断和解决教育实际问题的能力，学会面对具体的事件，能在思维、决策和行动上作出适当调整和权衡，用智慧而非技术方式来主张真实而鲜活的教育生活。为此，实践智慧成为教育生活中不可或缺的要素。它需要教师不断地对自己的教学经验和教育事件进行反思，对自己的教育生活进行深刻的体悟，在教育理性的基础上增添一份感性，在"善"的视角中认知与思考教育世界。

（一）德性成为教育实践智慧的精髓

在所有的人类实践形式中，只有一种实践是以促进人的生命成长为实践对象的，这就是"教育实践"。从教育学的角度来看，实践是一种针对生命成长的有意识的活动，是塑造和改造自我生命和他人生命为旨归的活动。① 这就意味着教育必然是一种蕴含道德品性，并以善为根本追求的实践活动。这种善应该始终体现在教育生活中人与事的交互之中，融合于教育过程的点点滴滴，"实践智慧是一种同善恶相关的、合乎理性的、求真的实践品质"②。为此，实践智慧一定存在于具体的充满德性的践行中，并通过善性和有价值意义的道德实践来建构自己、充盈自己。所以它不像确定的科学与技术那样可言传、可复制，它是模糊而隐性的，人们只能在不断的实践中把握它、体会它。而只有在实践中充满善性或德性的教师，才称得上有智慧的教师。

在现行教育实践中，有许多教师不乏知识、技能与经验，但在具体的教育教学过程中却往往缺少圆润而明智的实践智慧品性。教育实践在他们的践行中就变得教条化和程序化。亚里士多德认为，实践不同于技术制作，实践本身是应该关心道德的善与追求生活取向的美。在此意义上，实践智慧就绝非将书面文字的教育知识、理论和技术简单地运用到教育情景之中，而是在复杂的教学实践中，通过个体对教育生命价值的感知、对教学整体价值性的认知来体现教育德性中的真善美。实践智慧依据生发于个体的教育经验，但又绝非经验的简单累积与呈现。实践智慧折射着很强的道德品性。因为教育实践过程不仅需要教师根据一定的客观事实作出权衡，而且需要教师根据教育价值判断作出的合理选择，从中必然融合渗透个体的教育信念、习惯和价值观，透析着教师个人的教育观、教学观和学生观，体现着教育过程对人生意义的关怀和价值追求。正因为教育实践是一种通过知识引导人的智慧成长、使人"成人"的过程，而绝非简单的灌输、授受的过程，它更需要教师动用自身的智慧、德性、善性，表现出对教育合理性的追求，对具体教育情境的感知、顿悟以及升华为敢于不断更新自我的生命实践。唯有善待生命，促进教育实践中生命个体健全成长的完满德性才能达成教育实践智慧。

（二）实践理性是教育实践智慧的根基

实践理性是人们运用理性决定在某种情形下如何行动与决策的能力，它与人的道德价值有关，是一种基于善和智慧并以一种适当的方式在恰当的时机所表现出的合理判断和践行能力。教育过程有太多的非预期性与偶

---

① 李政涛. 让创新性实践成为当代教师的生存方式 [J]. 教育研究与实验，2008（5）.
② 转引自李长伟. 实践智慧与教育 [J]. 教育理论与实践，2010（16）.

发性。教育情境中的问题时刻都在发生着，教育实践中的生命个体在不断生长、发展，这就意味着，没有可套用的教育模式和先验的教育理论学说可以在具体的教育实践中解决任何可能的教育问题，实践理性就要求能对教育情境、过程、内容之中的复杂元素和发展价值进行整体的思考并作出明智而合理的决断。实践理性还意味着要善于对教育现象与活动不断地进行批判性的追问与反思，意味着对教育信念的坚守，对教育情境的理解，甚至是将智慧与理念融为一体的践行。从这层意义上说，教育能否真正唤醒人的生命价值意义，赋予人智慧与理性，关键在于实践者也就是教育生活中的教师的理性意识与教育智慧。通过对教育规律的准确把握，对教育过程的敏锐觉察，理性而灵活地理解教育特性，实行独特且有效的践行方式，促使自我的教育智慧和实践理性在磨合交织中不断生成和提升。

教育实践本身就蕴含着对生命的培植与创新，而我们一直以来所追求的科学知识崇尚的是工具理性，以至于冰冷的分数掩盖了个体智慧的光泽和灵动的生命价值，教育实践被规范化与模式化。"技术理性使人成为自己创造力的囚徒，陷入了毁灭自己的最严重的危险之中。"① 教育实践智慧与教师的道德信仰相关，它使人在实践的价值判断中学会思考追问，从而启发一个人的智慧、信念和希望。实践理性更多地体现为"应当如何做"的行动，由此表现为：对教育情景的应对方式、对实践问题的独特处理、偶发事件的教育机智。它要求教师对教育实践具有一种职业信念以及足够的敏感性与理性判断力。在此过程中不断生成包括知识、能力、情感、态度和价值观等在内的与生命成长相关的一切发展要素，进而寻求教育实践的本质和意义。智慧在这样的实践中也就有了生发的可能。

（三）学习顿悟是教育实践智慧的源泉

实践智慧主要产生于教学体验和对教育实践活动的感知、辨别与顿悟之中。不同的教师由于学力、经验、知识能力水平等差异，对教学的感悟也会颇具差异，在直面问题的时候，总是表现出迥异的分析、决策和行动，新的思想、观念与灵感在具体复杂的教育情境中不断生成，形成极具个性化特点的实践智慧。千变万化的教学实践活动使得教师的实践智慧永远处于生成、发展的过程中，而场域情境创新正是教育实践智慧的核心特点。

当代实践课程论的创立者施瓦布（Schwab, J.）反对将教育理论简单

---

① ［美］弗洛姆. 弗洛姆著作精选——人性·社会·拯救［M］. 黄颂杰主编. 上海：上海人民出版社，1989.478.

地应用到教育实践中，强调教师在教育实践中的慎思。反思的实质不是思想内省和思辨操练，而是根植于教育实践并面向教育实践的教育批判和教育建构。① 通过对这些碎片式知识进行整理，在思索中获得认知的顿悟，将使教师的教学多一些人性与温情，少一些教条与机械，从而更具卓识，更富弹性，更能应对实践中的具体问题。实践智慧是教师在教育教学过程中积淀的经验，是内隐而零碎的。教师要想获得或提升实践智慧，绝不是也不可能通过经验的自然累积，而必须充分利用对话交流与合作，通过自我追问与反思，不断地扩展和完善自我认知，挖掘实践背后隐含的支撑性"理论"。学习可以增强教师对教育实践问题的应变力和效能性，拓展认识视野的广度和思维的深度，而顿悟更能使教师走出固有的思维定式、习以为常的惰性和一成不变的模式，而以一种审视的姿态、反观的勇气探析自我的教育世界本真的价值意义。从某种意义上说，教育实践智慧已经超越了教育理论知识的既定框架，而从多视角、多维度出发，探寻、质疑并解决教育实践问题，洞察和判断具体教育情境所蕴含的多样可能性，求得解决问题的智慧。为此，教师对教育实践的反思与顿悟，可以使显性的、理性的知识得以理解内化，使隐性的、感性的实践性知识得以提炼整合，在思考、寻找解决教育实践问题的方法过程中，促进教育实践智慧的升华。

---

① 马维娜. 指向"改造性实践"的教育反思 [J]. 教育研究，2002 (12).

第三章　教师知识与教育实践智慧

后现代主义者认为，教育应更多地关注具体文化背景和意识形态下的各种观点，关注教师的实践理性和实践性知识。于是，那些过去曾被视为边缘的、非正规的知识形式受到了前所未有的重视，如实践知识、内隐知识、个人知识、偶发知识、内嵌知识等都开始在知识系谱中获得了自己的合法性。由此人们也开始思考：教师在教学过程中"实际知道的理论"和"实际使用的理论"有何不一致？而真正支配着教师的思维与行为，在教育哲学层面形成一套连同教师自己的精神世界共同表现出来的独特的个人人格特征和教学风格的"个人理论"其实践意义何在？而教育智慧是否与教师知识存在某种相关性？教育实践智慧生发、表征是否在印证着教师实践性知识的建构与增长？而实际上，承认教师对自己的教学实践可以有自己的理解和个人化的教育哲学，可以帮助教师有意识地利用和改造自己的个人知识，从而突出教师在教育实践智慧的生成过程中的"人格化"、"个性化"的"专业"特征。教育实践智慧的价值就是教师运用智慧而不是运用权威引导学生成长，在解决问题的过程中不断进行自我监控、评价，从而修正、改进和提升自己的知识结构。

长时间以来，尽管世界各国对教师教育都非常重视，但教师教育的效果并不令人满意。原因之一是对教师的专业特点和教师专业发展的规律性还缺乏深入的了解，因而无法在教师专业成长的不同阶段提供必要的和及时的帮助。近些年，随着对教师教育研究的进一步深入，在此领域的认识也有了新的进展和突破。西方国家的许多研究成果极大地推进了教师教育的实践。如英国以学校为本的教师培养模式（school-based education），美国的职业发展学校模式（professional development school），勒温创建的行动研究等。全美教育委员会在《追求高质量的教学：对决策者的五个重要战略》① 一书中，把"确保所有的教师都能够参加高质量的职业发展项目，以便改进教学和增进学生学习"作为一项重要的政策建议提出，认为教师的专业发展是一个需求驱动系统，不是与工作职责相分离的工作之外的活动；管理部门应该把教师的专业发展视为提高教师教学能力、达到学校教育目的有效工具或方法，并倡导教师以个人成长为专业发展的导向。由此也可以看出，为提高教师的质量，各国政府在提高教师地位权益的同时也着力于提高教师素质，而且从强调提高教师素质以适应岗位的要求到关注教师个人发展、提高教师工作的内驱动力，这都体现了对教师教育领域的研究在不断深入和拓展。

当下，随着对教师专业自主、专业意识的进一步关注，尤其是近些年对教师知识研究的急速增加，比如格里芬（Griffin, G. A. ）在《初任教师知识基础》一书的最后一章，赫然以"结束语：知识推动的学校"为题，突出教师的知识在学校教师专业生活中的重要地位。② 其实早期的教师知识研究，尤其是 20 世纪 60、70 年代的研究，大多是在"过程—结果"的研究范式下展开的，包括后来兴起的"专家—新手"的比较研究，其注重的大多是高成效教师所具有的知识结构和特征。在这方面，伯利纳（Berliner, D. C. ）、莱因哈特和格里诺（Leinhardt, G. & Greeno, J. G. ）、莱因哈特和史密斯（Leinhardt, G. & Smith, D. ）等人的研究较具有代表性。③ 但还有些研究者基于某种特定的认识，如考尔德黑德和米勒（Calderhead, J. & Miller）认为，对专业教师来说，至关重要的是那些在教学过程中实际起作用的知识形态。而这种知识是教师把先前已有的学科知识与现有的课堂现实知识结合在一起，形成的一种"与行动相关的知识"④。另外一些研究者，如埃尔贝兹（Elbaz, F. ）、康奈利和克兰迪宁（Connelly, F. M. &

---

① Education Commission of the States （ECS）. *In Pursuit of Quality Teaching*：*Five Key Strategies for Policymakers*，Denver，ECS，2000.

② Griffin, G. A. . Coda：The Knowledge-drive School. In Reynolds, M. C. （Eds. ）. *Knowledge Base for the Beginning Teacher*. Oxford：Pergamon Press，1989.

③ Berliner, D. C. . *Expert Knowledge in the Pedagogical Domain*. Paper Presented at the Meeting of the American Educational Psychological Association，New Orleans，LA. August 12，1989；Leinhardt, G. & Greeno, J. G. . The Cognitive Skill of Teaching. *Journal of Educational Psychology*，1986，Vol. 78，No. 2，pp. 75 – 95；Leinhardt, G. & Smith, D. . Expertise in Mathematics Instruction：Subject Matter Knowledge. *Journal of Educational Psychology*，1985，Vol. 77，pp. 271 –274.

④ Yinger, R. & Hendricks-Lee, M. . Working Knowledge in Teaching. In C. Day，J. Calderhead & P. Denicolo （Eds. ）. *Research on Teacher Thinking*：*Understanding Professional Development*. London & Washington，D. C. ：Falmer Press，1993，pp. 100 – 123.

Clandinin，D. J.）、小布洛（Bullough，R. V.）和古德森（Goodson，I.）等从对教师知识情境性、实践性和个人化性质的理解出发，探讨了教师知识的一个新维度——教师个人实践性知识。①

显然，教师知识已成为教师教育领域的热门话题，关注不同知识所带来的教育实践活动的变化，以及由此带来的教育效果，是研究者和实践者所共同关心的。但由于教师教学活动的多变性、研究者选取研究问题的角度以及人的认识能力的有限，目前对"教师知识"的理解呈现出多样性态势。但从一个专业术语的角度来看，教师知识同样必须能反映出教学作为一种专门职业所应该具备的"专业性"和"独特性"，也就是教师知识在教师专业素养构成中所应该具有的独特规定性与不可替代性。教师知识是教师职业的专业基础，也是从事教学活动所必须具备的理智智慧，而且教师知识的深厚功底与灵活运用也直接决定着教师教育的成效。从一些优秀的、智慧型的教师身上我们可以发现，教师在从事专业活动时的确体现出某种独特的实践智慧技能，教师知识不仅包括"教什么"的学科知识与"如何教"的教育与心理学方面的知识，还包括大量的实践性知识，即教师在教育教学的活动中实际运用与表现出来的知识。同时，从具体的教学实践情境和教师在教学活动中的实际表现来看，教师在知道了"教什么"和"如何教"的学科性知识以后，并不一定可以产生有效教学。这恰恰反映了教学中师生互动的情境性与复杂性，也决定了教师并不是简单地运用所学的学科性知识，而是需要在长期的教育教学的实践中，以一种智慧的方式和"在行动中反思"的方式，不断发现问题，采取对策，借助反思与批判升华实践经验而形成实践性知识。实践性知识是最能体现教师专业特性的一种知识，它与目前国外研究者提出的"教学内容知识"（pedagogical content knowledge）②、"个人实践性知识"（personal practice knowledge）③、

---

① Elbaz, F. . The Teacher's "Practical Knowledge": Report of a Case Study. *Curriculum Inquiry*, 1981, Vol. 11, pp. 43–71; Clandinin, D. J. . *Classroom Practice: Teacher's Images in Action*. London: Falmer Press, 1986; Connelly, F. M. & Clandinin, D. J. . Stories of Experience and Narrative Enquiry. *Educational Researcher*, 1990, Vol. 19, No. 5, pp. 2–14; Bullough, R. V. , Jr. , Knowles, J. G. , & Crow, N. A. . *Emerging as a Teacher*. London: Routledge & Kegan Paul, 1991; Goodson, I. (Eds.). *Studying Teachers' Lives*. London: Routledge & Kegan Paul, 1992.

② Shulman, L. S. . Knowledge and Teaching: Foundations of the New Reform. *Harvard Education Review*, 1987, Vol. 57, No. 1, pp. 1–22.

③ Clandinin, D. J. , & Connelly, F. M. . *Teachers' Professional Knowledge Landscapes*. New York: Teacher College Press, 1995.

"实践的知识"（practice knowledge）①、"实践的智慧"② 等概念类似，也体现出教师知识源于实践理性的本质。

教师教学的中心任务是对学科知识作出符合教育学原则的理解与解释，然后以学生能够接受的方式传递给学生。在这一过程中，教师知识是教师理解与解释课程内容的前提，教师的课程运作与教学实践自然是以教师知识为基础的，它关涉到教育的价值与意义的产生。没有丰富的教师知识作为后盾，教师很难对课程作出有效的理解与解释，也很难在教育实践中以智慧的方式展开教学活动。正如美国著名教育家杜威所指出的那样，尽管科学家和教师都掌握学科知识，但两者的学科知识是不一样的，教师必须把学科知识"心理学化"，以便让学生能够理解。因此，教师知识是教师依赖于自我的经验背景，在完成其专业活动中所内化了的知识，在教学活动中表现为一些知识形态、价值观念和实践智慧。

为此，教师知识应该是在实际的教学情境中，为达到有效教学所具有的一系列理解、知识与技能等的总称。它应该表现为教师教育行为的科学性、艺术性和个人独特性，反映出教师精神生活的丰富和人文关怀，它离不开教师独特的实践智慧。所以，教师知识不仅仅是理论性的，也是经验性和实践层面的，它可以是依存于特定情境中的一种鲜活的知识，但未必都是通过可言传的方式而获得的，它甚至就是教师在解决实际问题的过程中组织起来的图式或以案例方式累积传承的个体性知识。

教师知识的发展与建构，是教师专业发展的关键。将教师的专业知识和专业实践的应有状态结合起来，成为当前研究和探讨教师专业发展的新主流。日本学者今津孝次郎将国际上围绕教师专业性职业的众多议论概括为三个问题领域：①作为专业性职业的地位问题（教师职业是不是专业性职业）；②专业知识技术问题（教师专业性的内容是什么）；③对顾主的专业实践问题（教师与学生的关系如何）。③ 根据这三个领域的分类，结合国际教师教育发展的动向，我们很容易感觉到教师的专业知识和专业实践如何在"实然"的层面上得以解决是问题关注的焦点。"关于这一专业的知识是从事这一职业的人们进行实践的必备知识，舍此无法科学地工作，

---

① Elbaz, F. . *Teaching Thinking* : *A Study of Practical Knowledge.* London：Croom Helin，1983.

② Schwab, J. J. . The Practical：Arts of the Eclectic. *School Review*，1971，Vol. 79，No. 4，pp. 493 – 542.

③ ［日］今津孝次郎. 变动社会的教师教育［M］. 名古屋：名古屋大学出版会，1996. 44～46.

它的存在奠定了一个职业的专业地位，并以此与其他专业相区分。"① 因此，教师的专业性与教师所拥有的知识基础就有着非常密切的关系。

在研究进程中，有人认为教师拥有一套共享的专业知识技术是其专业化的基础和核心。因为诸如法律、医学这些被公认为是专业的职业，它们在技术层面上都具备了更大程度上的公用知识、更严格的操作程序。然而众多的研究者在讨论中也指出，教学面临的是最不确定的人的心理活动，在这种高度不确定的对象环境里，灵活应变才是最重要的。比如，罗蒂（Lortie, D. C.）在其经典著作《学校教师——社会学研究》中指出，教师优先考虑和重视的是个人的经验，很少有证据表明在教师职业里有所谓"共享的关于教学的技术文化"。杰克逊（Jackson, P. W.）在其《教室中的生活》一书中也指出，教师的语言与日常的语言相当不同。教学既不是"技术的"，也不是"共享的"。② 想从技术的层面和用科学的术语来对教师所拥有的实践和经验性知识进行重新分类和编码，即为教学重新界定知识基础，一直以来都是许多研究者所期望的。舒尔曼（Shulman, L. S.）就曾提出"教育内容知识"（pedagogical content knowledge）的概念。他认为，教学的知识基础应该由一个经过编码的或可以编码的关于知识和能力，理解和技术，伦理和气质，集体责任的聚合体，还有其表现的手段所构成。"教育内容知识"就是指教师所独有的关于内容和教育学的混合性知识，是他们自己特别的专业理解形式。它不仅是区别教师中的专家和新手的一个关键要素，而且通过教师自觉的反思、阐明和发展，它可以使教师的直觉性、实践性技能和技巧变成可见的、可编码的专业知识。③

在这场讨论中，其实存在着对问题思考角度的模糊与混淆。因为对于教师的知识基础这一标准来说，是存在着两个维度状态的，它既意味着有专业实践赖以建基的一整套系统知识，更为关键的是个体的实践者掌握着这种知识的程度状态。前者倾向于"公共的"、"共享的"以及"普适性"的理论，后者则体现出"个人的"、"私有的"以及"经验性"的知识。对教师专业性的界定，除了科学的和技术性的知识基础之外，教师还受制于复杂的课堂场景的专业技能和实践性智慧，这恐怕更能体现教师职业的

---

① 赵康. 专业、专业属性及判断成熟专业的六条标准——一个社会学角度的分析 [J]. 社会学研究，2000（5）.

② 参见张贵新. 对教师专业化的理念、现实与未来的探讨 [J]. 外国教育研究，2002（2）.

③ Shulman, L. S.. Knowledge and Teaching: Foundation of the New Reform. *Harvard Educational Review*, 1987, Vol. 57, No. 1, pp. 1–22.

专业特性和触动教师的专业成长。可见，我们不仅要重视对一般性和工具性的"公共理论"、"共享知识"的研究，更要注重对教师独特而又鲜活的"个人理论"、"教育实践智慧"的研究，以及两者之间的互动与转化，这也正好反映了教师"专业化"由近代"技术熟练者"范式向现代"反思性实践者"范式的转化，顺应着"教师群体专业化到教师个人被动专业化再到教师专业发展"的发展趋势。

第一节　教师知识的结构

对教师知识的研究在国外教师教育中是较早就开始研究的领域之一，一直以来也是许多专家学者感兴趣的研究课题。然而对这一问题较为系统的研究却是在 20 世纪 80 年代以后才出现的。由于各个研究者对教师知识性质理解和研究侧重点的不同，出现了许多"类别"的知识，甚至教师知识有哪些类别、各类知识相互之间有哪些联系以及如何建立分类框架本身也已成为一个研究的领域。

一、西方研究者的观点

在国外教师专业知识的研究中，影响最大的当推美国斯坦福大学的教育学教授舒尔曼所建构的教师专业知识的分析框架。舒尔曼教授强调教师的理解、推理、转化和反省，他认为教师必须知道如何把他所掌握的知识转换为学生能理解的表征形式，这样才能使教学取得成功。在这一理念的支配下，舒尔曼把教师的知识基础（knowledge base）分为下列七类[①]：①学科知识（content knowledge），指教师上课所用的学科课程知识，包括具体的概念、规则和原理及其相互联系的知识。②一般教学知识（general pedagogical knowledge），指各学科都用得上的课堂教学管理与组织的一般原则与策略，如教学大纲，测验方式，演讲式、讨论式等授课方式，评估学生的方法等。③课程知识（curriculum knowledge），指对课程、教材概念的演变、发展及应用的通盘了解。④学科教学知识（pedagogical content knowledge），指理解各学科所需要的专门教学方法与教学策略。⑤学生及其学习特点的知识（knowledge of learners），指学生在上课前懂什么，不懂

---

① Shulman, L. S.. Knowledge and Teaching: Foundation of the New Reform. *Harvard Educational Review*, 1987, Vol. 57, No. 1, pp. 1 – 22.

什么，如何运用深入浅出的教学方法来提高学生的学习兴趣等。⑥教育情境知识（knowledge of educational context），指学生的家庭、学校以及社会等环境对教学影响的知识。⑦教育目的和价值的知识（knowledge of educational ends，purposes and values），如对学生的学习目的是提升个人品质还是以升学为取向的认识等。舒尔曼认为在上述知识范畴中，学科教学知识特别重要，因为它确定了教学与其他学科不同的知识群，体现了学科内容和教育学科的整合，也最能体现学科专家与教师的不同。

受舒尔曼的影响，格罗斯曼（Grossman，P. L.）把教师知识分为六个领域①：学科知识、学习者与学习的知识、一般教学知识、课程知识、情境知识、自我的知识。与舒尔曼的知识分类相比，格罗斯曼的教师知识体系增加了"自我的知识"。这种知识影响着教师理论与教师把握教学的过程，影响教师对实践的反思与对课堂教学困境的处理，影响着教师对实践背后隐喻的理解。结合舒尔曼的知识分类，格罗斯曼认为有四种知识是教师知识的基石和重心，即学科知识、一般教学知识、学科教学知识、情境知识。② 格罗斯曼和她的同事通过对英语教师的课堂观察发现，学科知识贫乏的教师只会按照教科书的结构组织教学内容，把学科知识表征为一系列静态的事实，而且对自己欠缺的知识往往采用回避的教学策略，避免学生的提问，不能和学生建立积极而有意义的对话。而学科知识丰富的教师不仅不再严格套用教科书的结构，还能根据学生的实际，采取其他有效的组织安排，用恰当适宜的多样化表征，帮助学生建立概念间的联系，从而达到预期的教学目的。格罗斯曼等人的研究充分肯定了教师的学科知识对其教学过程、教学内容和教学质量所起的决定性作用。

莱因哈特（Leinhardt，G.）和她的同事通过对专家教师和新手教师的对比研究，认为教师知识主要包括两大方面：学科知识和课堂结构知识。学科知识不仅包括学科概念之间的联系，还包括教师对学生错误类型的理解以及教师对课程的表述。而课堂结构知识则包括教师合理的教学设计、教师顺利地进行课堂教学、从一个阶段自然地过渡到另一个阶段、清晰地解释教学内容所需的技术。③ 由此，专家教师的课堂教学目标明确，结构紧凑，概念解释清晰；他们在表达学科知识上以多元表征系统为特征，

---

① Grossman，P. L. . Teachers' Knowledge. In T. Husen & T. N. Postlethwaite（Eds. ）. *The International Encyclopedia of Education*（2nd ed. ）. New York：Pergamon，1994，pp. 673 – 709.

② Turn-Bisset，R. . The Knowledge Bases of the Expert Teacher. *British Educational Research Journal*，Vol. 25，No. 1，1999，pp. 41 – 42. 转引自刘捷. 建构与整合：论教师专业化的知识基础［J］. 课程·教材·教法，2003（4）.

③ 范良火. 教师教学知识发展研究［M］. 上海：华东师范大学出版社，2003. 17.

这有利于引导学生从熟悉的内容进入不熟悉的内容，完成课程主题的建构。而新手教师由于缺乏足够的学科知识和完整的课堂"图式"，以致教学目标含糊，课堂结构零碎，概念之间彼此孤立，结果使得学生从一个不熟悉的问题走向另一个不熟悉的问题。

有研究者为进一步论证教师知识的多层复合性，强调知识之间的相互渗透、支撑和有机整合，纽萨姆和莱德曼（Newsome and Lederman）提出了一个教师知识相互作用的模型，关注这些知识之间的相互影响关系，如下图所示。①

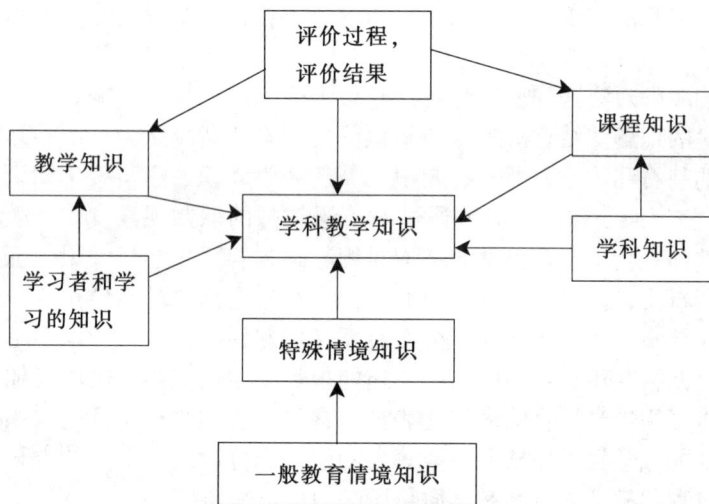

在上图中，课程知识来源于学科知识以及评价过程和结果方面的知识；教学知识来源于学生和学习方面的知识以及评价过程和结果方面的知识。作为亚范畴的特殊情境知识是对一般教育情境知识的提炼，它们构成了学科教学知识发展之源的一部分，而各种知识都归总到学科教学知识上。可见，学科教学知识在与其他相关知识的关系上起着核心作用，并且是教师整个知识体系的重心所在。

随着研究者对教师知识的进一步关注，教师在"专业实践"中的理论与实践的关系越来越成为人们探讨的重点。以萧恩（Schon, D.）为代表的研究小组通过对学校校长和教师的研究，提出了"反思性实践者"的专

① Gess-Newsome & N. G. Lederman（Eds.）. *Examining Pedagogical Content Knowledge*. Dordrecht：Kluwer Academic Publisher, 1999, p. 22.

有名词,并取代了过去对教师"技术熟练者"的说法。萧恩在《反思性实践者——专业人员是如何思考的》(1983)一书中指出,这种反思有两种方式:"对行动反思"和"在行动中反思"。前者发生在他们对自己已经做过的或经历过的事件进行反思的过程中,后者发生在行动过程中,特别是遇到不曾预料的疑难情形时,能够找到一种看到问题或现象的新方法,并产生一种新理解。当实践者进行如此反思时,就会成为实际情境中的研究者,并在这个过程中获得"正式的和严谨的专业知识",而且这种知识是直觉的、"默会的"、"行动中的知识"。萧恩认为,教师就是这种典型的实践者。教学实践中,教师并不是简单地将理论知识"运用"到自己的教育教学实践中,而是在学习理论与亲身实践中逐步形成自己的"使用理论"。当面临新的问题时,教师会通过自己的"使用理论"与情境互动,进而寻找新的解决问题的对策。

应该说,萧恩对专业知识的研究在很大程度上受到英国科学哲学家波兰尼的影响。波兰尼在《人的研究》(1957)中提出人类有两种知识,一种是"显性知识"(explicit knowledge),另一种是"缄默知识"(tacit knowledge)。[①] 前者是能够用文字、地图、数字公式进行展示的,而后者是未被"意识"感知、未被精确化、不能被系统表述的知识。波兰尼认为,后者在事实上支配着人的整个认识活动,为人的认识活动提供了最终的解释性框架乃至知识信念,构成了人的认识和行为的必要基础。"缄默知识"概念的提出为对教师实践性知识的研究提供了理论上的支撑。

与此同时,埃尔贝兹(Elbaz)通过对一个有着丰富经验的中学教师莎拉的研究指出,教师以独特的方式拥有一种特别的知识——"实践性知识"。她认为实践性知识"突出了教师情境的行动和决策取向的属性,并在一定程度上,将教师知识理解为教师对该情境反映的一个函数"[②]。显然,埃尔贝兹认为教师知识是动态的和不断发生着变化的,而且这种变化是随课堂实施环境变量的变化而变化的。虽然埃尔贝兹从静态的角度也给出了教师知识的基本构成(埃尔贝兹在1993年把教师知识分为:关于自我的知识、关于教学环境的知识、学科知识、课程发展的知识以及教学知

---

① Polanyi, M. . *The Study of Man.* London: Routledge & Kegan Paul, c1957, p. 12.

② Elbaz, F. . *Teacher Thinking: A Study of Practical Knowledge.* London: Croom Helin, 1983, p. 5. 转引自邹斌,陈向明. 教师知识概念的溯源 [J]. 课程·教材·教法,2005 (6).

识①），但她认为，当教师的知识与实践联系起来的时候就是动态的、直觉的。与此相类似的是拉夫（Lave）在 1988 年提出的"情境知识"。拉夫认为，知识是实践者在对他们所工作的具体环境的回应中发展起来的。教师的工作环境与其回应环境方式的不同则造成了教师知识的不同。实践者对环境的回应不是单方面的，也不是局部的，而是"全人行动，人景互动"，在互动中形成辩证的关系。这就是说，"教师的知识和蕴含着知识的行为共同组成了他们存在的情境；反过来，这一情境也是形成他们知识的一个不可或缺的部分"②。

二、国内学者的研究

在国内，教师知识的问题在近几年引起了学者们的极大关注。他们的一些主要的观点可以归总为：谢维和教授认为专业化教师的知识主要包括三大类，③ 即关于学生的知识，包括不同的文化、语言、家庭背景、性别对学生经验与学习能力的影响，发现和认识学生的特点，掌握学生学习和发展的规律，因材施教等；关于课程的知识，包括掌握任教专业课程知识，掌握专业课程的组织、传递、评价的知识，知道与自己专业课程相关的课程知识，连接课程目标、课程资源和课程技术的知识等；关于教学实践的知识与技术，包括使自己的教学成为其他人可以接受的知识，设计教学环境、建构教学模式的知识，促成学生协作互动的知识，评价学生的知识，与家长交往的知识等。

林崇德教授等从认知心理学的角度对教师知识进行了研究。他们提出，教学活动是一种认知活动，教师知识作为教师认知活动的一个基础，从其功能出发，可以分为四个方面的结构内容：本体性知识、条件性知识、实践性知识和文化知识。④ 本体性知识是教师所具有的特定的学科知识，如语文知识、数学知识等，是教学活动的实体部分。条件性知识是教师所具有的教育学和心理学知识，是对本体性知识的传接起理论性支撑作用的知识。条件性知识又可以具体分为三个方面：学生身心发展知识、教与学的知识和学生学业成绩评价知识。实践性知识是教师在教学行为中所

① Elbaz, F.. *Teacher Thinking*: *A Study of Practical Knowledge*. New York: Nichols Publishing Company, 1993.

② ［美］徐碧美. 追求卓越 ［M］. 陈静，李忠如译. 北京：人民教育出版社，2003. 71.

③ 参见 2000 年谢维和教授的讲座提纲——《实施素质教育需要高素质的教师》。

④ 辛涛，申继亮，林崇德. 从教师的知识结构看师范教育的改革 ［J］. 高等师范教育研究，1999（6）.

具有的课堂情境知识以及与之相关的知识。这种知识是教师教学经验的积累，能对本体性知识的传接起到实践性的指导作用。文化知识是指为了实现教育的文化功能，教师要有广博的文化知识，才能引导学生走向未来的人生之路。

叶澜教授认为，未来教师的知识结构已不再局限于"学科知识 + 教育学知识"的传统模式，而应该呈现出多层复合的结构特征。她认为教师应有的知识基础应该包括：对学科的基础知识技能有广泛而准确的理解，熟练地掌握相关的技能技巧；对与该学科相关的知识，尤其是相关点、相关性质、逻辑关系有基本的了解；了解学科发展的历史及趋势，了解学科对社会、对人类的价值，掌握学科知识在人类生活实践中的多种表现形态及各种学科知识的应用情境；掌握学科提供的认识世界的独特视角、思维方式。①

陈向明教授则从实用主义的观点出发，立足于"知识"的"实践性"和"能动性"，把教师知识分成两类："理论性知识"和"实践性知识"。②前者通常可以通过阅读和听讲座获得，包括学科内容、学科教学法、课程、教育学、心理学和一般文化等原理类知识。它一般停留在教师的头脑里和口头上，是教师认为"应该如此的理论"；后者包括教师在教育教学实践中实际使用和（或）表现出来的知识（显性的和隐性的），如情境知识、案例知识、策略知识、学习者的知识、自我的知识等，是教师内心真正信奉的、在日常工作中"实际使用的理论"，它支配着教师的思想和行为，体现在教师的教育教学行动中。

归纳国内外研究者在教师知识分类和结构上较有代表性、影响较大的表述方式，可以梳理为下表：

教师具有的知识分类③

研究者	教师知识分类
博科、帕特南、伯利纳	一般教学法知识；学科教学法知识；教材内容知识
斯滕伯格	内容知识；教学法的知识（具体的、非具体的）；实践的知识（外显的、缄默的）

---

① 叶澜，白益民等. 教师角色与教师发展新探 [M]. 北京：教育科学出版社，2001. 23.

② 陈向明. 实践性知识：教师专业发展的知识基础 [J]. 北京大学教育评论，2003（1）.

③ 陈向明. 实践性知识：教师专业发展的知识基础 [J]. 北京大学教育评论，2003（1）.

（续上表）

研究者	教师知识分类
格罗斯曼	学科知识；学习者和学习的知识；一般教学法知识；课程知识；情境知识；自我知识
考尔德黑德	学科知识；机智性知识；个人实践知识；个案知识；理论性知识；隐喻和映象
舒尔曼	学科内容知识；一般教学法知识；课程知识；学科教学法知识；有关学生的知识；有关教育情境的知识；其他课程的知识
林崇德、申继亮	本体性知识（学科知识）；条件性知识（教育学、心理学知识）；一般文化知识；实践性知识
傅道春	原理知识（学科原理、一般教学法知识）；案例知识（学科教学的特殊案例、个别经验）；策略知识（将原理运用于案例的策略）

从上述不同学者对教师知识的组成与表述来看，他们所取的角度和立场各有不同。有的倾向于学科教学知识，强调学科知识在教师知识构成中的作用；有些倾向于实践情境知识，强调教师知识的多元性、实践性。研究者从各自的立场阐述了对教师知识的分析视角，并提出了不同的判断标准，虽然众说纷纭，但教师知识发展不是线性的，而是具有整合性的，其广泛性、多元化的特点是公认的。1996 年联合国教科文组织国际教育局有关"教师在多变世界中的作用"的论坛中，有学者提出："教师必须学习什么（和怎样学习）才能解决好和教与学密切相关的以下主要问题：（a）为什么而教？（b）教什么人？（c）在什么地方教？（d）教什么？（e）怎么教？（f）用什么教？（g）用什么评价和怎样评价？（h）怎样改进教学和学习？"① 这显然是对教师在未来社会发展中的作用与价值提出了更明确的要求，教师知识的状态和来源会影响教师在专业成长中的功效。

在学者们不同的阐述视角里，我们依然能很清晰地梳理出对教师知识一致的认同。教师知识可以分为"前临床"（pre-clinic）知识和"临床"（clinic）知识两大类。"前临床"知识主要处于 academic 层面，以理论的、学科性质的知识为主，它主要是通过学习外在已有的知识体系，帮助职前

---

① ［厄瓜多尔］罗莎·玛丽亚·托里斯. 没有师范教育的改革，就没有教育改革 ［J］. 教育展望（中文版），1997（3）.

教师获得科学的、学术性的知识系统，如学科内容知识、教学法知识与教育基本理论知识等。这些不仅是教师入职的基本要求，也具有明显的教师职业群体的类知识特征。"临床"知识主要从 vocational 层面出发，以技能的、实际操作的方式体现，是教师在教育教学实践中，通过长期的经验而积累的个体化知识，它包括教师对学生的感知与沟通能力、应对多变的教育情境的实践智慧和教学过程如何传授知识的各种策略等，具有明显的实践性和情境性特征。对教师而言，这两类知识在其专业成长中有着不同的价值和作用。"前临床"知识是教师作为一个"专业"或"准专业"的教师的基本标志，也是教师在将来的职业生涯中教育教学水平得以提高的基本保障。科学的教育观念、良好的教育态度、精确的学科教学知识，都离不开"前临床"所提供的知识。而"临床"实践所获取的经验、智慧、感性的认知与精湛的技巧，是教师职业个性化的凝结与展现。因为它更多的是在教育情境中以行动的方式、以身体的语言来记载与表现的，因此具有较强的行动性和独特性。在教育过程中，如果仅有"前临床"知识，教师是无法成长为"成熟的"、"具有个性特性的"优秀教师的。当然，过分强调"临床性"的技巧，教师又很容易沦为"技术熟练工"的角色。为此，如何将"前临床"的理论知识与"临床性"的实践性知识结合起来，从真正意义上促进教师职业成为一种 professional 职业，使教师个人成长为智慧型的教师，并使教育生活透射出智慧的光芒，往往是所有研究者和实践者共同思考的。教师的工作实践是针对具体问题的，而且在具体的情境中发生，因而其工作是一个整体运用知识的过程。帮助那些不断进取的教师在长期的教学实践中既不断提高自己的专业知识水准，又逐步演化出自己独特的教学风格，让他们"默会的"、"行动性"的"临床"知识在"前临床"知识的指导下不断批判修正和建构，从而体现教师个体的专业成熟和实践智慧。

第二节　教师知识的获取

当我们把教师知识分为"前临床"知识和"临床"知识两大类时，我们已经明白"前临床"知识的获取对多数教师来说是一致的、相似的。而"临床"知识却因为实践场景的复杂性、不确定性而显得多元、独特甚至相差甚远。而这些研究既需要基于教师已有的知识之上，同时又将对教师知识的发展与建构产生新的意义。

一、问题解决与教师知识

由于实践智慧总是在真实的教学情境中通过"解决问题"得以呈现的，因此，它并非在教学之外孤立地甚至抽象地存在，而是需要留心教学中出现的问题并设法"解决"，才能使得实践智慧不断闪现并积累。这也是斯腾豪斯坚持的"研究成为教学的基础"（research as a basis for teaching）。

"问题解决"首先意味着教师发现并提出某个"教育问题"。在教育生活中，教师针对自己平时积累下来的问题，"讲述"一个"教育事件"，"反思"它是如何被处理的，处理后还有什么"困惑"。而这个"困惑"将是教师需要解决的"问题"。

这里，"提出"问题或"讲述"困惑是关键。教师在日常教学中会遭遇许许多多的问题，能否意识到并把它们提取出来，这不仅关涉到教师是否"参与"、"介入"了教育事件，想办法解决相关问题同时又遇到了新的困惑和障碍，还关涉到教师个人理论与实践智慧在此过程的彰显与建构。实际上，教育生活中"问题的提出"应该是一个动态的过程，它包含对"问题"的解决、思考和困惑，也意味着教师自己已成为问题的"当事人"，而不是"旁观者"。对待问题是一种参与探究的态度而不是甩手等"专家"来解决，这将直接影响着教师对教育实践的"改进"程度，教师个人理论修正的可能性以及教育实践智慧的积累。

（一）收集与捕捉教育生活中的"小问题"

教师长期居留于个人化的日常教育生活中，如何捕捉以及提出教育实践中的问题是教育实践智慧建构中的一个关键。许多时候不是教师们不愿意反思，也不是没有困惑，而是不知道从何入手，该如何去"说"，如何对"实践提问"，因而只能装作对"问题"熟视无睹，或以惯性、漠然的态度操作教育实践，由此也无法对教育问题作出有意义的决策。

要改变教师在职业生活中的这种生存方式，实践者就应该尝试或谋划对"实践提问"，收集教育生活中的"小问题"并学习解释或解决。现实中，每一位教师丰富的实践经验背后都有着个人化的理论或"前见"（prejudices）作支撑，尽管这种"前见"充满了"先入之见"或只是根据自己的经验积淀下来的某种假设，但它仍然是有价值的，它使得教师不可避免地用自己的方式方或法去解读教育事件和教育实践生活。公共的教育理论永远不可能完全满足实践的需要，教师有必要运用个人理论经常分析、洞察具体教育教学事件的精神实质并提出相应的教育"问题"。凯米斯就坚持"反对将实践者视为科学理论的消费者或顾客，坚持教育研究应该根植于实践者自己在实践中获得的观念和理论"①。可以说，在教师的实践中存在着大量有关特定时间、特定情境、特定教育对象的个人知识，教师对自己的教学实践活动进行理性的思考，从反思再到自我修正与完善。实践智慧在点滴积累中也渐渐生发理论智慧。教师的教学研究存在于教学活动之中，而不是在另外的时间和空间做另外的事情。教室就是教师天然的"实验室"，教师的教学过程就是在自己的"实验室"里进行观察与研究，尽可能地发现问题和捕捉问题。这自然需要教师能够"敞开"自己的"前见"，而不是固守着自己的"前见"而敝帚自珍，否则教师个人化的内隐理论就难免成为狭隘的、落后的"定见"和"成见"。这不仅不利于教育问题的发现和对教育实践的解释，也不利于修正、建构个人化的教育理论。

教育实践强调"自我意识"和"自我理解"，但教师的自我意识和自我理解并非以自我为对象的"闭门思过"，而是需要在"对话"中加深对教育生活的理解，在"解释"中澄清教育问题。

（二）公共理论对提炼教育"问题"的意义

真实的提问总意味着教师已经尝试处理了某个教育事件，同时又在处理这个教育事件中遇到了新的困惑或更大的问题。教师在日常教育生活中总是不断地遭遇"问题"，又不断地解决"问题"。但选择以何种方法解决当下的问题，这种方法又在多大程度上具备了"合理性"，其行为背后的观念或知识基础是什么，这就需要教师养成一种反思的习惯。在教育生活中，教师并不是要等到自己形成了完整的理论以后再去行动的，而应该在行动中逐步修正自己原先的内隐理论而获得新策略。这就是埃利奥特主张的"行动引起反思"。他认为，改变教学的某种行动策略可以先于系统的思考和观念的变化。"探究"和"实践"是可以合而为一的。"当已经有了可供选择的行动策略时，仍然将问题悬而不决以便追求系统的探究乃是浪费时间的事情。"② 教师即使尝试错误地采取某种可能含有偏见的行动策略，然后在反思中调整自己的行动策略，也比对问题无所作为，直到对问

① Carr, W. & Kemmis, S.. *Becoming Critical*: *Education*, *Knowledge and Action Research*. Victoria: Deakin University Press, 1986, p. 117.

② Elliott, J.. *Action Research for Educational Change*. Buckingham: Open University Press, 1991, p. 24.

题有了彻底了解和领会之后再去行动要有意义得多。为此，教师若不以适当的方式，比如批判性理解，来阅读理解文本（公共理论），就无法让自己过上有反思、有理解的教育生活，也无法作出"合理性"的行动策略，并从中提炼到有教育意义的"大问题"。

这是因为理论对实践问题是具有启发和指导作用的。但所有的教育理论的意义最终取决于实践者对文本的"阅读理解"。伽达默尔曾说："在理解之前，文本只是没有意义的文字符号，它们只有在理解中才能重新变成意义。不仅如此，理解本身还参与着文本意义的生成，使文字的意义处于永远开放的不确定之中。"① 这样说来，教师在阅读中"理解"了多少，教育理论"在这里"就产生了多大的意义；教师以何种方式阅读理解，教育理论就以何种方式呈现它的价值。因此凯米斯特别强调：承认教育理论应以教师的"理解"、"解释"为基础是对的，但这还不够，因为"教育理论必须提供种种方法来区分那些被意识形态扭曲了的解释与没有被意识形态扭曲的解释。而且，它还必须提出某种办法去克服那些被扭曲了的自我理解"② 。所以，教师在解决问题的过程中查阅文献以及与合作者讨论分析问题的过程，理论（包括公共的和个人的）作用是显性的。在充分认识公共理论的导向性基础上，意识到个人理论的存在，而且自己的教育教学实践正是直接受个人理论的支配。在反思过程中，不仅要反思教育策略、方式方法，更重要的是要反思其背后的观念，充满自信地挖掘情境化的、内在的个人理论。

（三）教育问题的研究与个人理论的建构

教师在研究和解决问题的过程中，可以使原本可能被忽视的各种变量和现象变得清晰和敏感，也可以促使教师对问题的检验假设、意图和动机在思索与交锋中得到显现和矫正。在这种"实践"中，教师并不是简单地应用所学的专业理论知识，而是以一种"在行动中反思"的方式发现问题，形成假设，采取对策。在这里，教师的"经验世界"将受到冲击，他有可能更深切地体会到个人理论对教育实践的巨大影响以及个人理论中的不合理之处，从而对自己的经验进行系统梳理，反思自己的行为方式的"合理性"，产生更新与修正个人理论的欲望和动机。这其实也是对个人观

---

① 徐友渔等. 语言与哲学——当代英美与德法传统比较研究. 北京：生活·读书·新知三联书店，1996. 170.

② Carr, W. & Kemmis, S.. *Becoming Critical：Education, Knowledge and Action Research.* Victoria：Deakin University Press, 1986, p. 129.

念中无意识层面的刺激（反思）与激活，因为任何一种无意识行为都是需要一定量的有意识行为作为基础并经过一定的积累和沉淀才转化为定式和习惯的。卡尔说过，教育实践总是蕴含了某种"理论"，"教育实践并非机器似的行为那样不假思索地执行机械性行为。教育实践总是一种有意识的活动"①。因此，思考与行动、理论与实践应该是辨证的，在教师们瞬间所呈现的行为和思考中，不仅包含着过去经验的积淀，也蕴含着对未来的期待和筹划，更是一种知识与智慧的融合。

教育是一种需要不断进行阐述性思考和智慧行动的实践活动，教师的教育生活就是在对"问题"的理解和解释中阐释自己的知识。教师习惯用身体化的方式记录和记忆自己的经验，并通过行动唤起那些被储藏在身体里的知识。智慧行动意味着问题解决，"既不是思考优先，也非行动优先"。教师的探究与实践几乎是同一的，问题一旦出现，教师最先的反应就是迅速采取行动解决问题。他们通常是在行动中考察、探究，而不是先探究再行动。而这种"互动"的过程也为教师更新自己的个人理论提供了平台，在思想、理论、实践的碰撞中，人的思维会变得灵活而不刻板，灵感被激活，内隐理论也会变得清晰而不保守，教育实践在智慧的引领下将显得更加理性和规范。

二、合作研究与教师知识

"合作研究"也可以称为"合作行动研究"，主要是指校外研究者与中小学教师一起组成合作研究小组，共同观察、讨论某些特定的教育现象。其目的在于唤醒教师的"提问"意识和"解题"意识，由此捕捉那些值得研究的"教育问题"。

由于教师习惯了以"重复"为特征的日常教育生活，"提问"与"发现"教育问题常常需要校外研究者以"对话"、"交谈"的方式提供批判性教育理念，帮助教师以批判性眼光重新审视自己的日常教育生活，唤醒对教育实践的反思意识。

（一）"合作研究"中的定位

首先，"合作研究"是以教师为主、校外研究者为辅的研究模式进行的。而研究是以问题的解决和教师自身行为的改进为目的的。教育实践中

---

① Carr，W.．*For Education*：*Towards Critical Educational Inquiry*．Buckingham：Open University Press，1995，p. 41.

的教师是教育世界里真实的主体，他们以实践者的身份通过践行的方式对教育经验进行具体的表白，他们对问题的发现、诊断和解决具有最佳的敏感性和发言权。萧恩曾认为："复杂的实际问题需要特定的解决办法；这些解决办法只能在特定的情境中发展出来，因为问题是在该情境中发生和形成的，实际工作者是其中关键的、起决定性作用的因素。"① 因此，使教师成为研究者，也是课堂教学改革的最佳方案。当然，教师的智慧行动也是离不开校外专家的指导与干预的。由于基层教师在理论和方法上的欠缺，他们往往需要校外研究者的指导和帮助，以增强研究的科学性、规范性和理论性。例如，在发现问题的阶段，校外研究者可以帮助教师分析问题的价值和意义；在探究过程中，校外研究者可以协助教师分析问题产生的原因；在计划与措施中，校外研究者可以指导教师在具体的行动中操作实施；在评价与反思阶段，校外研究者可以督促教师对研究结果作进一步的反思与修正。总之，"合作研究"应该定位于"教师的研究"，校外研究者是立足于教师自身的研究需要，以协助、合作的身份参与其中的，因此绝不可以"喧宾夺主"，使研究成为"专家的研究"。

其次，"合作研究"是以提出"教育问题"和解决问题为中心的研究。"教师以往的研究惯性和习惯，一方面是不知不觉往基础研究靠，使命感太强，总想构建什么理论或模式；另一方面，容易使研究变成个人教学经验总结，如小论文、课堂教学实录，使人感觉规范性和科学性不强。教育行动研究为教师的研究提供了一个新的视野和方法。"② 教师通过与校外研究者的观察和交谈，敏感地发现值得研究的教育问题或教育事件，并把它作为后续研究的"主题"。也许并不是在每一次的交谈、对话中都能发现问题或事件，但它应该是"合作研究"的一种基本追求与责任。如果隐藏在教师的日常教育活动中的教育"问题"或"事件"不被提出来交谈、讨论，那就无法揭示教师个人知识中的"内隐理论"，也无法剖析教师知识中的"合理性"成分。在"合作研究"中，教师针对自己的教育教学实践，与专家共同讨论并不断地追问自己行为的目的，进而找出教育教学行为背后潜藏着的问题，这种实际潜藏着的问题就是教师个人内隐的理论，而个人理论又实际影响着教师对"教育问题"的理解和对"教育事件"的处理。"合作研究"可以在提出问题与解决问题的过程中使教师个人理论明晰化。

---

① 转引自陈向明. 什么是"行动研究"[J]. 教育研究与实验, 1999 (2).
② 汪利兵等. 教育行动研究：意义、制度与方法 [M]. 杭州：浙江大学出版社, 2003. 21.

（二）"对话"、"交谈"中的彰显

在"合作研究"中"对话"与"交谈"，目的在于使教师与校外研究者之间相互提问、相互交流，在"对话"与"交谈"中发现问题，共同寻求解决问题的方式。它相当于弗莱雷（Freire，P.）所倡导的"对话行动"（dialogical action）。"对话行动"意味着"我们的任务不是向对方谈说我们自己的世界观，也不是把这种世界观强加于对方，而是要与对方对话，讨论彼此的世界观。我们必须认识到，他们以这种方式表露出来的世界观，反映了他们在这个世界上的处境"①。在弗莱雷看来，对话行动没有强制、没有操纵、没有驯化，彼此平等地向对方敞开世界观。"它源于不同的教育情境，代表最真实的问题与需要"，教师不应该拒绝理性的介入和引导，不仅要倾听他者的声音，更要在平等的对话中敞开个人化的自我，敞亮感性而真实的教育世界。教师需要充分表达自己的意见，然后在言说中澄清已有的个人理论，在讨论中明晰问题，学会在认同中质疑，在融合中反思，这也可以促使教师在专业成长中的主体性得到提升。

当教师拥有了"言说"的权利，可以在"对话"与"交谈"中充分发表自己的意见，诉说教育实践中的困惑与问题时，教师将更容易把"日常教学转向反思性教学"。教师在发表意见中不断使自己的"内隐理论"显性化，在"交谈"中不时地"透露"自己的教学行为背后所隐含的教学理念或假设，这将使教师日常的教学方式发生改变，引起教师对自身教学行为的反思。因为"透露"出来的那些内隐理论和个人化的教学观念很有可能会在"对话"与"交谈"中被质疑、探讨或产生冲突，引发"观念"上的转变和震动。一旦教师对自己原有的行为与观念产生"怀疑"，他将获得一种重新审视教育现象的"眼光"，这种"眼光"将促使教师从见怪不怪、习以为常的教育生活中走出来，进入一种不断"发现"、"捕获"教育问题，生成教育智慧的自我发展的境界中。

三、叙事研究与教师知识

"叙事研究"是教师将问题的提出过程和问题的解决过程完整地叙述出来，以便公开讨论的一种研究方式。教师通过"写"自己的教育故事来"反思"自己的课堂教学，这些教育故事既可以是教师以自己的方式解决

---

① ［巴西］保罗·弗莱雷. 被压迫者教育学［M］. 顾建新等译. 上海：华东师范大学出版社，2001.44.

教学事件之后所获得的某种教学效果，也可以是教师忽视了教学事件之后导致的某种教学遗憾。它促使教师在"反思"某个具体的教育事件时显露或转换自己的个人的教育理论以及个人的教育信仰。由于教育实践中的研究强调的核心永远是帮助教师解决某个具体的教育问题的过程，因此，它需要对整个教育问题或教师行为的改进过程进行深度的"描写"或"叙说"。叙事过程充盈着实践者对自己的生活经历和"教育事件"的理解、解释与反思，它要求教育者"面向事实本身"，回到教育生活，追求一种被科学话语遗忘和压制了的"个人知识"（personal knowledge）的合法性。"每个人的知识，从一种重要的意义来讲，取决于他自己的个人经验：他知道他曾看到和听到的事物，他曾读到和别人曾告诉他的事物以及他根据这些事件所能推导出来的事物。"① 所以，每个人总是以独特的个人生活经验和个人生活史为基础去认识世界，正如诺尔斯（Knowles，1989）所说："生活史是反映在学习、教育过程中，知识偏好以及角色榜样的态度、原型观点等是如何影响教师个人经验的形成的。因此，关于教育的哲学立场、学科、课堂管理、课程取向、课外活动以及其他一切学与教的问题，都是生活史要重点探讨的。"② 叙事研究要探寻的就是教师的教学经验与理念如何形成的历史及其对个人理解和发展教育智慧的意义与价值。

（一）"叙事"中的探寻

教师的"叙事"，是"叙述"自己在研究过程中所发生的一系列教育事件，包括所研究的问题是怎样提出来的；这个问题提出来后"我"是如何想方设法地去解释的；设计好解决问题的方案后，"我"在具体的解决问题的过程中又遇到了什么障碍，最后问题真的被解决了吗？如果问题没有被解决或没有很好地被解决，"我"后来又采取了什么新的策略，或者"我"又遭遇了什么新的问题？③事实上，当教师在"叙述"研究过程中发生的一系列"教育事件"时，意味着教师已经在"思考"或"反思"这些教育问题了，这将促使教师自己进入一种"自我建构"的状态，形成教育的"自我意识"，教师个人化的教学理论以及教学行为、实践智慧将经由这种"反思"发生转化。教育实践中，教师的"叙事"主要表现在以下几个方面：

---

① ［英］罗素．人类的知识［M］．张金言译．北京：商务印书馆，2001.4.
② 转引自姜勇．知识管理：教师专业成长新视角［J］．教育理论与实践，2004（9）.
③ 刘良华．行动研究、叙事研究与校本教研［J］．教师之友，2005（1）.

1. 教学经验

教师的思考、观念与行动都隐含着高度的经验成分。教师的知识中有着显性或隐性的个人经验，在日常工作与生活中，教师大多借助经验，依赖过去的经验并将其作为行动的基础。叙事的过程是通过讲述有关经验的故事、口述、现场观察、日记、访谈、自传等方式，来阐释经验的意义。它既可以使教师和他人一起分享故事与经验，拓宽自己的教学视角，发展个人独特的教学理论，还可以增强教学工作的可预测性、有效性和灵活性。

2. 课堂案例

案例所提供的是替代性的教师经验，也是教师知识具体化的形式。通过对课堂案例的"叙说"与讨论，向人们展示一些包含着教师和学生的典型行为、思想、理念的故事。它可以帮助我们更直接地了解教师的教学情况及其实践性知识的形成，有助于教师个人内在的反思与专业实践性知识的发展。教学是一门实践艺术，教师的教育实践智慧只有在教学实践中经过不断的反思与监控，才能得到积累与提升。

3. 个人成长史

它主要针对教师过去的专业经验及个人世界进行探索，从个人成长的观点出发，更整体地掌握教师如何形成自己的实践性知识与理论。这有助于教师反思其教育行为形成的历史原因，使教师对自己的教育成长历程进行逐步的梳理："我"的教育历程是怎样的？"我"从小接受的是怎样的教育？"我"在教育生活中的经验与教训如何？从而促使教师更加深刻地认识到自身教育特点的来龙去脉，理解自身的实践行为，"我们每个人也有一部个人的历史，有我们自己生活的故事，这些故事使我们能够解释我们是什么，以及我们被引向何方"①。对个人成长史和生活史的"追述"，目的是使教师内隐的、个人的、实践的知识逐渐显性化，成为可以交流与修正的知识。

（二）"叙事"中的顿悟

叙事研究讲述的是一个"过去"的、已经完成的教育事件，教师用朴实、诚恳的手法描述或叙述了"我"已经做了什么。从本质上说，教育事件本身并不产生它的意义，通过教育者的"叙事"才使得它产生意义。因此"叙事"重要的是对整个教育事件的记录与描写，而不是玄虚的理论阐

---

① ［美］马丁. 当代叙事学·前言［M］. 伍晓明译. 北京：北京大学出版社，1990.

释，而且它只反映一种"实然"的教育实践，而不是"应然"的教育规则。真正有意义的教育叙事并不一定需要大量的"分析或解释"，由教师自己讲出来的教育故事，本身就已经是有意义的研究。[①] 当教师在叙述自己的某一教育事件或个人教育生活史时，实际上就是在反思自己的教育实践活动，反思自己的教学中到底发生了哪些教育事件；当教师以研究者的眼光打量自己的教育实践和教育观念而发现"教育问题"，并持续地关注、追踪某个教育问题时，教师也就开始展开了自己的"智慧实践"。实践中，教师当意识到自己的教学中出现了某种"问题"并想方设法在"行动"中解决问题且不断回头"反思"解决问题的效果时，教师也就踏上了一段由"问题"引发、在"行动"中解决、在"反思"中顿悟的"教育实践智慧生发"的旅程。

叙事为我们揭示了不同人的经验世界。这些缤纷的不同个体的经验世界为我们勾勒出我们所生活的这个世界的模式。教师叙事研究是对教师的教育生活进行深入、系统的研究，使教师对自己的教育成长历程进行逐步的梳理，这样做的目的在于帮助教师对教育事件与教育问题进行反思与分析，从而发现自身的个性特征、知识构成、对个人成长起决定性作用的因素或关键事件以及个人的教学风格、成功案例和教学诀窍等，使其对各种理论、个人信念和实践性知识有更加清晰的认识和理解。正是因为每一位教师的经历都蕴含着他们的体验和经验，"叙事作为一种思维的模式，一种意义生成的承载工具和一个文化的表达模式，我们透过自己的叙事，建构我们存在于世界的一个版本，文化正是透过它自己的叙事为它的成员提供身份认同和行事的种种模型"[②]。

第三节　教师知识与个人理论

当代社会是一个以知识为核心竞争力的社会，有学者称，未来社会竞争优势的唯一来源是组织所拥有的知识以及组织能够较其竞争对手拥有更快速学习的能力（Senge，P，1994）。[③] 世界经济合作与发展组织（OECD）

---

① 刘良华. 校本行动研究 [M]. 成都：四川教育出版社，2002. 204.

② 丁钢. 教育经验的理论方式 [J]. 教育研究，2003（2）.

③ Senge, P.. *The Fifth Discipline：The Art and Practice of the Learning Organization*. New York：Doubleday，1994，p. 71.

在其出版的《学习社会中的知识管理》一书中也特别谈道："我们的社会正经历一项重要的转型，而知识是兴起中的生产模式的核心要素。"随着对知识在社会发展中重要地位的认同，知识管理（Knowledge Management，KM）的价值就凸显出来了，即通过整合自己的信息资源，及时合理地提取各种有效信息用于提高工作效率，提升个体的社会竞争力。知识管理其实就是一种有意的策略，它适用于团队和个人。但应用于教师教育领域，知识管理更多的是转向教师的个人理论，即教师经由个人实践和经验而形成的知识与习惯化的行为，而非传统意义上的书本、教材上的公共知识。对教师个人理论的重视与近年来学者们对教师的实践活动的重视是分不开的。

一、教师个人理论引发关注的缘由

（一）教师个人理论

理论是对事物的理性认识，是在概括、抽象、判断的基础上形成的理性认识成果。有学者根据理论存在的不同形态，认为理论可以有两种方式存在：一种是为群体所共有的普遍形态，即普遍理论；另一种是为个人或部分特殊群体所拥有的私我和局部形态，即个人理论。[①] 普遍理论是指可以借助于语言、言语和文本等载体在公共领域得以传播，为某类群体或整个人类所共享的理性认识成果。它就是我们平时所言的公共理论，带有普适性、公共性和客观性的特征。而相对而言的个人理论是指贮存于个人头脑中、为个人所享有的认识成果。它是个人在自我实践中，通过学习互动、经验累积而内化成型的。它带有经验性、个人性和内隐性的特征。

依据唐纳德·肖（Donald Shon）的研究可以察觉，教师专业性并不仅仅体现在知识和技术的应用上，更应该体现在实践性智慧和理智上，因为复杂而多元的课堂教学将会遭遇各种未知的问题，需要教师随时作出专业性选择和判断。[②] 这为教师的专业成长的研究打开新的视角：从注重客观性和普适性的公共理论的研究转向注重个人理论以及其个人理论与公共理论互动的研究。如格罗斯曼（Grossman，1994）"自我知识"（Knowledge of Self），考尔德黑德（Calderhead，1996）"机智性知识"（Craft Knowledge），都是指向教师在教育实践中将所拥有的知识结合实际情境而自我创

---

① 叶澜. 思维在断裂处穿行 [J]. 中国教育学刊，2001（4）.
② 钟启泉. 教师研修的模式与体制 [J]. 全球教育展望，2001（7）.

造、生发出特殊且有效的个人知识。

在教师的知识结构里，像学科专业知识和一部分的教育专业知识都可以归属于公共理论知识，或者称之为"公共教育理论"，它概指教师教育课程中系统化、学科化的教育理论，或流通于各理论期刊杂志的教育学说等，它们一般由高等院校的教育理论工作者创立，并且可以借助于文字、语言和阅读、讲座等方式在公共领域得以传播。但对于教师的教育教学实践活动而言，真正对其实践过程产生影响，从而支配其行为并产生相应的教学效果的是他自己头脑中固有的个人理论，是教师在长期的教育教学实践情境中通过自己的实践、思考、感悟和琢磨并总结出来的实效性知识。这种知识常常被教师本人看作是个人化的难以言说的东西，也是对公共理论理解和消化的结果。显然，教师知道教学是什么的理论知识和怎么做的技术知识并不一定引导教师在实际的教学临床中有着准确的判断和正确的行动。因为从实际意义上说，教师的行为是由他个人化的认知，即个人理论所支配。正是教师工作的具体复杂，一个变动不居的教育教学实践情境，从而导致教师的决策行为和处置方式并不仅仅是一个简单的教育理论或个体经验就能解决和控制的问题，也不是纯粹技术或技巧的问题，而是一个实践取向的问题，即教师的知识特征或个人理论是由他所处的教育情境或实践事态所决定的，是需要根据复杂而独特的教育情境中具体的教育问题产生并进行的探究，具有特定的指向性和唯一性，这是一种由知识糅合的带有个人化的综合特质，或者说就是智慧。

可见，公共教育理论是一种宏大叙事式的知识体系，带有普适性，可以在任何时空发生迁移，它主要回答"是什么"、"为什么"如此这般的解释性理论；而教师个人理论是具有时空限制性的，它讲究此时此地对此实践问题的解决。它主要回答"怎样做"和"如何改进"等一些规范性问题，它是教师在复杂的教育教学情境中应对未知问题的专业性选择和判断，因此具有鲜明的实践旨趣。

（二）关注的缘由

传统的知识观认为：知识是对客观事物"本质"的揭示。它是通过特殊的概念、范畴、符号和命题加以表述的，具有客观性、确定性和实证性。"知识是一个人能够在话语实践中谈论的东西"；"知识是由话语实践按照一定的规则所构成的一组要素"①。一个人要想从事科学活动，就必须

---

① Foucault, M. . *The Archaeology of Knowledge*. Translated by A. M. Smith. London & New York: Tavistock Publication, c1972, p. 182.

掌握一套科学的语言。如果一种陈述既非数学的又非逻辑的，那么它就不是科学的语言，至少不是成熟的科学语言。如此这般，科学语言就从日常语言中分离出来，日益发展成为一种带有权力色彩和权威特征的语言，唯有科学院、大学里的研究机构才是生产知识的主要场所，学校教学、科学杂志以及专家讲座等成为传播知识的主要途径。①

　　基于这种知识观的语境，传统的对教师知识的认识，培养与培训也就形成一种共识：假定教师应该具有什么样的知识，通过培训模式就能帮助教师形成这些方面的知识。就目前的教师培养和培训模式来看，虽然各级政府和教育主管部门也投入了相当的人力、物力在教师教育工作上，尤其是对教师培训工作的投入，参与人员多，涉及地域广，但实效仍然不够明显。之所以低效，是因为我们很自然地将教师发展理解为外部力量，是可以在师范学校、职后培训机构等培养下成长的过程。这种观点建立在这样的假设前提下：①大学能提供较为全面、可靠的教师专业知识；②这些专业知识是形成教师专业能力的基础；③学历教育是培养教师专业能力的主要手段；④职后培训有助于不断提高教师的专业能力。为此，教师的知识寄存在教师的生活之外的大学图书馆或专家的头脑里，教师只是作为知识的"旁观者"而不是知识的直接"建构者"。在这种理念倡导下的教师教育工作致使相当多的教师精通了"所教的知识"（即学科知识）和"怎样教"的知识（即教育知识），却不一定能成为合格的专业人士。同时，倡导的教育观念很难转化为教师内隐的教育观念并进而落实为有效的、适宜的教育行为；教师的教育意识与能力、自觉反思和自我监控等能力都极为缺乏；教师在教育过程中的积极情感、成就动机和专业发展意识相当淡薄。而这一切与教育培训机构发出的大量的学历证书和资历证书形成了极大的反差。这种情形正如英国教育学者穆尔（Moore，T. W.）所描述的："一般来说，从事实际工作的教师们对教育理论很少有兴趣。他们常常把它看作一门与自己志趣不同的师范学院的学科。如果在自己的职业工作中碰到了教育理论，他们就把它看成那些距自己每日的工作环境十分遥远，且总是提出一些与实践经验相冲突的建议的'专家'在自己身上所抱的某种希望。"②

　　可见教师专业成长仅依赖于外部培训机制而忽视教师在自我成长中的

---

① 石中英. 知识转型与教育改革 ［M］. 北京. 教育科学出版社，2001. 64.

② Moore，T. W.. *Educational Theory*：*An Introduction*. London：Routledge & Kegan Paul，c1974，pp. 1 – 2.

主体意识与主观能动性，不重视教师来自实践的经验及其对个人知识的建构，是很难激发教师发展的内在需求与动机而产生真正实效的，也难以从根本上保证教师教育观念的真正转变与教育实践智慧的有效生成。为此，对教师个人知识（理论）的关注正是反映了时代的一种需求。关注教师的个人理论，重视其对个体学习、掌握公共理论所具有的意义，同时意识到提升个人已有的知识经验本身所具有的价值，它是和人的精神世界的充实、生命意义的建构同步增长的，更是每一个教师个体获取尊重、尊严的有效途径。

二、教师个人理论存在的合理性

（一）知识性质的转变为教师个人理论的存在提供了依据

在知识理论领域里，现代科学知识是以"客观性"、"普遍性"与"价值中立"为基本特征的。建立在现代自然科学基础上的"客观性"的基本含义突出的就是"事物本身"的本质属性。用我们熟悉的哲学语言说，知识应该"正确地反映了事物的本质属性或事物与事物之间的本质联系"。那些没有达到这种认识结果的就不能称为"知识"，最多也只能称为"不完善的知识"。布朗希尔（Browhill, R. J.）对知识的客观性作了比较全面的概括："第一，这种知识必须是指称某种独立于我们自身的'实体'；第二，这种知识是可检验的；第三，这种知识不必局限于感觉，但必植根于感觉，感觉为经验提供证据（proof）；第四，这种知识必须自圆其说，就像一幅'地图'必须有其自身的独立状态和体系；第五，这种知识具有一种'非人格性'（impersonality）和'公共可传达性'（public communicability），以至于无论我们身处何时何地都能准确地理解它们。"[①]根据布朗希尔的概括，知识的内涵包括独立性、可验证性、可实证性、一致性和普遍性。也就是说，真正的知识是不因时间、地点和人物的变化而变化的。人们在获得知识的过程中应该摈弃所有个人的主张、意见、偏见、经验、情感、常识等，从而确保知识的客观性。而那些个体知识、地方性知识以及不能明确用语言加以表述的知识因为算不上真正的知识，因而也就显得不是那么有价值了。

现代知识的另一个特征——"普遍性"，让我们相信知识是"放之四

---

① Browhill, R. J.. *Education and the Nature of Knowledge.* London & Canberra: Croom Helin, c1983, pp. 11 –13.

海而皆准"的。我们可以形成一个巨大的知识共同体，共同体的成员之间可以分享同样的知识标准和信念，采用同样的认识方式和陈述形式，根据同样的证据对知识进行同样合理化的辩护。可见，任何一种知识只有得到了普遍的证实和接纳，才是真正的、客观的，才是有效的、合理的，从而也才是真正有价值的。在教育理论界，也有不少人认为，教育理论如果要成为真正的理论，那么它的知识也应该是具有普遍性的。

随着后现代知识性质对现代知识基本性质的解构，人们开始以一种更加"理智的"、"清醒的"态度来看待任何知识。普通人的知识身份在这个时代里正悄然地发生改变，任何人都可以成为整个社会、历史的知识链条或知识网络中的一个环节，都有权力、有可能对任何知识进行质疑、修正和反驳。尤其是知识的"文化性"、"境域性"和"价值性"① 等特征的提出，意味着：任何知识都是存在于一定的时间、空间、理论范式、价值体系、语言符号等文化因素之中的；任何知识的意义也不仅是由其本身的陈述来表达的，更是由其所处的整个意义系统来表达的；离开了某种特定的境域，就不存在任何的认识主体和认识行为；个体的主观经验不仅是构成个体提出问题、观察问题和分析问题的"视界"，也是个体借助主观经验将以往人们认为是抽象的、纯粹的真理引入历史领域而成为历史真理。这种后现代知识性质的转变正在帮助人们清除知识问题上的"科学主义"（scientism）、"西方中心主义"（western-centralism）和"权威主义"，从而使得许多"被压抑的知识"和"被剥夺资格的知识"——个体知识、地方性知识、缄默知识、本土知识等重新成为"知识共和国"中的合法成员，重新受到人们的重视，并重新在社会生活和个体生活中发挥它们应有的作用。

"即使是最精确的科学也必须依靠个人拥有一定程度的个人技巧和个人判断的信心，从而建立与经验事实的有效对应或真正的偏离。"② 这一认识论的新观点为教师个人理论存在的合理性提供了哲学层面的依据。

（二）教育实践对教育理论的需要

教育实践是理论指导下的实践，任何一种教育实践都蕴含着理论。在一定意义上说，没有教育理论知识，就没有成熟的教育实践。而教育理论在基本的意义上包含着哪些教育知识，这些知识如何生产，又如何表述，如何将这些知识应用到教育实践中去，这些对教育理论的研究和发展都是

---

① 石中英. 知识转型与教育改革 ［M］. 北京：教育科学出版社，2001. 143～160.

② Polanyi, M.. *Meaning*. Chicago：The University of Chicago Press, 1975, p. 31.

非常重要的。从后现代知识性质来看，教育理论已不可能完全达到"客观性"、"普遍性"和"价值中立"，因为教育活动的主体是非纯粹理智的存在，同时也是日常生活的主体，是带有完整性、历史性、社会性、文化性和独特性的；教育研究的对象不是一类客观性的问题，而是一类具有时代性、价值性乃至个性的问题；教育思维的方式也非纯粹逻辑的或归纳的思维方式，其中也包含大量的隐喻思维；甚至教育理论知识也未必是唯一的教育知识形态，应该还存在着大量"教育民俗"或"民间知识"① 在发挥作用。

其实，在教育学未独立或独立的初期，教师虽无专门的职业训练，但教师对教育的感知却是真切的，他们产生的个人"教育理论"直接来源于其教育实践，这个时候个人的"教育理论"与教育实践不仅紧密结合，而且是完全相互适用的。但自从教育学具备了科学体系后，教师就开始从教育理论的创造者角色中引退而成为"消费者"，教育理论研究由专门的教育研究者从事，教师只负责于实践之中应用理论。对此现象，杜威在其《教育中理论与实践的关系》一文中予以深刻的批评。在杜威看来，对未来教师的培养只集中在狭隘的教学行为上而不是放在如何缜密地反省他们自己在做什么之上，只会导致教师沉溺于盲目的实验、武断的决定或生搬硬套、墨守成规的习惯中。因为他们可以模仿教学实践，但不能解释这些教学实践背后的原理或理念，他们所学的只是教学的方法（"how"s of teaching），而不是教学的原理（"why"s of teaching）。②

"教育实践是教师的教育实践。……这种教育实践把教师的个体性放在了醒目的位置，教育实践是教师在自己独特的教育情景中，运用各种实践智慧所做出的独特的行动。于是，'理论'（公共理论——笔者注）不只是普遍的、抽象的，更重要的是个别的、具体的、生动的，真正影响教师实践的，不是普遍的、外来的理论，而是教师正在履行的个人理论。"③ 由此可以看出教师在自己的教学实践中，存在着和运用着大量有关特定时间、特定情境、特定教育对象的教育实践智慧，并且时时在提炼和升华着

---

① 参见石中英. 教育民俗：概念、特征与功能［J］. 教育理论与实践，1999（4）. 在笔者看来，教育民俗或民间知识就是传承、共享于民间的教育生活知识，包括教育的信念、价值、手段和方法等理性或非理性内容，涉及如何教育孩子、教育应该如何等一些约定俗成的行为方式。

② Dewey, J.. The Relation of Theory to Practice in Education. In Achambault. R（Eds.）. *John Dewey on Education：Selected Readings*. Chicago：The University of Chicago Press，1964，p. 101.

③ 唐莹. 跨越教育理论与实践的鸿沟——关于教师及其行动理论的思考［D］. 华东师范大学博士学位论文，1995. 23.

他们这些丰富的想法和做法，用以描述、解释或预测有关教育实践的新现象、新问题，从而生成了其个人的教育理论，它对教师的教育实践有着不可或缺的价值。

三、教师个人理论的特征

目前，有许多关于优秀教师"教育经验"、"教育学"之类的书籍，它们对一些优秀教师的教育教学思想、经验进行归类、整理，并努力上升到理论的高度，以便使其得到更广泛的普及和推广，让更多的人学习。按理说，这种做法是无可厚非的，甚至可以说是必要的、应该的。但问题是，有许多的经验、实践智慧经过总结和概括以后，让人感觉到牵强、生硬，失去了原本"根植"于教育教学实践土壤的艺术神韵和鲜活个性，变得呆板和程序化。即便有教师用极其相似的情境和手法进行移植，依然无法达到预期的效果，而且在实践中的仿效、运用并没有感到得心应手。事实上，教学过程"知道如何做"和"能够做到"是两个截然不同的层面。教师的个人理论并不等同于公共理论具备普适性和确定性，由于教学过程的非预期性和模糊性，教师的个人理论以其个人化的、实践的、境遇性的以及流动的方式深深地扎根于教师的内心。

（一）从知识的拥有者来看，教师的个人理论是一种个人化的甚至更大程度上是缄默性的知识

它不具备公共理论可以共享、客观和理性的特征，而是与个体的价值、信念、热情、态度紧密相关的个人语系框架。教师在从事教育活动的过程中所获得的知识经验，并不是一种纯粹理性、自然科学式的程序知识，而是一种充满教育艺术和实践智慧的柔性知识，通过自我思考与自主管理的过程，形成了一套默会的、对自己有用的方式、方法和策略。这些方式、方法和策略中浸透着其能力性向、认知品格的成分，它们不是冷冰冰、纯客观的东西，而是富有情感、审美价值，从而成为其人格的内隐成分。在教育教学中，教师的个人理论会无意识地、"自动化"地连同教师自己的精神世界、个性品质一同展现开来，但它同时又是隐性地存在的，以一种"不证自明"的真理性、"不言而喻"的合理性以及"日用不知"的实效性控制着教师的实践行为，尽管难以清晰地表述，难以传递甚至难以意识觉察，但它"仍然是非常重要的知识类型，因为它事实上支配着整

个认识活动，为人们的认识活动提供了最终的解释性框架乃至知识信念"①。从这意义上说，教师个人理论自建构开始就是一种"无意识的理论"（unconscious theory），或者说是一种相对于他人"只能意会不能言传的理论"（conscious but non-verbal theory）。

（二）从知识的来源性质来看，教师的个人理论是一种"实践性知识"和"实践性智慧"

许多研究者已经意识到，教师知识的形成的重点不在于学科知识的培训，而在于个体在实践过程中所形成的个人知识。前者是一种公共理论，由于缺乏教师的亲身参与和实践，因而难以为教师所信服与认同，或真正内化为自己的教育信念和个人理论，真正影响并作用于教师观念与行为的应该是他们在教育实践活动中形成的个人理论。它是教师在复杂的教育教学情境中应对未知问题所作出的选择和判断，主要解决的是"怎样做"、"如何改进"的实践问题，属于一种"实践性智慧"。高德逊（Goodson，I.，1994）曾指出，要真正促进教师发展，就必须对教师的知识构成形成新的认识，其中最为核心的是要树立"实践科学"（practice science）的转向，即重视教育实践在教师自主发展中的特殊地位与作用，特别是要关注教师在教育实践中个人知识的形成。② 教师的这种实践性知识是依存于一定的背景观念、信仰价值观，通过对经验的总结而表现出多义的、充满柔性且有个人效能的功能性知识。同时，它又具备智慧（thoughtfulness）和教育机智（pedagogical tact）的表征，可以看作"充满思想的行动和充满行动的思想"，是一种运用直觉帮助自己作出恰当的判断，但又受制于见解（insight）而表现出来的身体的实践语言（practical language）。③

---

① 石中英. 知识转型与教育改革 [M]. 北京：教育科学出版社，2001. 227.

② Goodson, I.. Studying the Teacher's Life and Work. *Teaching & Teacher Education*, 1994, Vol. 10, No. 1, pp. 29 – 37.

③ ［加］马克斯·范梅南. 教学机智——教育智慧的意蕴 [M]. 李树英译. 北京：教育科学出版社，2001. 162~195.

（三）从知识依存的场景和功效来看，教师的个人理论是在特定情境的教育现场中形成的一种境域性知识

日本学者佐藤学认为，这种知识是以特定教师、特定教室、特定课程、特定学生为对象而形成的，是作为案例知识而积累、传承的知识。它汇集了教师无数琐碎的经验、常识与智慧火花，充满了创造性的、情感性的"悟"，是在实践情境中直面某种判断和选择的决策性功能知识，它甚至包容了教师理性与非理性的因素，这些因素都将在这里"糅合"并"展现"，而任何情境之外的人都是难以拥有和习得的。伽达默尔也曾经指出，实践性知识与掌握一般规律的理论知识的根本不同在于它是针对具体情况的，因此它必须把握情况的无限多变化，并通过具体应用来发展和充实。对教师而言，离开了丰富、鲜活、生动的教育现场，教师的这种知识也就失去了生命的张力和"展现"的土壤，唯有在日常的教育教学情境和行动中，教师将自我的经验、热情、信念、价值等都参与、投入教育实践过程，才能建构个人理论，并使它充满直觉和创意，也包含智慧性的挑战。

（四）从知识构成和形态来看，教师的个人理论充满了不确定性和发展性

不可否认，教师的实践行动含有思考、判断和探究的成分，但它们常常是在非自觉的状态下或迫于环境的变化而被动进行的，那些"先在"的观念、习俗化的信念在教师的工作中占据着不可忽视的地位，也影响着教师对实践场景的价值判断和采取的行为方式。从建构主义理论来看，心理学者斯皮罗（Spiro，R. J.，1991）等人指出，在教学过程中，教师不仅存在着结构良好的知识（well-structured-knowledge），还存在着许多结构不良的知识（ill-structured-knowledge），它是情境性的，情景的不同，问题的表现与解决方式也会有所不同。也正是因为教师的个人理论中确实含有不合理的成分，如偏见、习俗、习惯、不证自明的信念，这些因素使得教师的个人理论不可避免地具有错误的、不完全的、暂时的特征，教师需要通过实践中有意识的理性反思，提高个人理论的合理性和行动的智慧有效性。应该说，这种"理论"开始于问题，终结于问题，智慧的行动过程可以不断地证实、显现和修正，教师的个人理论也就在实践中不断得以创新和发展。

四、教师个人理论的价值

近年来，个体理论得到了知识界的认可，特别是对教师职业而言，它不仅仅是知识的积累，也不仅仅是技能的纯熟，而是一切与教学活动相关的知识、技能、能力以及情意特质的综合素质的提升。也就是说，教师既需要"前临床"的知识，包括专业特质、专业技能、专业伦理、专业精神等，更需要将"前临床"的知识在"临床"中扩展而获取的专业特性，如探究意识、反思能力、合作能力、实践智慧等。这不是一个简单的模式相加，也不是一个线性化的发展过程，传统的教师知识观由于不重视教师的实践及其个人知识而造成教师教育的低效（low impact）。认可教师知识的形成更多地来源于教师的教育实践活动与教育现场，将可以进一步引发人们对教师实践活动和教师个人理论的关注，"将教师看作一个'反思性实践者'，一个具有缄默知识基础的人，一个能够对自己的价值和与他人的协调的实践关系不断进行反思和再评价的人。过去的教师培训或在职教育概念只意味着针对个别教师的工作坊，并假设教师有了关于学科内容及如何呈现这些内容的知识就足以将之运用于课堂教学，但教师专业发展却代表着一种更为广阔的思想。它不仅是教师与学生一起改进其实践的途径，还意味着学校中建立起一种支持和鼓励教师相互学习的合作的文化"[1]。所以，我们可以期待的一个现实的目标就是，以教师自身的经验、知识和智慧作为专业资源，关注教师教育实践智慧的建构与生成，鼓励教师在日常的专业实践中学习、探究，形成自己的教育实践智慧，弥合"前临床"与"临床"知识的鸿沟，让所有教师都能在原有基础上有所提高，并有意识地朝专业、成熟的方向持续发展。

第一，教师个人理论的建构可以提升自主认识。

当下，身处教育现场和实践一线的教师一方面颇为习惯地寄希望于教育理论工作者能够提供可操作的理论，用以改进自己的个人实践，但另一方面又常抱怨教育理论（实际上是公共教育理论）指导教育实践的乏力，对改进教育实践作用不大，由此产生对公共理论的信任危机。造成这样的局面有多方面原因，其中的一个重要因素就是教师自我认识不充分，不敢奢望自己会拥有个人理论。因为传统的知识定位，知识是客观、明确、标准的，是专家学者建构、创造的，教师在其过程中，只是一个"沉默客体"，本身并不具备建构知识的能力。其实，作为教育实践的行动者和教育生活的建构者，教师的个人理论生成于教育世界具体而细致的生活中，

① Lieberman, A.. Teacher Development: Commitment and Challenge. In Peter P. Grimmett & Jonathan Neufelt (Eds.). *Teacher Development and the Struggle for Authenticity: Professional Growth and Restructuring in the Context of Change.* New York & London: Teachers College Press, 1994, pp. 15 – 16.

表达的是对整个教育中问题的存在、发展的感念和价值方式。教师应该意识到"我"在教育实践中独特的地位和作用，意识到"我"因"我"的思想、"我"的观点、"我"的言说而存在，以此证实"我"的独特和不可或缺。通过对教育生活的解释、评判，对自己所处教育世界的规定和认同，它将展示教师个体对生活、职业、发展的思考和感悟。所以，教师应该充分意识到个人理论是真实存在的，且自己的教育教学实践正是直接受个人理论支配的，而不是仅仅依靠所学的公共理论来揭示自己的实践经验所具有的意义。同时还要做到既不消解也不否定自我经验所具有的独特性、实践性以及情景性，不要将经验完全抽象化，将其"还原"或淹没在公共理论之中，而是在经验基础上建构自己的理论框架。如此，教师既不断丰富了自己的教育涵养，提升了自主认识，也以自己的方式实现了教育理论的创新。

第二，对教师个人理论的关注可以促进教师自我效能感的提升。

一直以来，我们认可的教师知识就是公共理论，它很自然地具有"超然"的品质，可以在任何时空与境域发生迁移。教师似乎只要掌握了公共理论，就自然可以在教育实践中应用。但现实和我们预设的并不一致。借用柏拉图关于"共相"与"现象"世界的理论，我们就很容易理解知识与信念的不同。公共理论对应于"共相"世界，是不具有信念、判断、倾向等价值成分的知识，而个人理论是关于"现象"的认识，它包含了各种价值判断和信念，是教师对各种教育现场的体验与实践。要让教师用这种"共相"的知识去指导其极具个人化的教育实践活动的种种"现象"，必然会造成理论与实践的脱节，也会大大降低教师的自我效能感。我们认为，教育活动是在富含生命力的现场展开的，每一个个体（包括学生）都在用自己真实存在的价值与意义进行交流与对话，共同构建教育智慧。知识和智慧并不是相等的，拥有知识并不等于拥有智慧。古希腊哲学家赫拉克利特就认为："博学并不能使人智慧。""知识关乎事物，智慧关乎人生；知识是理念的外化，智慧是人生的反观。"[①] 一个有知识的人，要想成为有智慧的人，在很大程度上需要依靠教育的力量和人的主观努力。而教师的教育实践智慧，正是在全身心投入的教育实践中，在与学生一起建构对教育生活的体验、态度与观点中，品味着知识的酣畅和智慧的欢愉，正如叶澜教授所言："教师的教育智慧使他的工作进入科学和艺术结合的境界，充

---

① 杨东平．教育：我们有话要说［M］．北京：中国社会科学出版社，1999.155.

分展现出个性的独特风格。教育对于他而言，不仅是一种工作，也是一种享受。"① 一句话，教师的自我效能感是在"转识成智"的过程中提升的。

第三，对教师个人理论的重视有助于知识的有效管理。

教师的个人理论包括可言说和不可言说两种形态。前者是指明晰的、可交流的和文字化的，后者是模糊的、默会的甚至是不可觉察的。由于教师的个人理论深置于各种具体的教育教学实践中，它们在很大程度上是教师依靠个人感悟、直觉或直接经验获得的"默会理论"（tacit theory）。所以教师往往很难意识到个人理论的存在，也就更难对之进行深入的反思、分析和批判。这直接影响到教师对自己专业特性的认识，也不利于其实践智慧的生成。因为在教育实践中，我们可以很清楚地感觉到这类知识是以教师习惯性的思维方式沉淀在教师头脑中的，尽管它不具备科学理论的基本规范，却在支配着教师的日常生活和日常教学，以固有的特点影响着教师的教学实践。如果教师能理解自己的内隐知识并有意识地管理和改造自己的内隐知识，他们的教学实践就会发生真正的转变。所以，有效的知识管理（KM）能够帮助教师将个人理论中的隐性知识显性化，显性知识系统化。它可以有效增强教师个人理论的合理性、科学性，剔除不理性成分，使教师产生知识建构的知觉，提高专业自尊和意识；同时，通过知识管理，教师的实践经验和教育智慧可以获得更好的提炼和保存，在更大范围内进行交流和分享，这在一定程度上有助于教师自觉地进行实践反思，从而提高专业绩效。

第四，教师个人理论为"公共理论"的丰富与完善提供了基础。

公共理论与教师的个人教育理论之间是可以相互转化的。如果说，在人类社会早期，从事教育实践活动依赖的是个人教育理论，那是因为没有公共理论可以凭借。但是到了今天，人类的公共教育理论日益丰富，任何对公共理论的忽视与远离都是不利于教育事业和人的发展的。一方面，公共理论为教师形成和发展个人理论提供了"场景"。当个体在学习、接受某种公共理论时，通常都会加入自己已有的知识、经历、体验等个人因素（不管个体是否意识到），从而对其进行理解和批判性分析，并在此基础上诞生新的个人理论。哈贝马斯（Uarbermas, J.）就曾指出："科学概括出来的知识，并不能直接地驱使（指导）社会实践，还必须有一个'启蒙过程'，以使特定情境中的实践者能够对自己的情境有真正的理解，并作出

① 叶澜. 新世纪教师专业素养初探［J］. 教育研究与实验，1998（1）.

明智而谨慎的决定。"① 哈贝马斯在这里所说的"启蒙"，应该就是"内化"或"转化"的意思。因为公共理论往往从价值研究的角度提出理想的教育应该怎样，它关注的是教育的"应然"状态，对教育实践的指导并不具体、直接，因此，教师必须将公共教育理论消化理解、吸收内化为自己的信念和理论才能产生实效；否则，"信奉的理论"（espoused theory）和实践中"采用的理论"（theory-in-use）永远无法重合。另一方面，教师个人理论将为公共教育理论的发展积累和提供丰富而鲜活的素材。教师是教育实践的最佳感知者，生动的实践领域为教师发现和创造个人教育理论提供了源泉。在每日的课堂活动中，教师常常会运用"自己"的教与学的理论，在这种"理论"体系中，既有公共理论的内容，也有个人独有的东西。当教师在实践中对所形成的个人理论进行进一步提炼、抽象概括并在公共领域进行对话、交流和传播时，它就为公共教育理论的再生提供了新的增长点。所以，建构和修正教师个人的教育理论，促进和推动公共教育理论的丰满和完善，应该是每位教师专业发展中不可或缺的支撑点。

第四节　教师的教育实践智慧

舒尔曼认为，"教学在本质上是一种'学术的专业'"，是"一种复杂性的智慧工作"②。教育教学实践活动的复杂性、多元性决定了教师的工作并非仅需要专业知识和展示技艺，还需要施展教育实践智慧的创造性劳动。教师的成长和发展其实就是教师教育实践智慧不断积累和发展的过程。当然，教师的实践性知识和智慧要不断发展和持续增长，必须基于教师知识的更新和对教学实践的研究、探索和不断反思。因为教师的教育实践智慧一定是教师的人格、学识、能力、经验、教育机智等综合素质的体现。教师的教育实践智慧的主要表现场所是学校和课堂，而教学是教师工作的第一要务，所以，谈论教师的教育实践智慧大多可以在教师的课堂和教学中找寻，教育和教学本来就很难分割，赫尔巴特的"教学具有教育性"原则更是提醒我们，教师的教学工作中需要包含与体现教育性。为此，教育实践智慧并不需要探析教育和教学的生发场域的不同，犹如教师

---

① 转引自施良方，崔允漷. 教学理论：课堂教学的原理、策略与研究 [M]. 上海：华东师范大学出版社，1999. 382.

② 教育部师范教育司. 教师专业化的理论与实践 [M]. 北京：人民教育出版社，2003. 34.

工作很难割裂教育教学的分工。准确地说，教师的教育实践智慧已经包含了教学实践智慧，而且教学实践智慧在教师的教育实践智慧中占据主要内容，但教育实践智慧又不仅仅局限于教学领域，教师的教育实践智慧还涉及学校生活中的教育管理、学生工作、师生交往等方面，涵盖了一切有关学生成长发展的事物。

一、特定的教学场域是教师教育实践智慧生发的主要温床

教师的教育实践智慧应该是覆盖教师整个教育实践生活的，是融合于教师的思想、行为、言谈、工作方式等点点滴滴之中的，但教学、课堂应该是教师生发实践智慧的主要场域。因为特定的教学场域总是由教师、学生和教学条件构成的。教学的目的是促进学生的发展。无论教学条件或环境简单或复杂、简陋或优越，教学中的人是具备了能动性、多元性和创造性的。为了满足学生发展的需要，教师需要提供或创设各种情境和条件，整合现有的教学资源，并在这一过程中，不断根据教学反馈的现场需要迅速作出反应，获得来自课堂和个人知识的灵感与顿悟，加强与学生的合作与交流，发挥学生的主动性与创造性，从而实现教学过程最优化。教学是一种智慧实践，需要教师作出有智慧的反应，这是因为每一个学生都是带着自己的知识、经验、兴趣、思考、灵感参与到课堂教学活动中的，对课本的理解与解读往往会游离出教学预设，甚至可能产生完全不同于教师预期的多元内容。这就需要教师生发出教育实践智慧，依据教学中随时变化的各种因素，灵活地变通而不是拘泥于预设的教案不放，敏锐地捕捉而不是错失发掘学生潜能的时机。无论教学设计是否具有适度的弹性，教学活动的进展是否能够根据现场作出有智慧的调整，都可以孕育并催生教师的教育实践智慧。

教学目标往往是课堂教学的出发点，也是归宿，教学目标会随着教学活动的展开而逐步明晰。教学设计的灵活与弹性是基于教学目标的底线。有经验、有智慧的教师不会固守预设的、一成不变的教学方案，无论是备课还是课堂，教师都会依据对教学情境的理解、对学生的了解，对即将发生的教学活动提出种种假设，依据这些假设，随着教学活动的推进，逐渐生成灵活的、适应学生实际和发展的有价值的目标。预设和生成，其本身就是彰显教师教育实践智慧的温床。教师在预设教学目标的过程中就必须考虑各种已知和未知因素，设计多种可行性方案，然后确定教学目标。教学目标将决定教学活动的方向和进程，同时也影响着对教学模式和教学方

法的选择，为教师检验教学效果提供了标准。显然，这需要教师动用一切知识、经验、灵感、创造性，去确定恰当的教学目标和有创意的教学活动。而在实际的教学情境中，教师又需要有理智、有灵性地沉浸于教学活动中，不断地与环境和学生展开互动、交流，与教学情境文本展开对话，以"我"在场的方式投入教学，在交互理解中获得灵感与启示，生成有价值和意义的教育资源，从而使生成的新的教学目标与预设的教学目标和谐统一。如此种种，无不彰显教师的教育实践智慧。

都说教师负担过重是导致学生负担过重的直接原因之一。智慧型的教师往往更专注于"巧干"，摒弃传统教育中的"苦干"甚至"蛮干"，在保证效益的同时追求更高的效率，即寻求投入相对更少、学生收获更多的策略，这必然会减轻学生的负担，提升教育生活的幸福感。教师在工作中开动脑筋，谋求智慧的实践，追寻自我发展的价值，在一定意义上也是在谋求学生的发展，两者事实上是一致的。教师充分运用自己的教育实践智慧获得了自由发展的空间，摆脱了以往僵硬的教学观念的束缚，积极反思和主动进行教学研究，自主设计和自主实施教学方案。而学生在教师的耐心指导下慢慢摸索出学习的方法，养成自主学习的好习惯，师生之间的和谐必将获得意想不到的教育成效。而这种教育成效就是学生的成长与发展。这是对教师智慧教育的一种回报，也是生发教育实践智慧的原动力，职业成就感、幸福感油然而生，而责任感、自我效能感也在不断增强。

为了实现教学的有效性，教师需要对教学观念、教学目标、教学技能和教学方法、教学结果等进行深入思考，然后重新构筑自己的教学经验，提升自己的教育实践智慧。在这一过程中，教师需要不断反思、研究、探析，对生成的教学经验、遭遇的教育问题和偶发的教育事件进行主动的思考与探究。教学反思是一个客观的、理性的逻辑推理过程。教师在反思过程中需要经常积极剖析自己的缄默知识，伴随着积极的情绪和情感体验，对自我的个人知识进行修正和完善。教师的教学反思是随时随地的、自觉自发的，它伴随着行动，教师要学会在行动中反思，在践行中经常有意识地或潜意识地对各类问题，尤其是与以往经验不符合的、未曾预料到的问题情境重新进行思考建构，并对已经完成的教学养成一种回顾性思考的习惯，考量成功与失败，收获经验与智慧。总结一些优秀教师的经验，可以发现在他们身上有一些共同的特点，比如他们会在教学开始之前对教学过程可能发生的各种因素、事件进行分析、探究，利用经验增强教学的有效性；在教学过程中不断诊断、自我监控教学活动与行为，对自己的教学行为进行及时而全面的审视，随时纠正或调整自己的教学方式；在教学结束之后反思和分析教学活动所产生的成效、教学技能的运用和教学策略的有效性等。反思有助于经验的提升，也可以使教育实践智慧进一步积累，优秀教师就是在不断累积教学经验的基础上使自己成为一名智慧型的教师，而有效的教学理论也正是由教学经验转化而成的。

二、教师教育实践智慧的展现方式

教师的教育实践智慧是以践行的方式表现出来的。教育教学生活催生了教师的教育实践智慧，在关爱学生与处理教育问题时，在设计教学与组织活动等场合中，教师的智慧总在行动中呈现、流淌，点滴中都会闪现智慧的灵光。

（一）关爱

师爱是教师基本的品质，也是教育的前提。没有爱的教育是不完满的教育。教师用自己的行为方式投予学生关心与爱，帮助和引领学生成长，而学生能感知并接受教师的指导与关爱，在学校和教师创设的各种良好的氛围和条件下顺利发展，这本身就是教育所期待的目的，而这其乐融融的教育关系其实也是教育实践智慧的展现。有学者将此称为构成教育的先决条件，"这一教育关系首先包括对一个需要教育的儿童充满爱心"①。教师对学生的关爱，能够有效地促使教育实践智慧不断闪烁光辉。例如，当学生遇到困难、挫折而沮丧时，教师的鼓励会让学生重拾信心；当学生因为犯错、失败而懊恼时，教师的耐心引导会使学生走出困境；当学生因为进步、成功而喜悦时，教师的慈爱肯定会给予学生自信的种子；而当学生需要得到鼓励和关注时，教师的信任与理解会给予学生阳光般的温暖。所有这一切，都展示了教师的教育实践智慧。

教师的教育实践智慧就是为学生的发展而服务的，学生的发展与变化在一定意义上反映的正是教师的投入与付出的心血能否转化为学生成长条件的一条映照。师爱是一条纽带，也是智慧教育的情感基础，可以构筑和体现教师与学生之间建立起来的和谐的关系。有爱的教师才会在教育生活中关心学生，想方设法地帮助学生。为了使每一个学生都能快乐、自信地成长，教师要关注学生成长中的各种问题、因素，努力协调家庭、社会和学校之间的关系，呵护每一个生命个体；为了使学生有学习的乐趣和兴

---

① ［德］O. F. 博尔诺夫. 教育人类学［M］. 李其龙等译. 上海：华东师范大学出版社，1999. 46.

趣，教师要创造性地设计教学，尽可能地满足学生成长和发展的求知需要；教师的教育实践智慧就是以师爱的方式在呈现和在增长的，"主要体现在教师与学生相处时的关心取向上。这与其说是某种可观察到的行为表现，还不如说是一种主动建立起来的关系方式"①。

教师对学生的爱是需要得到学生的回应才能显示出其价值和效果的。这就需要教师通过对学生的日常接触和细致观察，了解每一个学生的不同个性特征、兴趣爱好和发展需要，施以不同的教育、指导以及帮助。教师对学生的这种发自肺腑的关爱，必须切合学生具体而合理的需要，让学生感受到教师的关心像温暖的阳光一样，真实、具体、实在，这样才能够引发学生积极的回应。而学生积极的回应必将以更自觉的行为、更良好的态度和更积极的学习热情作为回报，随之一种和谐的师生关系也便应运而生。学生积极的反应更能激发一个教师的热情和智慧，自我效能感不断提升，灵感智慧不断被激活，从而使教师明白要促使学生和谐发展、快乐成长，就必须运用智慧而不是权威或强制的手段，以爱的方式体现智慧的教育。

（二）机敏

人的多样性、差异性和复杂思维决定了教育教学实践的多元性、复杂性，教育面对的是鲜活的生命个体，需要教师面对变化着的教育教学情境能够机智敏锐地应变，找到解决问题的策略，并采取积极有效的行动。这种技巧或策略也被称为"教育机智"。"智慧和机智是我们通过教学的实践——不仅仅是教学本身所获得的。通过过去的经验，结合对这些经验的反思，我们得以体现机智。"② 可见，这种机智敏锐是教师在教育教学过程中，基于对问题的用心观察，并且理解到所观察的事物所蕴含的意义，能迅速地作出反应，正确地采取行动。它体现的是教师对教育教学情境的调控能力，也是教师在长期实践体验、感悟和经验的基础上凝成的一种超乎寻常的、出类拔萃的临场发挥能力。当然，这必须建立在专业知识素养的基础之上，绝非简单的"灵机一动"，应该说与教师的个人知识经验相关，是实践智慧的一种体现。因为教育教学的情境是复杂多变的，每一个学生存在着具体而又不同的特性，需要教师根据学生的知识水平、平时的不同

① ［加］马克斯·范梅南. 教学机智——教育智慧的意蕴［M］. 李树英译. 北京：教育科学出版社，2001.196.

② ［加］马克斯·范梅南. 教学机智——教育智慧的意蕴［M］. 李树英译. 北京：教育科学出版社，2001.274.

表现，甚至是脸上露出的表情、情绪状态来敏锐判断教育教学最好的时机，因为抓住时机就意味着事半功倍，而教育的时机往往是稍纵即逝、变幻莫测的，一旦错失就难以复原，就会错失取得理想效果的契机。"正是这种无法逃脱的时间结构及时间流向的单向性，使得行为人在实践过程中产生一种'紧张感'乃至'紧迫感'。在这种感觉的支配下，行为人身处实践过程中没有多少时间来驻足静观、反躬自省，必须尽快地对各种情况作出'恰当'处置。"① 这种靠日积月累而形成的机敏在提醒着我们许多教育问题是需要教师在瞬间处置完成的，许多情形下并不容许他们慢慢地认真思考，优柔寡断、犹豫不决会使他们错失教学良机。

所以，有丰富的教育实践智慧的教师不但总能够及时把握好有利的教育时机，而且形成了对不确定的复杂情境的一种应激反应，长期的训练已经使他养成了一种处于特定教学情境中的智慧性行动，能把教育现场中出现的偶然因素转化成一种有利的教育时机，并且生发出无穷的教育意蕴。

机敏是一种崭新的、出乎意料的灵感创造，是在教育教学实践中锤炼出来的，属于实践智慧的表现方式。"机智表现为克制、机智表现为对学生的理解、机智表现为尊重学生的主体性、机智表现为潜移默化、机智表现为对情境的自信、机智表现为临场的天赋。"② 教师在教育教学过程中利用教育机智，才能抓住有利的教育契机，才能轻松地应对课堂上出现的变幻莫测、"节外生枝"的问题，才能吸引学生爱上课堂、爱上学校，保护每一个学生的天性、自尊、想象力、个性，促使学生在复杂多样的教育情境中健康均衡地发展。这种由实践激发出来的并在不断地生发的机智、灵感、智慧，可以促进教师有效地调整自己的教育教学行为，不断完善自己的知识结构，使自身拥有开阔的教育视野。

（三）创造

教师的劳动是一种创造性劳动。教育实践本身就蕴含了生命创新的使命和特质，需要教师创造性思维、创造性元素的参与。虽然教学内容和教学方法可以不断被复制和再现，教学程序和步骤也可以预设，但在每一个教育的环节，教育的主体双方都处于特定的时间、地点和条件，甚至是情绪、情感之中。可以说，几乎每一个因素都充满了不确定性——偶然、随机、意外等，在此过程中，每一个生命个体都在交往互动中不断实现再生

---

① 石中英. 论教育实践的逻辑 [J]. 教育研究, 2006 (1).

② [加] 马克斯·范梅南. 教学机智——教育智慧的意蕴 [M]. 李树英译. 北京: 教育科学出版社, 2001. 197～209.

和拓展，或生成，或发展，或遭遇挫折，教师和学生在课堂和任何的教育场域中相遇碰撞、对话质疑，每一个教育瞬间都是独一无二的，也是不可复制的。这种生命成长的体验和发展的经验，充满了求新求变的快乐和创新创造的兴奋，这既为教师教育实践智慧的实现带来了可能，也赋予了教育实践智慧源源不断的新内容。因为每一种改变和创新都意味着对教师思维和品质的挑战，也是对教师的各种教育成见的挑战，更是对教师已有知识积累和文化底蕴的挑战，它需要教师摒弃陋习，打破常规，挑战自我，以创新的意识和眼光来审视自我的教育实践，以创新的策略和能力来改造自己的教育实践，将创新的思维和行为渗透和转化到日常的教育实践中去，包括对教材的分析解读，对学生的观察了解，对教学方案的设计处理，对教学方法的选择运用，以及对课程资源的利用配置，还有课堂教学的组织，学生的练习、反馈与评价等各个教学环节和教育实践，无不需要展现创造性的智慧。因此，从这个意义上看，可以说创造性就是教师教育实践智慧的外在表现。

教育实践的过程显然是独特的和需要不断创生的，教师面对的是充满个性、朝气蓬勃的学生群体，这就决定了教师所处的教育现场是变化而灵动的，缺乏创新和灵感的教育不仅枯燥乏味，而且毫无生气，根本无法培养出有朝气和创造能力的新生一代。人本主义心理学家库姆斯（Comes，A.）认为："好教师的教学绝不是千篇一律地遵循什么既定规则的，他们都有各自的'个性'，并在教学中体现出来，好教师在教学中会注重'具体的'、'特定的'情境，不可能以'既定的方法'行动。"① 创造可以改变教师教育生活的现状，可以激活教师教育实践的灵感，使教师从拘谨与刻板中解放出来，自觉对各种"已有"或"存在"的意识、观念、行为产生怀疑，进而在释疑、解疑和化解问题的过程中不仅改善自我认知，不断超越固有的习惯，从而获得新的认知、新的领悟、新的策略，如创造性地解读教材和理解学生、开放性地整合课程资源、整体性地把握教学结构和教学思路、灵活性地设计教学等，不断地探究教学问题，引发更深层次的思考，所有这些必将承载着教师教育观念与知识的创新、教学思维与方式的创新、教学技能与方法的创新、教育教学策略与行为的创新。教育教学实践在不断地激发教师的灵感、想象力和智慧，促使教师有针对性、创造性地解决教学中的偶遇问题、偶发事件，教育实践智慧能帮助教师实施有效教学。

---

① 施良方，崔允漷. 教学理论：课堂教学的原理、策略与研究 [M]. 上海：华东师范大学出版社，1999. 429.

三、影响教师教育实践智慧产生的条件

教育实践是一种复杂的、动态的、感性的生命体活动。教师每天都需要面对灵活而多变的课堂、富有生命力的个体，若想自如地掌控好课堂与学生，提高教学成效，使课堂成为学生心目中的乐园，就要求教师在课堂中准确地感知教学过程中学生在的理解程度，准确地把握学生在学习过程中心理活动的特点以及思维方式，并根据其特点，创造性地设计和调整教学活动，最终使知识、技能、思想、情感以和谐的方式展开。要达到这样的境界，显然对教师的教育实践智慧提出了很高的要求。

由此，教育实践智慧是教师在理解和把握教育教学本质和规律的基础上，通过长期对具体教育情境和教学事件的关注、体验、感悟、反思和探究，在教学实践过程中形成的对课堂进行创造性驾驭，对教学情境高度敏锐，并能够灵活应对的一种综合能力。实践智慧必定在实践中生成。对于教师来说，教育实践智慧体现在教育中发现问题、解决问题，并机智地处理偶发事件的能力上，同时它也表现出一种强大的价值导向作用，可以对教师的日常工作起到规范的作用。作为一种能力，它要求有产生的条件、生长的环境，需要教师不断地严格要求自我，有意识地训练和锻炼。它要求教师具备很好的素养，能在复杂的教育环境中准确地把握各类事件生成和变换将要出现的新局面；敏锐地感受、准确地掌握教育时机，善于转化出现的矛盾和冲突；根据实际面临的情况，作出明确的决策和选择；引导学生积极地投入学习生活，乐于与他人进行交流。所以说，它是一种教育机智，也是一种实践智慧。它的形成、积累和表现都需要教师拥有一定的专业知识基础，在内外条件的共同作用下，才能生成带有智慧色彩的教育实践。

（一）积极能动的主观态度

态度是人们在自身道德观和价值观的基础上对人或事物的评价和行为倾向。它涉及人的认知、情感和行为倾向。教育生活中，教师的主观态度很重要，它直接影响到教师教育实践的行为方式。一般而言，对教学和教育工作怀有满腔热情的教师，他们利用积极的心态客观地看待教学中的顺境和逆境、成功与失败，积极地营造良好的师生关系，努力地规划自己的职业人生，这种热忱和积极的态度为教师发展教育实践智慧奠定了坚实的基础。"积极、良好、乐观的心境会促使人发挥主观能动性，精神振奋，增强克服困难的勇气，提高活动的效率，同时有益于身体健康。消极、悲

观的心境则会使人厌烦、意志消沉、颓废悲观，从而降低活动效率，并有损身体健康。"①

首先，教师积极能动的态度是基于他对教师这一职业的认同。良好的职业认同是教师对自己工作充满热情、激情的认知基础。职业认同是指由个体对职业的合理认识、端正的态度和积极的情感体验等所组成的一种内部心理机制。教师的职业认同包括教师对职业本身的特点、社会职能和社会地位等的认识和看法，对从事教师职业应具备的素质的认识，教师个体乐于从教的意愿以及从教时积极愉悦的情感体验，如自我实现与满足的心理表征等。基于此，是否具备良好的职业认同直接影响到教师在教育实践中的心理状态、持有的态度以及投入的情感。相较而言，对自己的职业有较高认同水平的教师，常常能在复杂的教育教学情境中，始终以一种积极、平和的态度对待工作，采取积极有效的措施克服工作中遇到的障碍，有效地驱除教育生活中的各种干扰，冷静地解决教育和教学中遇到的各类问题。而认同水平较低的教师，则容易在职业生活中产生倦怠感，工作中带有惰性，习惯于以"守旧"的态度应对教育现实的挑战，被动地"应付"教育世界中的发展问题，墨守成规，缺乏创造性和自我改变的主观意愿。这样的状态自然谈不上生成教育实践智慧。

显然，良好的职业认同可以促使教师对自己选择的职业生活满怀信心，明确教师的"所为"和"应为"，对教育事业始终保持一份热情和敏感性，根据新的教育理念不断寻找新的突破点，有勇气、创造性地打破原有的教学模式、教育常规，在教育教学方法和技巧上追求持续的创新。这种不断求新变异的主观能动性，正是发展教育实践智慧的内部驱动力。

其次，积极能动的态度也与教师的责任感相关。责任感是指对自己所应该履行的义务的知觉，以及自觉履行职责和义务的一种态度或意愿。它既包括对自己的言行和人生使命承担责任的态度，又包括对自己履行职责的过失和责任的态度；既包括对自己负责的意识，又包括对他人和社会负责的意识。责任感是决定一个人能否健康发展的核心品质之一。它使人们对自己分内的工作职责非常清楚，明白自己应该做什么，不应该做什么。教师的责任感也是一种使命感，应该体现在教书育人上，体现在教育教学行为的细节上。有强烈责任感的教师，知道不仅要对学生的生命成长负责，更应该对自己的生命价值负责，在繁杂的工作中找到职业的幸福和快

---

① 皮连生. 教育心理学（第三版）[M]. 上海：上海教育出版社，2004.359.

乐，在平凡的工作中体现职业的卓越和成就，将教书育人内化为自身的需要，将职业的责任升华为无穷的智慧，认真备好每节课，认真改好每份作业，认真解决每个学生的问题，认真关爱每个学生……教师的责任感融进日常工作的每个细节中，在细微处发现丰富，在琐碎中寻找快乐，在平凡中展现智慧，教师的这种人格特征不仅可以点亮和启迪学生的心灵，更能成就自身的智慧人生。

教育实践智慧的产生并不是必然的，它与教师工作过程的情绪、所保持的心境以及主观能动性都有关系。不同的工作态度会影响到教师面对问题、困境能否激发出灵感、智慧。心理学告诉我们，积极、乐观的心境对工作成效和行为结果有正面的影响。也就是说，教师积极的心境具有持续性和弥散性，能使教师的教育教学行为都染上积极向上、乐观的情感色彩。如果教师处于心情舒畅的积极心态中，那么一切教育教学活动就会以积极的方式展开，对学生的关注、对问题的处置等都会变得得心应手、游刃有余、思维活跃、灵感不断，自我效能感和教学成就感明显增强。这种积极的、乐观的态度，能够给教师的职业人生带来乐趣、成就感和幸福感，久而久之便能形成一种良性循环，带动自我内驱力的变化和自我价值的认可，促使教师对自己的职业充满自信，对教育充满信心，经常用积极的态度去对待自己的教育教学工作，伴随着勇于进取的行为方式，促成更多的教育实践智慧的产生。

（二）困顿冲突的教育情境

教育实践智慧既不会自发产生，也不是俯拾即是的，它的出现往往和问题、矛盾、冲突相关。在一定意义上，教育实践智慧是伴随着教育情境中的困顿、纠结而激发出的一种智慧。"教学是具有应激性的职业。"应激，从心理学的意义上说，是指机体在各种内外环境因素及社会、心理因素的刺激和压力下导致的生理或心理的紧张状态。积极的应激反应可以使个体处于适度的大脑唤醒水平和情绪唤起状态，保证注意力集中。积极的思维和动机得到调整，有利于个体对外在环境和信息作出正确的认知评价，促进应对策略的抉择和应对能力的发挥。教育是一种复杂的活动，充满了不确定性和挑战性，教师需要根据实际的教育情境采取灵活的教育应对策略。而教育实践又没有可以依循和套用的规则、方法，需要教师动用已有的知识、经验、方式、方法等，综合或创新出新的实践智慧，以满足新的实际需求。所以，应激能力强的教师往往能在瞬间权衡解决问题的不同方法，然后采取最适宜的方法解决问题。而应激能力弱的教师，往往会因紧张、焦虑而变得束手无策。

　　教学中的困顿与教育中的冲突都是教育实践中不可避免的"组块"。无论是来自课堂教学中的矛盾，或是学生成长中的问题，还是师生交往中的冲突，都将给教师带来压力和焦虑。要有效地解决问题，需要教师调用经验、知识，积极地启动思维。简单固有的思维模式往往是无法应对、控制和解决当下的教育情境的。"大脑是'一个令人惊奇的精细和敏感的模式探测装置'，它所'要处理的是自然复杂性而非整齐的逻辑简单性'。"①也就是说，过于陈旧有序的教育教学情境反而不利于大脑思维的激发，不利于刺激大脑中枢的兴奋点，从而妨碍教师生发出更多有创造性的思维成果。而复杂的矛盾冲突、问题情境，却能打开和启动教师的潜能，促使教师在实践、体验成功与失败中收获实践智慧。

　　没有困顿也就没有创新，没有冲突也就激发不出智慧。孔子曾言："不愤不启，不悱不发。"宋代理学家朱熹解释："愤者，心求通而未得之状也；悱者，口欲言而未能之貌也。启，谓开其意；发，谓达其辞。"这里虽然解释的是一种学习状态，强调的是在努力想弄明白而未能明白，想表达却不能完善地表达之时不要去开导和启发对方，但它说明的是一种心理状态，人在"愤"、"悱"状态下更容易感悟、启发、收获和顿悟。教师要把握时机，对学生进行有效的点拨、启发，而教师自身的智慧生长则需要在矛盾中反思、顿悟。

　　处于困顿、冲突中的个体，往往会表现出焦虑和压力，原有的认知系统被打破，问题解决策略出现了新的不平衡。当一种平衡被打破时，个体常常会表现出不适应的状况。为了恢复平衡，个体需要重新调整认知结构，重新组织知识，尝试寻找解决问题的策略。这实际上就是一种通过实践自主学习的方式。对有些教师来说，在实际的教育教学中遭遇困境、冲突或跟自己预设的差异过大时，他们会被这些困难吓倒，或放弃或退缩，甚至选择置之不理、熟视无睹，使教育教学变成毫无挑战性的平淡工作，让繁杂、琐碎的日常工作推着自己往前走；而相反，有勇气的教师往往会选择迎难而上的积极态度，激发潜能和好奇心，调动积极思维，探索解决新奇问题或解释新奇现象的方法，把过去习得的经验、掌握的智慧资源充分利用上，结合新的教学情境、矛盾和疑问，重新进行梳理，使教学进入一种新的和谐境界，从而创生出新的教育实践智慧。因此，困顿和矛盾冲突其实对教师的专业成长是有益的，可以促使教师主动反思，自觉打破传

---

　　①　[美]小威廉姆 E. 多尔. 后现代课程观 [M]. 王红宇译. 北京：教育科学出版社，2000. 108.

统经验的束缚，重构个人知识结构，向自己慵懒的教学习惯发起挑战，反思已经积累的常规经验，摆脱教学简单程序的束缚，善于突破预设情境和质疑自我的常规经验，通过有意的批判，不断地超越自我。

（三）敏感准确的判断力

从教育实践活动的一般情形来看，经验丰富、教学效果优良的教师大多具备敏锐的观察能力、准确的判断力和理解学生的能力，能够基于教育教学情境的复杂性和多样性，机敏地作出调整和反应。赞可夫说："对一个有观察力的教师来说，学生的欢乐、惊奇、疑惑、恐惧、受窘和内心活动最细致的表现都逃不过他的眼睛。"也正是教师的这种敏感性，能够帮助教师捕捉到"教育场"中细微、瞬间的变化，感知到教育资源的点滴，很好地把握教育时机，从而促使教育实践智慧的产生。

敏感性具有两面性。从心理学的角度解释，敏感性是个体对其人际关系中出现的变化能够及时作出情绪反应的特质。生活中，对事物敏感的人往往有灵气，有创造力，心思较为细腻缜密，具有较强的洞察力。当然，过于敏感也会被情绪困扰，因此需要用理性智慧加以控制。教师在教育实践中，要善于利用敏感性积极的一面，敏感地意识到课堂教学中蕴含的丰富的教育意蕴，从学生的面部表情、眼神、身体姿态敏锐地捕捉到教学情境中的细微变化，通过对具体情境的洞察、辨析、判断，然后作出正确的决策、行动。教育时机是瞬间的，而教师的反应必须是及时而准确的，只有如此，教育中的人、事、景、情才能有机地结合在一起，通过巧妙的融合达成和谐的教育。

敏感性是一种心理特质，它需要和教师的判断力结合才能催生教育实践智慧。"判断是连结理性思维、实践智慧与行为之关键词。周全之理性思维是实践智慧之表征；实践智慧是好判断与好行为之结合。"① 显然，判断力和一个人的认知有关，受个体的思想意识的影响，但同时判断力又伴随着行为，也就是说，行为是它外显的方式之一。在复杂的教育活动中，教师需要依据敏锐的判断力来有效把握教育时机，并作出相应的行为反应。当然，前提是教师能敏锐感知教育情境中的各种关系，如学生的情绪、注意力，教学内容的难易、问题，师生关系的融洽、矛盾，甚至学生成长中的环境、困惑等，都需要教师能够正确而清晰地识别这些关系，然后才能进行客观的判断与评价，最后决定何时采用何种方法更有效，更有

① ［美］卡尔. 新教育学 ［M］. 温明丽译. 台北：师大书苑有限公司，1996. 112.

利于学生的发展。有学者对教师的判断力进行分析，认为"良好的判断力表现在两个方面，一是要意识到'沼泽'的存在，二是要在没有现成办法的情况下在'沼泽'中生存下去"①。可见，教师只有在充分了解教育对象和教学情境的情况下，才能对当下的情况作出迅速而正确的判断，并及时找到解决问题的策略和方式。敏感性和判断力对教师而言，是智慧生成的双翼。

假如教师在多种可能性存在的教学情境中，不能进行果断的判断，或者由于缺乏细致的观察和深入的了解，而出现轻率的举动，如有些教师会因为急躁而鲁莽冲动，有些教师会因为主观武断而妄加评判，这些不理智的判断，或对问题情境的犹豫不决和无所适从，都会挫伤学生的自尊、自信和情感，也会丧失有意义的教育契机，那么教学实践智慧的发展也就无从谈起了。

（四）良好的自我效能感

自我效能感由美国心理学家班杜拉于 1977 年在《自我效能：关于行为变化的综合理论》中提出，是指个人对自己在特定情境中是否有能力去完成某个行为的期望。根据班杜拉的含义界定，教师的自我效能感是教师对自己的专业知识和教学方面能影响并帮助学生的直觉和信念。它应该是一个多层面的整体性概念，既有认知又有情意；并且它也是一种能力，是一种信念。能力表现在自我效能感能使教师相信他们有能力帮助学生克服学习困难，让学生有效地学习。信念则表现为教师认为这是一个目标，作为一个精神支柱，它可以让教师排除万难，坚持不懈地帮助学生发展。

影响教师自我效能感的因素有很多，有外部的客观因素，如社会环境、传统的教育观念还有学校，但主要的是内部的主观因素，如教师的个人经历、经验、情绪和观念。一般来说，成功的经历和经验有助于提高教师的自信心和自我效能感；反之，失败的经历、经验则可能会影响教师的自我效能感。同时，教师的情绪会影响到教师的工作状态，在充满挑战、激情和冲突的场合中，人的情绪易被唤起，浓厚的兴趣有助于增强行为的流畅性，提升对成功的预期水准。研究证明，易焦虑的人往往会低估自己的能力，所以，情绪稳定水平的高低会影响教师的自我效能感的高低，也会影响教师在课堂中对学生的态度和教学的效率。例如，有些教师的情绪稳定，对外界抗干扰能力强，能够驾驭局势、摆脱困境，其自我效能感也

---

① 邓友超. 教师实践智慧及其养成［M］. 北京：教育科学出版社，2007.45.

就较强；相反，有些教师易紧张、焦虑，在过度焦虑或恐惧的情绪下，其自信心则会降低，这样的教师，其自我效能感必然会很低。

教师的自我效能感是以自己的教育教学活动为对象的，是对自己能否在良好的水平上完成教育教学任务的一种判断、信念和自我感知，也包括他们在接受新任务或面临新挑战时对自我行为可能获取的胜利感、自信、自尊等方面的预期感受。所以，自我效能感的强弱会影响教师在教育教学活动中的努力程度，尤其是当他们在活动中遭遇困难、挫折、失败时对活动的坚持程度和耐挫力。一般而言，教师的自我效能感水平越高，所设定的目标就越有挑战性，其成就水平也越高。因为具有挑战性的目标不仅能提高教师的动机水平，而且也影响其对活动的投入程度，从而影响其活动的实际成就。在实际工作中，教师能以较好的心态对待教育教学工作，激情活力充沛，自我效能感逐渐提升，工作起来比较顺利，能以积极的角度看待事物，逐渐提升教师职业成就感。而且，教师对学生寄予高期望，对学生认真负责，师生之间也能关系融洽，学生不懂就会主动询问教师，教师循循善诱，帮助学生解决学习上的困难，对学生的问题和困惑积极主动地加以引导和帮助；对于学生的成长，教师也会以良好的心态给予学生更多教育或关爱。与此同时，教师自己也会以饱满的情绪应对工作中的挑战，对自己在特定教学情境中的行为控制能力和行为结果进行正确预期，并随之采用适当的教学行为。当教师如此心态积极并把自己看作成功者时，他就已经开始走向成熟或成功了。

而低水平的自我效能感，则会影响到教师的情绪，教师情绪低落，对待工作和自身学习都不会热情、积极和主动，在工作中常常处于无谓的烦恼之中，感到焦虑和担忧，教育教学中更倾向于选择习惯性的工作方式和自认为已经娴熟掌握了的教学技巧，不敢预期复杂的教育变化，担心自己能力不足，无法控制变化中的教育情境。这类教师不太愿意接受工作中的新挑战，自信心会逐步下降，慢慢地开始产生自卑、自虑的心理，甚至会因为失败而产生错误的归因，自我否定，患得患失，工作效率低，自认为干什么都会遭遇失败，自我评价偏低。而这种现象又很容易使人滋生"习得性无助"，即个体在最初遭遇失败所引起的无助感，一直无法摆脱，以至于扩散到生活中的各个领域而产生消极、沮丧的情绪。在这种感受的控制下，个体会由于认为自己无能为力而不做任何努力和尝试。这种"习得性无助"会让教师放弃一切自我努力，对职业产生倦怠感，而教师不良的自我效能感，不仅影响其工作灵感和智慧的生长，更会使他的职业人生变得无趣无味。

可见，教师的自我效能感水平会直接影响到教育实践智慧的产生和发展。教师在自我预期和认知中需要保持客观、理性的状态，准确地定位和自我判断，维持良好的自我效能感水平。因为良好的自我效能感能使教师对自己充满信心，对自己的行为能力和驾驭教育情境的能力充满信心，对教学结果和活动效能有正确的预期，相信自己的教学行为一定会产生理想的教学成效，相信自己有足够的能力控制教育现象的发生和发展，于是，在教育实践过程中会更多地投入和表现出积极主动的态度，并能随时调整自己的工作方式和解决问题的策略，找到新的合理方案以达成预期的目的。这样的努力和成功不仅能诱发教师的积极情绪，也能增强教师的教育教学行为动力，从而不断创造出新的教育实践智慧。

（五）坚持不懈的耐挫力

教师的教育实践智慧生长并不是一帆风顺的，因为教育从来就是一项复杂的培养人的活动。教育是一种有目的的活动，实践中的个体需要靠意志品质的辅助才能完成教育任务。教师要完成预期的教育任务，达成良好的教育成效、教学结果，就需要克服各种困难、障碍，需要有坚持不懈的意志品质来支持、调节自我行为。因为人的复杂性、教育情境的多元性，决定了教育实践总会面临种种不可预期的变化，教师的工作方式难以一成不变，教师不可能一劳永逸地面对教育生活，无论是思想、观念、知识、价值观，还是方法、技能、手段、策略，一切都需要在新问题、新情况面前加以改变。改变是一种自我挑战，尤其是改变一种习惯，它需要意志的参与和支撑。叶澜教授曾说："教育改革的最大阻力将是来自广大教师熟悉了的传统教育教学习惯和教育教学理念。"可见，改革、变化都会给教师带来压力和焦虑。在现实的教育实践中，教师需要凭借意志和努力对自我的教育教学行为过程进行有效的调节和控制，积极地行使一切有利于教学目标实现、教学任务达成、教育效果提升的有效行为，同时控制、阻止一切不利的行为习惯的发生。

成功和挫折往往是结伴而行的。特级教师李吉林曾言："教师还是应该有点毅力和坚持不懈的精神，除了情感，还要有坚强的意志力。"教育实践中的成功可以给教师带来快乐和成就，但挫折或失败未必一定给人带来无助和沮丧，尤其对有信念的教师来说，挫折和失败或许会促使其更加积极地反思，从失败中寻找原因、总结经验，从而孕育超凡的智慧。信念是教师对自己所从事的职业的主观认识。信念会影响人的行为的导向。有信念的教师在日常的教育教学工作中，能够从容地面对失败和挫折，荣辱不惊，既不会因为一点成功而沾沾自喜，也不会因为一次失败而自暴自弃。恰恰是经过了失败、挫折的历练，教育智慧才会生成、发芽，教育品质才会升值、发光。所以，有信念的教师往往是自信而成熟的，在学生眼里，他们是充满人格魅力的，学生喜欢这样有主见、有想法、又睿智的教师，和谐的发展就在这样的教育中自然进行。

任何一位教师在走上工作岗位的时候都会怀有对教育事业的美好憧憬，有着追求自我实现和自我价值目标的愿望，但教育现实生活的繁重压力和残酷挤压，往往会挑战他们的意志品质。有人会因此而放弃自己最初的理想，因懈怠而变得慵懒，因消极而变得无为。所以，没有坚韧无畏的韧性、耐心和耐挫力，就很难坚持自己当初美好的愿望，很难成就自己职业的价值意义。乐观的积极情绪可以让教师改变看问题的心态和角度，更多地发现、感知美好的东西。例如，课堂的预设被学生打乱，精心的教学设计不被学生领会，有的教师会沮丧、懊恼甚至愤怒；而在有的教师看来，这却是一种契机、一种资源，它可以让课堂鲜活起来，它可以让思维碰撞、话语交织，一种教学相长、师生相融的乐趣油然而生，这是教学的智慧，也是课堂的魅力。所以，乐观的教师更容易拥有好心情，即使面对挫折也能够保持积极向上的心态，就如我们身边那些优秀的教师，他们的成功绝不仅仅是知识的存储，他们的教学成果也都曾经历过挫折的历练，他们在"路上"也曾遭遇困顿、泥泞，然而正是这种"深陷"和"挣扎"，不甘平庸的豁达和毅力，才使得他们主动调集积极的思维活动去应对教育教学，在感受乐观的情绪情感体验中发出他们的智慧之光。

第四章　教育实践智慧的现实关照

教师的教育实践具有"临床"与情境的特质，每一个教育实践过程都具有不可重复性与必然性，教育生活中的每一个瞬间、每一个事件都是与具体的人、时空、情境等教育元素相联系的，并且每一个因素都是在变化之中，因而教育实践不是一种程序性的操作或者是简单的技术性操作，它必然要求教师对特定的教育情境中的人或事及其问题有一定的认知与判断，理清问题的脉络，洞见实践中的问题，进而赋予其意义、价值与行动，这种实践无法避免地充满无数不确定性的智慧与道德的元素。

"在教师的教育实践中，'普遍的理念'、'哲学的思考'对于'在场'的教师来说，只能隐退为一种认知背景，凸显在前沿的是教师对教学事态的把握与当机立断，也即赫尔巴特所说的'健全的机智'。"①

作为实践智慧的主要体现者和承载者，教师的实践智慧是以教育经验为基础的，是基于个体的经验、感悟与反思，经过长期的对教育教学工作、教育情景、教育实践的偶然性与情境性的体察后而做出恰当的实践行动。应该说，它来自教育经验，但又远远高于教育经验，是一种洞察、感悟、审视教育实践及其过程的能力，更多地体现为"应当如何做"的行动，为此，它反映的是"行动中的知识"而非"理论知识"。这种行动中的"个人知识"不仅隐含着一种自我价值的确认，而且有对教育实践目的合理性的省思，它要求教师对教育实践有一种职业信念、足够的敏感性与理性的判断力，然后在实践中，综合教师个体的教育理念、价值观等多方面素质或能力，通过对自我经验的沉淀、升华以及理性的应用，自觉寻求教育实践的本质和事件的意义，最终体现为一种合理化的教育实践。

在现实的教育实践中，教师对教学的感知和在教学中的探究既不同于理论工作者的研究，又不同于技术工人的操作。教师知道教学是什么、为

---

① 鲍嵘. 论教师教学实践知识及其养成——兼谈教师专业发展的基础 [J]. 高等师范教育研究，2002（3）.

什么（的理论知识）和怎么做（的技术知识）并不直接影响教师在教学"临床"中正确的选择和智慧的行动。从教师的工作特性来看，他始终处于一个变动不居的教育教学实践情境中，他的行为与决策，并不仅仅是一个简单的理论或经验的问题，也不是纯粹的事实或技术的问题，而是一个实践的问题，即教师的知识特征是由他所处的实践事态所决定的，是针对具体教育情境中独特的教育问题所进行的探究，是具有时空性、时效性和个体性的。这类知识已成为教师完成其专业活动所必须具备的知识，每一位教师在教育教学实践中都自觉或不自觉地运用它来解决具体而实际的问题，并且在实践的教学活动中圆润地体现为一些知识形态、价值观念和智慧技能的总和。

第一节　教师实践性知识开发障碍及发掘途径

教育知识是教师处理教育教学问题的知识，"这些知识既可以来自教师自己个人经验的积累、领悟（直接经验），同行之间的交流、合作（间接经验），也可以来自对'理论性知识'的理解、运用和扩展"①。教师处于教学实践的事态之中，丰富的教育实践活动常常会迫使教师面对事实、独立思考，自己解决问题：这样的一堂课，这样的一篇课文，面对这样的一个学生，碰上了这样的一个突发事件，教师的问题不是简单地回答"是什么"或"应该怎么做"，而是"实际做了什么"或"此时—此地—怎么做"这样具体的行动性问题。为此，教学实践中教师所运用的知识更多地具有复杂性、丰富性、零散性，乃至经验性与常识性，它在教师的知识结构中占据极为重要的地位。

一、教师的实践性知识

日本学者佐藤学认为，教师的知识是一种实践性知识，是一种经验性知识。与许多教育学者运用的"理论性知识"相比，它缺乏逻辑性、严密性和普适性，更多地表现为一种多义的、模糊的、充满柔性的知识，是凭经验主动地建构、解释、易化现成的理论而形成的综合性知识。从这个意义上看，教师的实践性知识是基于教师的个人经验和个性特征，镶嵌在教

---

① 陈向明. 实践性知识：教师专业发展的知识基础［J］. 北京大学教育评论，2003（1）.

师日常的教育教学情境和行动中，并会对教育教学的效果及特性直接或间接产生影响的一种认知结构。具体体现在以下几点：

第一，教师的实践性知识是在实践中建构的。教师处于教学实践的事态之中，教学实践是一种"繁忙的日常事务"，这就意味着，实践场景是教师建构知识，以及生存和发展的根基。因此，教师的实践性知识带有个体性、情境性、缄默性的特征。①它是一种体现教师个人特征和教学智慧的知识，在很大程度上是个人化的知识。它出自教师个人的经验，是教师自己的体验与体悟，同时又服务于教师个人化的教学实践活动。所以，加拿大学者康内利等人把它称为"教师个人实践知识"①。②它是依存于有限情境下的经验性知识。与理论知识相比，它缺乏严密性和普适性，但极其具体生动，是一种鲜活的、功能灵活的知识。它汇集了教师无数琐碎的经验、常识与智慧火花，充满了创造性的、情感性的"悟"，教师的理性与非理性因素都会在这里"糅合"并"展现"，任何情境之外的人都是难以拥有和习得的。③它既作为显性知识，又作为隐性知识在发挥作用，更多的是教师的"缄默性知识"在发挥作用。波兰尼有关"缄默知识"的观点让我们对人类的知识有了新的认知，也为教师们认识自我知识与行为之间的关系找到了依据。教师实践性知识诞生于实际教学情境这一母体，影响其决策与行动的往往是内隐的认知。为此，尽管教师习惯了某种教学策略，甚至在不知不觉中发现了一种新策略，但他们并不善于把这些策略表达出来。教育实践中有这样一种较为普遍的现象：教学质量高、效果好的教师并不少，但能清晰说明为何教学质量好的教师却比较少。这其中有三方面原因：一是教师大多没有意识去建构自己的实践性知识；二是这种知识是零碎的，缺乏系统性；三是这类知识在运用中大多处于无意识状态。

第二，教师的实践性知识是根植于教师个体的教育观念。所谓个体的教育观念，是教师通过日常的理论学习、教育实践和生活所形成的有关教育的个体性看法，是教师对教育所赋予"我"的解说，它可以直接影响教师对某个教育问题的判断与行为。当然，这些观念有些是经过严密的思维加工的科学观念，是通过具体的专业理论学习并在教育实践中亲身体验和领悟的经验性知识；有些则是教师在日常生活中习得的朴素的教育观念，甚至包括教师所处的社会文化环境中有关教育的"习俗性的知识"。从某种意义上说，个体的教育观念是教师实践性知识的基础，两者相比，个体

---

① ［加］F. 迈克尔·康内利，［加］D. 琼·柯兰迪宁. 专业知识场景中的教师个人实践知识［J］. 何敏芳译. 华东师范大学学报（教育科学版），1996（2）.

教育观念是一种所倡导的理论（espoused theories），它是人们所思考、信奉并明白"应该如此的理论"；而实践性知识更倾向一种所用的理论（theories-in-use），[①] 它支配着教师的思想和行为，并且具体地反映在教师的教育教学行动之中。

教师的实践性知识，终究是以"我"为中心积累起来的。教师在教育实践中可能碰到大量的教育理论与所谓的"优秀经验"，但这些对于"我"来说未必是有意义的。因为理论与实践拥有的价值是一回事，而能否提升"我"的价值又是另一回事。"我"的实践性知识是以"我"为中心的，吸收外来的知识，并跟自身已有的知识混合、发酵，由此才浮现出对于"我"有意义的知识。因此，教师的实践性知识在动态生成与建构中，往往对那些支持自己信念的信息比较敏感，而忽略那些与自己信念相悖的信息。尽管它是通过课堂中的实践经验而不是依赖正规培训所授予的知识，也不如理论性知识那么系统、完整、显而易见，但它对教师的个体教育观念的形成、教育信息的接受都起着导向和过滤作用。因为观念是行动的倾向和行为的决定性因素，人类的知识总是包含着一种信仰、一种寄托，人只有相信某一类知识的合理性和可靠性，才会认可与接纳这类知识。

第三，教师的实践性知识具有强烈的实践感和行动性。教师的实践性知识是教师作为教育实践者发现和洞察自身的实践和经验的"意蕴"的活动。教师的生涯就是伴随其"实践性知识"的成长，并且享受"实践性知识"喜悦的生涯。教育是一种需要不断进行阐述性思考和行动的实践活动，教师在实践中通常需要用身体化的方式记录和记忆自己的经验，并通过行动唤起那些被储藏在身体里的知识。实践性知识建构于教学实践（in practice），又是关于实践的（on practice）和指向实践的（for practice）。教师作为教育实践的行动者，其真正的能动性知识只能体现在自己的行动之中。由于每个教师所处的教育环境和所要面对的教育对象是独特的，教育领域的专业知识和能力远不止已经被教育专家发现、归纳和格式化的，编码为各分支的教育科学知识，更丰富的知识和才能积聚在每一位教师的教学和教育经验中。教师可能会把普遍的原理运用到具体的教学中，也可能在行动之后得出新的规则。"只有通过知觉感觉到的才能体验到，而只有知觉到的才能被把握到。"因此，实践性知识并非单纯"技术理性"层面上的操作技能，它应该属于教师的一种"实践智慧"，主要关涉教师在教

---

① 陈振华. 解读教师个人教育知识［J］. 教育理论与实践，2003（21）.

学情境中如何处置所遇到的困境。而教育知识的获得只能由"我"在特定领域内完成任务的经验中去建构或创造。

二、教师实践性知识开发障碍

在我们的教学中常常有这种现象：一个看似热闹、互动的课堂最终又归结到教师的授受之中；师生之间的问答启发其实质是在步步落入教师事先设计好的"圈套"；现代教育想从传统教育的模式中走出似乎相当困难。令教师们困惑的是，他们仿佛已经理解了现代教育改革的理念，也想努力地改变自己的教育行为与模式，但最终仍在不知不觉中回到旧式窠臼。究其根源，在于人的任何有目的的行为都是受其知识系统所支配的。在教师的知识结构里，除了可言说、表达、意识的理性知识之外，应该还存在着另一种更深层次的、会直接影响行为的知识结构，即实践性知识，或者称其为缄默性知识。虽然在实际的教育教学活动中，教师的实践性知识得到承认并被广泛地运用，但它常常处于一种不自觉的边缘状态，因为难以被察觉、总结和提炼，并没有得到应有的重视。这种带有个体性和缄默性的知识特征成为开发上的障碍，同时也影响着教师实践智慧的生成，阻碍教师建构具有个人特点的专业知识结构，实际上已经成为教师专业发展的瓶颈。

我们必须意识到，教师在课堂教学过程中所表现出来的各种行为、态度、价值取向在很大程度上是受教师缄默的专业知识观念与教育价值观念及其有关教育活动的一些隐性、内在的观念所制约和控制的，并且将最终决定课堂教学的方向和效率。因为无论我们怎样肯定学生在学习中的地位，强调学生的主体性，我们仍然不能否认教师在教学中的作用，尤其是课堂教学，学生是需要在教师的引导下开展学习活动的。所以，如果教师不能很好地察觉到自身的实践性知识可能对教学活动产生的影响，或者说，不能用智慧的方式对自身的知识进行有意识的梳理、修正、整合，使它们之间很好地达成一致和内在的统一，不能通过自身在学习、教育中所获得的显性教育理论知识来不断显现、修正、反思、批判自己缄默的内隐的知识，使自己成为教育知识储存的"主人"和"向导"，这将直接导致教师的教育行为无法摆脱经验性与非理性，也将会使课堂教学重复徘徊在陈规陋习之中。

（一）课堂教学中的缄默，细微零星而不易察觉

"从某种意义上说，一个教师越能意识到自己的缄默知识对教学的制

约的存在，他就越能理性地开展教育教学活动；而反之，他就越容易陷入教育教学的惯性与习俗中而难以自拔。"① 但这类知识自身的特点使得我们常常注意不到它的存在，或者就把能表达、传递、意识到的显性知识作为个体知识的全部。因此，对其在教学活动中所产生的影响一直以来都缺乏必要的认识和反思，以致那些在教学活动中有益的实践性知识没能被好好地利用和发挥有效作用，而那些对教学活动不利的实践性知识也没有得到限制与克服。其实，课堂教学中这种缄默的知识无处不在，并且很强势地渗透在我们教师的教学价值观、学科教材知识和教学活动之中，或多或少会影响到教学行为、教学实践的导向和结果，这种缄默的知识特征所带来的负效应对教育教学的影响值得深刻地思考。

1. 教学价值观中的缄默知识

就教学的价值观来看，目前我国的基础教育把形成学生主动、健康发展的意识与能力作为核心的价值观，要转变以前那种单一的传递教科书上现成知识的做法。尽管绝大多数教师都在教育理念上接受过这个观念的熏陶，也觉得应该发展学生的主动性与各种能力，但在课堂教学中仍然摆脱不了"传递—接受—记忆—再现"的模式，学生的学习活动主要还是训练、适应、服从他人的思想与意志，完成认知性的任务，这依然是课堂教学的"唯一"任务。教师的要求就是讲清知识，设计相关的练习并提供标准答案。于是，有的教师借用、挪用非考试类科目课时，利用一切机会给学生做练习和讲解习题，甚至有教师因为学生做错题而罚学生抄数十遍的现象，这些现象比比皆是。这样一来，丰富复杂、非预期性的课堂教学就很容易被教师简化为"特殊的认识活动"，使得有生命的个体在课堂教学中的多种需要与潜在能力，以及"人—人"、"师—生"的对话交往中所碰撞出的思维火花、灵感创造都被掩盖与漠视。在教师的头脑里，"教学就是教书，就是教师教，学生学"。"教育就是教书；教书就是教知识；教知识就是考点。"这样简单的逻辑就成为一种普遍的教育现象。许多教师兢兢业业，倾其所能，把所有精力都倾注在强化学生掌握书本知识上，不敢有丝毫的懈怠。他们常常为学生学业成绩的点滴进步而欣慰，也为学生的厌学和毫无进步而焦虑，在他们看来，知识可以超越道德、审美、生活与行为，学生拥有知识自然也就拥有了一切。教师教学最根本的价值就体现在学生掌握了知识并顺利地升入高一级学校。这种缄默的知识在教师的头

---

① 石中英. 知识转型与教育改革 [M]. 北京：教育科学出版社，2001. 246.

脑里可能是根深蒂固的。波兰尼说过："缄默的知识是一种内在的行动，我们在很大程度上不能控制它或甚至都感觉不到它。"[①] 所以，要改变这种意识深处陈旧的观念，让课堂教学焕发激情，赋予生命的意义，可以说任重而道远。

2. 学科教材与缄默知识

教材与知识在课堂教学中都是"育人"的资源和手段。教师是通过传授学科知识来实现"育人"这一目的的，但知识对学生的价值不应该仅停留在此，更不能把学生看作仅为了掌握这些知识而存在的，教师的作用也不仅仅是教这些知识。知识在讲习研讨中所生成的资源是深厚的，学生可以从中获得各种各样关于自然、社会、道德、审美等方面的认识，感受、体悟自己与这个缤纷多彩的世界之间的交互、人与自然的和谐、人与人的互助，学会从不同的路径和独特的视角去思考问题、发现问题。教材、知识是一种极其丰富的课程资源，学生是可以从中获得多方面的滋养的。但教师缄默的学科认知往往使得课堂教学呈现为教"教材"，而不是用"教材"教。"我想听开花的声音。""雪融化后是春天。"儿童烂漫的想象散发着智慧的光亮，但教师的回答往往是冰冷的、唯一的、无情的，学生那瞬间的思想火花、主动精神和创造欲望就在教师这种经意或不经意的表露、评判中被压抑或磨灭。一切高尚与卑下、正确与错误、伟大与渺小、正义与邪恶在教师的头脑中早有定论；面对风雪中的梅花一定要抒发不畏严寒的伟大情怀，面对中秋圆月一定要想到香港、澳门回归或台湾统一；中途睡觉的兔子永远是骄傲的象征，不懈爬行的乌龟永远是执着的典范。

教师固有的缄默知识影响着学生对知识与教材的理解、掌握与形成。教"教材"不仅使教学变得刻板、知识变得枯燥、思维变得拘谨，而且学生在课堂中所获得的知识，很少能变成学生的缄默知识，绝大部分仅停留在学生显性的知识层面，仅仅是为了应付学校教育的各种检测与考查，而一旦学业完成自然也就遗忘和丢失。当我们的教育不能使所教的显性知识融入学生的缄默知识之中，成为他行为的"导向"，我们不得不感慨这是学校教育的失败。教师只是教了"教材"，关注的仅是字里行间的显性知识，而对生活的、缄默的知识缺乏链接，对教材内在的资源与价值的挖掘也不够深入，对自己的缄默知识、学生的缄默知识也缺少应有的认识。其实，波兰尼在研究缄默知识时就已经提到了它在教学中的作用。他明确指

---

① Polanyi, M.. *The Tacit Dimension*. London：Routledge & Kegan Paul, c1966, p. 4.

出显性知识是通过课堂教学传递的，而这些显性知识的传递只有通过个人的缄默知识的应用、帮助才能获得成功。教师应该意识到课堂教学中存在大量的缄默知识，帮助学生掌握大量的缄默的认识信念、概念、框架、方法是非常有必要的，当然，教师首先应该主动地批判、重建自己的缄默知识。

3. 教学活动中存在的缄默知识

"人们所有有目的的实践行为都是受知识支配的，或者说，是由知识所建构的。一种有目的的实践行为背后就有一套系统知识基础的存在。不存在没有任何知识基础的有目的的实践行为。"① 就目前教师在课堂教学中的行为，从教学的步骤进程到问题的设计提问，似乎都极难打破传统的课堂教学的框架。也有教师设计了场景，但看似互动的课堂，并非为了引起学生思维的冲突，达到积极探究的要求，而仅仅是一个"圈套"或"程式"，目的是让学生沿着教师既定的方案接近目标。甚至在许多教师手里运用的多媒体手段，也仅仅是为了"用"而用，充其量也只不过是为了增加课堂教学手段的多样性，仅仅是取代了挂小黑板与粉笔的板书而已，学生仍然是为了接受知识而存在的客体，所有的活动、回答，都是为了配合教师的教，达到预设的目的，每一个环节、每一个步骤都在教师的控制之下。在"对不对"、"好不好"的回答声中，教师关注的只是课堂教学能否顺利地进行下去，而非真正的互动。

课堂教学过程是错综复杂的。在这快速而紧张的运转环境中，教师往往很难清楚地意识到发生的一切细节，有很多的问题就被缄默了，如性别歧视。许多研究表明：在与教师的互动中，男生的机会比女生要多得多，其中的差别大到就纪律交换意见，小到教学内容的交流。而且，在不同学科里，教师对待男女生的态度与期望都是不同的。阅读科目，女生和教师的接触较多，而数理化科目，教师更偏爱的是男生，甚至连微笑与期望都自觉地投向男生。随着年级的上升，这种倾向尤为明显。在座位的编排上，受教师宠爱的学生的座位总是离教师较近，而受教师排斥的学生一般坐在边远的位置。教师的视线总是在一个以教师为中心的半圆之内，教师会把微笑、关注与要求分配给他们，进行目光上的交流与语言上的对话，而其余的就是课堂教学的"盲点"和"死角"了。许多教师倾向于频繁地让那些聪明能干的学生回答问题。当优生回答正确时，他们极有可能得到

① 石中英. 知识转型与教育改革 [M]. 北京：教育科学出版社，2001. 246.

表扬，而差生不仅回答问题的机会少，而且正确率也低，因而受表扬的概率相对偏低，而且在回答错误时往往会受到批评。更有甚者，当优生与差生回答不出或答错问题时，教师更愿意帮助优生，如提供线索、重复提问、问一些简单的问题等。诸如此类的一些课堂教学中的问题处理，它们都涉及教师缄默的知识观念，在非意识的状态下自然表露。教师的理性与责任需要从反思中不断得以重构和创造。

（二）处于专业化知识的边缘，"上不了学术台面"

一直以来，教师从实践中获得的知识被看作是经验性的、偶然的，因为它没有理论性知识那么系统、严谨、外显化，也不如程序性知识讲究操作性、程序化，所以被认为仅是一种经验，也就"上不了学术台面"，缺乏对其有效的发掘与认可，一直没有被利用于专业建设。从知识的价值观来看，知道什么（know-what）、知道为什么（know-why）、知道怎么做（know-how），这些陈述性知识、程序性知识和科学技术知识是抽象的、普遍化的，可以放之四海而皆准，是属于被认可、有价值的知识。而教师的实践性知识属于个人知识，是零散的、隐性的，是个体在特定的场景里，面对特定的学生，运用特定的背景知识而产生的。它与个人的决策、信念有关，与个人的经验、推论相连。而且，在高度分工的社会里，know-who的知识包含着特定的社会关系的形成。关于"谁在做此事"、"谁知道此事"的知识变得异常重要，科层体制使得教师的实践性知识一直没有被视为"有价值的知识"，因为不被认可而无法参与学术交流，也因为不易提取而无法推而广之。所以，在今天强调教师专业成长的语境里，我们仍然难以看到这类知识的踪影，即使在中小学教师学术研讨和论文撰写中，关于教师在教学临场的感悟、对教学问题的觉察、方案的寻找、反思的线索等宝贵的思维火花都被轻易地熄灭，换上了流行的学术术语，从而完全被湮没在僵化呆板的专业化知识语境之中。

（三）拘泥于一种独特的知识形式，在提取与"移植"上有相当的难度

教师的实践性知识在很大程度上是不能以语言的方式加以传递和陈述的。因此，它是否可以教（学）、如何教（学）就显得相当困难与复杂了。一般情况下，它呈内隐状态，只能在行动中展现、被觉察，所以，它的隐蔽性、非系统性和缄默性特征使得它很难被把握。有不少教师一辈子都未能将自己独特的教育知识用文字、语言表达出来，很多优秀教师尤其是一些特级教师，他们拥有丰富的实践性知识，有着很强的专业判断能力和良好的理解能力，对教学过程的控制非常有效，对学生需求的把握相当到

位，能够出色地完成教学任务，不少人在羡慕其高超的专业素养的同时试图将其教学风格"移植"到自己的课堂中来。遗憾的是，这种专业圆润的境地是不可以直接被模仿或学习的。可见，教师的实践性知识是一种非常具有深度的知识形态，它是教师体验教育世界、建构教育意义的结果。要获得丰富的实践性知识，只能躬行于实践，在实践中多体验、感悟和反思，才能获得这种实践智慧。

我们从一位教师的教学日志上，来看他对教习学生写作的一些个人化的教学规则：①

我从来不把写日记当作作业布置给学生，从来不硬性规定写这写那，而是给他们创造自由的环境，鼓励他们真实地表达。我总是积极与学生交流并鼓励他们，帮助他们获得"我能写好"的自信。

……当了教师之后，我常让学生写日记。要求不高，真实通顺而已。一开始，有一部分孩子不太会写，我就经常将写得较好的日记读给学生们听。既是一种鼓励，又是一种示范。小学生的模仿能力很强，所以不多久，会写的孩子越来越多，写得好的孩子也越来越多。我还鼓动同事，让他们也去尝试，结果收效甚好。……

……让小学生记日记最主要的好处应该是使他们学会真实地写作并尽可能持久地保存一颗纯真、自然的心灵。为了得到这个好处，我们不能把写日记当作作业布置给学生，而应该引导他们明白这是一种普通的生活需要。不要去硬性规定今天写这个，明天写那个，就让学生自由地写。我们应该相信孩子有选择材料的能力，他们的观察视角也许更独特。我们要做的，是不断鼓励和经常交流。通过鼓励让学生都获得"我能写好"的自信，让他们感受到老师关注着每位同学的生活、思想。利用交流，帮助每个学生掌握通畅地叙述的能力，使他们彼此更了解、更亲近。利用交流，可以在教室里营造一种因为真实而感动、而欢乐的氛围。有了这样的氛围，学生得到的，就不只是写好日记的本领了。

可见，这是这位教师在教习学生写日记的过程中具体而有效的方式，这种方式包容了教师本人对教学的理解和对学生的关注。在实践教学中通过不作硬性规定、创造自由环境、鼓励学生真实地表达、积极与学生交流

---

① 姜美玲. 教师实践性知识研究［D］. 华东师范大学博士学位论文，2006.

等几条不同的教学规则来表达出来，它隐藏在教师的日常课堂教学的惯例和操作之中，却很少被教师清晰梳理或通过语言文字的方式来进行交流和表达。教师的实践性知识是一种融合渗透在他个人的课堂教学过程中而"未阐明的规则"（non-articulated rules）。

三、教师实践性知识的开发途径

虽然教育理论界不断在建构新的教育理论与原理，但都不能完全有效地指导纷繁复杂的教育教学活动。强调教师的专业成熟，不仅要有理论性知识的参与，而且要有教师实践性知识的支持。因为实践性知识具有强大的价值导向和行为规范功能，它影响着教师对理论性知识的学习和运用，指导甚至决定着教师的日常教育教学行为，它是教师从事教育教学工作不可缺少的重要保障。目前教育实践领域的重点已经落到教师发展中的实践取向上来，同时很多教师也意识到，教师仅有"临床性"的技巧，即vocational，而缺少"前临床"的理论和观念的支持，即 academic，教师职业是很难成为一种 professional 职业的，教师个体也很难实现真正意义上的专业成长和专业智慧。为此，无论是在观念上还是在教师教育的实际操作层面，关注教师实践性知识的存在及积极有效地发掘，有意识地帮助教师认识、提取和梳理蕴含在日常工作中的教学信念、行为和活动过程的各种观点，在日常的教学实践中借助于教育行动研究过程的问题提出、归因、措施与行动、评估与反思等手段，让教师学会把"前临床"的理论知识和"临床性"的实践性知识结合在一起，这有助于提高教师的专业敏感性和解决实际问题的能力，养成良好的专业反思的习惯。只有躬行于实践、立足于行动，在实践中多体验、多感悟，在行动中多反思、多提炼，才能获得这种基于知识的实践智慧。

（一）教育行动研究使实践性知识得以生产与建构

教师在实践中面临的问题是具体的、特定的，因此对教育教学过程的感知也是独特的。从逻辑上看，它既不是演绎也不是归纳。在教育教学过程中，教师根据自己的背景知识，就具体的教育问题提出自己探索性的解决方法，直到取得满意的结果，从而获得对教育活动的认识。这种探索与实践几乎是同一的，这里的"知识"就是由"探索"、"求知"、"产知（生产知识）"所引发的，知识在这里是一个动态的生产过程。教师在行动中考察、探索、反思，教师的知识蕴含在如何做的过程中。在这种教育行动中，教师可以验证某种理论假设的可行性，也可以直接将自己的新观点转化为教学活动，他们在每天处理大量的实践问题中渐渐地形成了不少的教学技能和策略，不断地改变着自己的认知方式，使之越来越分化、越来越完善，并利用丰富的策略解读并展开恰当的教学活动。

由于教育实践受应试化教育目的的影响，教师的实践活动变得越来越技术化、机械化，个体对教育意义阐释的空间已经被挤压得非常狭小，现实的要求使得教师越来越丧失了创造的意愿。教师在追求专业自主和专业成就的过程中更多地表现为对"如何做"的追随上，而不去琢磨"为什么"，自然就无法摆脱"操作工"、"技师"的工具定位，只能成为"技术型"教师，他的行为会因缺少教育理论的支持而变得盲目、武断或生搬硬套，"可以模仿教学实践，但不能解释这些教学实践背后的原理或理念，因为他们所学的只是教学的方法，而不是教学的原理"①。这样的教师很难体会到实践智慧的快乐和可持续发展的可能。当然，如果仅有教育理论知识的学习、传授，而缺少实际的"田野经验"的支持，也很难形成认知上的联系、情感上的共鸣，而对所学的教育理论只能一知半解甚至惑而不解，那就更谈不上要将之运用于具体的教学实践了。这是因为实践性知识就是在"试误"中建构、在"探索"中生成的。这种尝试和生发往往是教师先发现问题所在，找出问题的原因并制定可能解决问题的措施、方案，然后开展实践，最后通过反馈结果，决定是否在以后的教学中继续应用这种策略。应该说，这种行动研究的过程就是教师实践性知识生产的过程。当这种过程日益系统化，并得到明晰组织，它就能为教师实践性知识的建构提供大量的或隐或显的原始资料，提供一种重新回顾、分析和评价各种经验的文本，它是建构和重新建构自己的教育观念和教育实践智慧的基础。

（二）实践反思使实践性知识得以深化与显现

在现代社会里，知识呈现出较大的多元性。可以肯定的是，教育知识的生产与垄断者并非全是专业的教育研究者，千百年来教师也在生产和使用着他们自己沉淀与积累的教育经验，尽管这种知识本身大多没有被人们意识或认识到，但随着自觉的经验总结在教师教育实践中的逐渐流行，人类的经验性教育知识也就日益丰富起来了，人们也在不同的地方以各种方式传承、生产、总结和积累着各种"实用的"教育知识。与此同时，各个教师还在自己的课堂教学中形成了或多或少的缄默性知识，这些难以用言

---

① Dewey, J.. The Relation of Theory to Practice in Education. In Achambault. R （Eds.）. *John Dewey on Education: Selected Readings*. Chicago: The University of Chicago Press, 1964, P. 101.

语的形式表达的实践经验，大多的确能够解决"如何教"的问题。当教师在实践中不断反思自我的认知结构时，那些他们习以为常的、行之有效的或从未察觉的知识框架和观念价值渐渐清晰起来，并且他们在这样的解释性框架中开始思考和重新建构自我的实践性知识，无论是行之有效的显性知识还是并不熟悉的"缄默的知识"，终究会进入教师的课堂并成为教师们有效地判断和改进教学的行为方式。所以，实践反思不仅是诊治具体教育情境问题的重要手段，同时也是教师实践性知识深化并得以提取的有效途径。

一个教师对自己的教育教学生活的实践反思：[①]

前两天，高老师把我这学期上的《巴西咖啡》刻成光碟，我回家看的时候先生也在一边观摩。刚看了一点开头，他就开始发表观点："我觉得你这个课有问题，整个过程显得太热闹，太流畅。"我当即反驳："那是因为我的设计合乎学生的学习规律，更何况课堂伊始就不放松不热闹的话，这种公开课怎么继续？"没等我说完，先生马上接口："要你说的正是设计，我就是觉得你的课技术穿凿的味道太浓。在你的引导下，学生就好像接口令一样，没有思考，没有酝酿，没有沉思，没有品味。你们教的是母语，又不是英语九百句。像李阳那样，张口说，疯狂说！……"一口气四个没有，还搬出李阳，甚至还搬出古代的私塾教学。虽然我当时回敬他的是："你又不搞教学，你不懂教学。"可回头想想，这个不懂教学的人提出的正是我这段时间在思考的一个问题：语文课堂教学中技术的切割和语言作为艺术的整体圆融之间的关系。

回头看我最初的课堂教学就是教教材，面对一篇课文，总觉得这个反义词要讲，那个破折号的作用要讲，还有边上的那个反问句，下面一小节的过渡句，什么都不敢放弃，因为我们要考。于是一堂课就是一个菜篮子，萝卜青菜鱼肉虾，五蔬俱全。同时，一篇课文也已经被我的讲解切割得支离破碎。我一直不吃肉糜制作的菜肴，因为我认为肉糜是肉最下贱的状态。这样的课又何尝不是？！

后来知道，教材只是一个例子，要学会利用教材。根据教材的实际，依据学生的情况，把课文的某一部分、某一环节为我所用，借此训练学生听说读写的能力，做到用教材教。《巴西咖啡》的教学就是典型的例子。

① 姜美玲. 教师实践性知识研究［D］. 华东师范大学博士学位论文，2006.

课文前半部分用一个句式"咖啡在巴西人的生活中占有很重要的地位，_____。"训练学生说的能力，同时了解课文内容。后半部分让学生分组学习网站中《巴西咖啡的来历》一文的写法，根据网站提供的资料写一个小片断，训练学生有顺序地写作的能力。

我当时认为，这种处理课文设计教学的思路是一种可以反复运用的模式。

后来，我就尝试着用这种大问题统领训练学生听说读写能力的方式设计了很多课文的教学。

上完《堵车》之后我自己感觉不错。可是，当课后讨论的时候，我突然发觉：这样上课，还只停留在技术层面上，学生能从语言文字中有所感悟和体会，说得也头头是道，甚至能够自己来解构文章，学会自我学习。可总感觉少了点什么，无论是我的讲还是学生的说，都是隔岸观火，隔靴搔痒。我的课堂少了什么呢——气场！一种环绕在整个课堂上空的气场。学生理解了文字，却没有进入文字。这好像不是设计技术能够解决的。

由此，我开始思考。

思考之一：大问题的统领是不是还是技术的切割，只不过是庖丁解牛似的高明切割。

那么，这样做了之后是不是真像那位屠夫那样，眼里看到已经不是整牛，而是牛的零部件了呢？那么，经过解剖之后，还有文章整体意境而产生的熏陶感染吗？

能否摒弃那些技术痕迹非常明显的切割设计而使课堂行进在文字本身营造的韵味之中？所谓大象无形，大音希声。当老师的底蕴到达一定的程度的时候，课堂是否真会像武侠小说中说的：见招拆招，无招胜有招？

这样，我们从目的来看。我想：我们的语文课堂的确要培养学生的表达能力。但我们同时也应该清楚，我们不可能把学生都培养成作家，但是我们一定要让学生学会欣赏、学会品味，学会从人类丰富的精神遗产中汲取营养并且时刻保持这种汲取的兴致。

打个不太恰当的比喻，西方现代医学是建立在解剖学的基础上的精准技术。而古老的中医讲究的经络啊、气啊什么的却以整体圆融的神秘吸引人。而前者的问题是头痛医头脚痛医脚，后者的中药在被很多人追捧的同时，又因为不去除造成副作用的成分，通不过药检而被一些人说成是伪科学的巫医的草药。

能不能这样，我用中医的思想方法来养生，生病了去医院接受现代医学的治疗。那么也就是说，我用唯美的文章来培养学生的鉴赏能力和欣赏兴趣，我用知识性的文章来锻炼学生的表达。

前一种，我在自己的课堂里已经有试验，也有一些成功的体验；可是后一种，对我来说还是要细细揣摩的新领域。

思考之二：课堂中应该有默想，保证学生有充足的思考时间和空间。

有了平静外象下思维的暗流涌动，之后才会绽放出思维之花，生成出思想的果实。回忆我自己的阅读过程，总是先默读感悟整体，再融入自己的经验和思考，产生共鸣。很多时候这种共鸣是朦胧的，暂时还没有形成文字流的表达方式。如果这段文字让我的共鸣特别强烈，我就会不由自主地读出声来，这里的朗读已经有了我自己个性化的理解，是我被文字感动之后的自然而然的情感宣泄。有时还会忍不住地进行评价，并向别人介绍，有条件甚至共同讨论。

那么，让学生学习课文的时候，是否也应该遵循这样的规律？教师要给学生这样的一个"感悟"过程，引导学生真正经历与文本对话的全过程，让他们把阅读材料跟自己的生活经验相融合，再外化为表达。教师也要给予学生充足的思考空间，好的课堂不应该只有"热闹"，还应有"沉默"，一种"此时无声胜有声"的沉默，这时的教师要保持一种耐心的等待——维持着一种期望的、开放的和信任的气氛，为孩子自己的认识和成长留下空间。

思考之三：课堂中需要关注学生，时刻向学生传达爱的信息。

在语文课堂上，最令我心动的场景就是学生抑扬顿挫的朗读、明亮闪动的眼神以及由文本生发出来的富有个性的阐述，这是学生对文本的个性化的解读，他们用自己的经验世界和理解方式去阐释着文本。这是天然的由"内"而"外"的精神表达。

而要出现这样的场景，就需要教师在走进课堂之前就思考儿童的习、知规律，依循这些规律来组织课堂。只有尊重孩子的心理自由，尊重他们的观察，尊重他们的体验，尊重他们的审美差异，这样才能取得孩子们内心的认同，才能在他们身上达到预期的教学效果。

前两天看加拿大马克斯·范梅南的《教学机智——教育智慧的意蕴》一书，书中有一个例子吸引了我：

本生日那天得到了一辆自行车。那天，本爬上自行车，爸爸手扶着坐垫在旁边推着。本很快就掌握了方向盘的诀窍，但是平衡还不好。爸爸在一旁跑着，以防万一。第二天，令爸爸宽慰的是，这也不需要了。本现在可以独自骑车了，爸爸只在一旁看着。过了一会儿，连这也不需要了。本现在可以和爸爸一块儿溜车了，现在他们俩都从他们共同的活动中得到了不同但仍然是分享的惬意。

最初让我注意这个例子是因为这整个过程正好契合了我想让学生经历的学习过程。但最后真正让我着迷的是最后一句：本现在可以和爸爸一块儿溜车了，现在他们俩都从他们共同的活动中得到了不同但仍然是分享的惬意。本应如此，教者从教的过程中享受惬意，学者从学的活动中体验快乐，我们和学生在各自的追求中体验过程的愉悦。

在上述的反思中，教师对语文教学的技艺与目标之间的关系思考变得富有启示，"我用唯美的文章来培养学生的鉴赏能力和欣赏兴趣，我用知识性的文章来锻炼学生的表达"；同时，她也对自己的语文课堂教学作了更深刻的思考，"这样上课，还只停留在技术层面上"，"课堂中应该有默想"，追求语言作为艺术的整体圆融和意境正是语文教学的本真旨意，因为语文教学的目标不仅要让学生学会表达，还要引导学生学会品味语言文字所营造的境界和韵味。

教师实践性知识会从过去的知识理论、实践经验和其他的学习资源中有意或无意地获取、积累，从而形成、组成一些带有个体独特性的表征形式，影响和支配着教师的教育教学实践。实践性知识作为专业成长的催化剂，教师应该懂得建构学习和发展的方式。

1. 增设对教师实践性知识开发、交流的渠道与平台

教师实践性知识是一种极为复杂的知识形式，它介于理论与实践之间，既包含智慧技能又关涉态度情感，与直觉、顿悟相连，也是一种可习得的性能（capability）。因此，无论是师资培训还是教师专业的自主发展，都应该关注对实践性知识的开发与交流。传统的以技术理性的教育理论—实践观为背景、以课程为基础、以知识讲授为特征的在职教师教育效果远非理想，因其学到的知识都是作为外在于个人的异己之物，与教师当前的、现实的工作、生活情境与需要缺少关联，无法融入个体内心深处的认知结构，因此也就不能真正转化为个体内在的心智模式中的有机组成部分，甚至造成了现实中教师口是"行"非的现象。为此，教师教育应尽量提供交流对话的平台，鼓励教师进行诸如案例研究、教学叙事研究、反思日记以及教育教学论文的撰写等，引导教师主动剖析自己关于教育教学的真实想法，彰显个体的实践性知识和实践智慧，引发其对教育教学实践活动的积极思考，在交流与对话中调整和提升自己的实践性知识。

2. 创建研究共同体

拥有不同的教龄、阅历和个人能力的教师的实践性知识带有个体性，

使得教师所拥有的实践性知识存在一定差异。教师面对实践情境的混沌性、孤独与焦虑，难免会受到来自研究者的指手画脚的"教学研究"框架的束缚，屈从于权威话语。要改变这种局面，教师需要确立起研究主体的意识，确立起同研究者平等对话的环境，最终形成"研究共同体"。同时，研究共同体还可以把拥有不同资历的教师组织在一起，探讨他们感兴趣的教育问题，交换彼此的经验、困惑与想法，共同分享解决问题的策略与方案。每一位教师都可以在同伴的帮助下尝试分析蕴含在自己实践中的信念、假设和各种视之为当然的观点，审视自己的行为及思想生成环境，这将会增强教师的专业自主性和专业智慧，使教师的专业实践处于更多的理性的自我控制之下，保持一种动态、开放、持续的专业发展状态。

当教师自觉地以反思的姿态追求个人实践的合理化、理性化时，在他身上也会产生专业智慧或知识。这种实践智慧或实践性知识是一种在具体的场景下，对独特的教育问题进行探究的结果，具有无限的开放性。"与机械模仿相比，它更加系统、明朗，更具有批判反思的可能；与外在理论相比，它具有更强的亲和力，更能为他们带来稳定感和安全感，因而也更具持久发展和自我生发的可能性。"① 教师只有以这种知识为基础，才能意识到自己的理智力量，在自我专业的发展空间言说自己的知识，享受知识创造所带来的惊喜，体验专业自主中的价值愉悦；也只有以实践、行动、反思为途径，不断地显现、修正教师的实践性知识，使其对实践智慧具有更强有力的呈现度和取向，才能使教师职业体现出它的独特性和不可替代性，成为真正意义上的 professional。

第二节　智慧何以行走在教育的边缘

一直以来，教育都被认作是一种培养人的社会活动，通过知识促进人的智慧发展。人们渴望通过教育的手段，获得独立的人格、自由的心灵和高质量的生存方式。然而，遗憾的是，审视当前的教育现实，所盛行的是实用主义和功利性趋势，以知识为核心价值观的教育实践更多的趋向是"哪些知识可能考核"，关注的是知识的实用和储存，而智慧的教育正在渐行渐远，这也导致人们即便拥有了知识也少了些智慧，"有知识而没文

---

① 陈向明. 实践性知识：教师专业发展的知识基础［J］. 北京大学教育评论，2003（1）.

化"，教育本该具备的智慧品性已不再清晰，也不再被人们所追求，智慧以一种稀缺而孤独的方式徘徊在教育的边缘。

一、智慧的教育意蕴

智慧是教育的一种内在的品质、状态和境界。教育的真谛在于引导人智慧的生长，在于将知识转化为智慧，使文化积淀为人格。人类早期的教育就孕育着一种引导人智慧成长、促进人自由发展的原生性特质。古希腊的哲学家一直把知识看作智慧的化身，强调知识教育即为智慧教育。如亚里士多德认为"智慧就是有关某些原理与原因的知识"①。柏拉图给智慧下的定义是："智慧是使人完善化者。"② 罗素则认为智慧主要是指人的求知好奇心和求知能力。洛克对智慧的理解是："它使得一个人能干并有远，能很好地处理他的事务，并对事务专心致志。"③ 在社会生活中，智慧是一个内涵丰富的整体，站在不同的角度理解智慧会有不同的理解取向：在心理学层面上，智慧是"intelligence"，是指人的聪明才智，智力发达，思维有创造力，能够解决认识上的问题等；在社会学意义上，智慧是"sensibleness"，强调人在日常社会生活中是敏感的、明智的，其思想和行为是切合实际和有实效的；而从哲学的角度来说，智慧是"wisdom"，是指人在世界观、价值观和人生观等方面所具有的德性、学问、才智、明识等，人自由自觉的特性和主体充分的发展。而站在教育学的立场来看，智慧反映的则是人类的一种态度和一种立场。这种态度和立场与生命有关，是建立在对人类生活、生命发展的体悟与透彻理解的基础上的，要追寻的是生命发展的可能性和丰富性，关注的是教育生活中教师和学生这一特定群体的生命状态，以及如何促使他人和自我生命成长与发展的人文关怀。

由此可见，智慧不是单一的认知范畴或才智表现，而是"人特有的一种复杂机能，是人的灵性的集中体现"。它既是人们运用知识、经验、能力、技巧解决实际问题和困难的表现，也是人们对历史和现实中个人生存、发展状态的积极审视、观照和洞察。它既指向人的自由本质，又指向人的实践能力和生存方式。而教育是一种通过知识促进人的智慧发展，培育人的智慧品质和提升人的智慧力量的活动。教育的真谛在于引导人的智慧生活，在于将自然、社会和他人的经验转化为个体的智慧。由此，教育

---

① ［古希腊］亚里士多德. 形而上学［M］. 吴寿彭译. 北京：商务印书馆，1959. 2～3.
② ［意］维柯. 新科学（上册）［M］. 朱光潜译. 北京：商务印书馆，1989. 174.
③ ［英］洛克. 教育漫话［M］. 傅任敢译. 北京：教育科学出版社，1999. 9.

自然也必然地具有智慧性格。这种智慧性格特征是以促进人的自由自觉地发展为根本的，能促进人的创造性的有机生长。在教育活动中，知识和智慧就如同教育的"形"与"神"的关系。"求知"是教育的表现形态和样式，而"达智"是教育的灵魂与精髓，是教育所独有的性格特征及魅力。因此可以说，知识是教育的一种载体，教育是通过传授知识的方式来达成目的的，智慧是教育的内涵，教育要给予人智慧的能量，用智慧来点亮人生的未来。所以，智慧是一种才识、品性和涵养，它体现的是人对世界与万象博大圆融的理解与彻悟，尽管它的作用意义未必能够指导具体的物质操作或社会操作，却能够指导人们的价值取舍。在人类教育的进程中，更多地体现为思想与实践的合一以及生命与意义的统一。倘使用语言来表达智慧，这该是一种"元语言"特质，犹如孔子、庄子、苏格拉底和海德格尔所表达的微言大义，更多地体现主体的行为选择和处世态度，或体现为一种境界。

在教育越来越发达的今天，虽然我们并不缺先进的教学方法和教学设备，也不缺少教育思想和教育著作，但唯独缺少有智慧的教育。缺少那种饱含对生命的终极关怀，对人的自由、公正和生存尊严以人文关怀的教育。哲学、宗教、文学、艺术都不应该屈居于教育的边缘，人类教育急需思想和信念的指引，需要真正远见卓识的大智慧。因为智慧与思想不仅是个人生活的必要条件，也是引导人类教育去伪存真与健康发展的必要条件。

二、智慧何以行走在教育的边缘

长期以来，在教育中人们关注教育质量多于生命智慧。怀特海指出："教育是教人掌握如何运用知识的艺术。"① 然而，在习俗的教育生活里，由于儿童以纯粹的知识学习为主以及被过度地看护、管制和规训，他们旺盛的生命活力以及智慧的自由成长逐渐变得被动与僵化，使得获取的知识与心灵的需要相分离，潜在智慧的成长被遮蔽。反观我们当今的教育实践就会发现，我们的教育已经开始偏离了它的应有之义，存在着大量背弃智慧的教育现象，这些现象已经在一定程度上异化了教育的本质。

（一）教育对知识技能的过度关注，忽视主体智慧的生存与表达

教育的本质是促进儿童的成长和发展，这是一种顺应自然的、和谐

---

① ［英］怀特海．教育的目的［M］．徐汝舟译．北京：生活·读书·新知三联书店，2002.8.

的、可持续的成长和发展，是生命本真的延伸。然而，长期以来，我们的教育却认为只要给予学生一定的知识和技能，知识就会转变为智慧，学生就会成长，就会获得幸福。"由于中国久有知、智可分可不分的传统用法，以致'智育'一词常常掩盖了陶冶智慧与传授知识的区别，从而造成一种错觉，以为只要有'智育'，就不乏智慧，只要有知识传授就算有了'智育'。"① 而事实上，日常学校教育中书声琅琅、秩序井然的表象，往往掩盖了学生思维的贫乏、思想的贫困以及才智的消磨。过于强调知识本身的价值而忽视了对学生思想的建构和情感的陶冶，过分强调知识的公共性、权威性而忽视其个体性与生成性，使得学生在那些纯粹的、外在的知识面前逐渐地丧失了个体意识、独立人格和自由精神，公共的知识不仅没有内化为他们个人的智慧，外化为他们的实践经验和力量，反而成了他们的思想包袱或精神负担。对许多学生而言，知识只是一种巨大的外部压力，而非个人成长的精神动力，他们并没有感受到知识带来的智慧生长。

教育上的这种"唯智主义"和技术理性的影响，造成学校教育过分重视理性知识的传播，重视学生概念、推理和逻辑的培养与形成，而学生生命成长的真谛则被忽视，学生在不断增加的繁重的知识学习的压力下越来越难体验到智慧成长的快乐和教育应有的幸福感。整个教育被看作一个生产车间，学生被产品化，教师的工作被日益要求规范化，教师和学生的主要体验被忽视，教育的过程性成果也被漠视，智慧被淡化。然而生命之真谛恰恰在于可以亲自去直觉、体验内在情感的冲动和意念的萌发。人的生命本质在于一种"诗意的栖居"。

（二）教育主体价值理性的迷失，导致人的身心疲惫

在这个越来越知识化、信息化与追求创新的时代，教育也越来越工具化、功利化，甚至世俗化。为了满足不断增长的生存需要，教育不仅可以忽视人的身心健康与快乐，甚至可以以牺牲人的身心健康和快乐为代价，换取所谓的"成功"、"成就"，如表面的学业、职业成功等。在追求这些所谓的"成功与成就"中，教育主体的价值信仰处于失落的状态，我们培养出来的学生也仅是具有一些知识和技能而不具有价值向度的缺少生命活力的个体，学生们不再关注自己的内心精神世界，教育也变成了"外在于人的活动"。教育主体在追求一些功利性的事物中不仅整日繁忙，身心疲惫，而且也忘记或忽视了自我的精神诉求、价值信仰、德性修为与人格完

---

① 陈桂生. 也谈有智慧的教育 [J]. 教育参考, 2001 (5).

善。在功名利禄的"光环"下，价值理性在迷失，精神与德性变得暗淡无光，宽容、善良、正义、信仰等日渐远离人的世俗生活。

其实，生活的主流价值在于不断地促使人去求知、探索、发现和创造，生活的过程意味着人生智慧的不断累积、沉淀与升华。追求幸福生活最需要的是人的各种智慧，因为只有拥有了智慧才能从容地应对各种困境、矛盾、复杂的境遇、事物的多样性和挑战性。因此，生活对于智慧的诉求需要折射到教育中来，成为教育意义和教育制度的一个有机部分。教育必须尽快回到关注人可持续的、和谐的发展的轨道上来。事实上，教育本身就是一种培养人主体独立的生活经验与能力、提高人的生活质量和实现人的生命意义的活动。

(三) 教育实践中唯结果论，导致人的多方面能力发展受阻

目前的中小学教育，基本上还是一种基于结果的教育。中考、高考在教育实践中仍无法撼动其地位和影响力。对学生学习活动的评价已完全聚焦为对学业成绩的评价，对教师工作业绩的评价也完全聚焦到学生的学业发展上，教师和学生在教育过程中已被人为地框定了行为范围和方向，帮助学生参加考试是所有学生和教师的唯一的教育需求，而其他任何不适宜的发展需要和欲望仅被视为点缀品。这种唯结果论的教育模式，不可避免地忽视了人发展的多样性和差异性，使教育走向单一和机械，使原本应该是和谐、自由发展的人，异化为畸形、僵化发展的人。这显然与素质教育、智慧教育、幸福教育的价值理念格格不入。

学习本是一种充满灵性的活动，感悟、体会、见识等是学习的基本要素，但许多学校的教育实践却背弃了学习的本意，视学习为简单、机械、重复的练习。没有灵性的学习也就丧失了学习内在的兴趣和价值。教育是人自我建构的实践活动，需要启发智慧，给心灵以向真、善、美发展的引力和空间。人受教育的过程不仅仅是掌握系统的符号化知识，还应该包括从符号生命转向实践生命的进程。教育原本就是一种生活和实践方式，人的生命智慧、实践智慧只能在实践活动之中展开。而在习俗的教育中，许多受教育者并不是真正的活动者。他们在课堂上只是"静听者"，在思想上只是"服从者"，他们不能自觉地成为学习的主体，故他们所拥有的知识只能是文本符号，而无法转化为实践智慧。

三、教育视角中的智慧追寻

对生命的关怀和体悟是教育思考的原点，"教育（学）是研究如何增

进人类智慧的学问"，是一种"爱生命的智慧"，这种站在教育的立场对生命的体悟和理解是与其他学科不同的。因为教育实践中的生命特指处在"教育关系"中的生命，是具有高度可塑性、生成性、主动性和未来性的生命。教育视角的智慧就是对这些教育关系中的人的生命价值的反思与追究。

教育因人的生命而发生已成为一种共识，教育只有服务于生命才有价值。因此，一种教育活动是否合理，"基本的尺度是看它有没有体现对生命的尊重和关爱，有没有使每个身处教育世界中的生命都焕发了生命活力，有没有使生命的能量通过这样的教育得到了增殖、提升和扩展"①。教育世界总是一个"人在其中"的世界，人是价值的存在。"教育的人为性，决定了教育学不可能提供精确的技术和规范知识，而只能是对生命、生活意义的探询、反思、觉悟和关怀。"② 所以，从教育视角思考一切教育问题都应该以人的生命成长为根本出发点，任何偏离原点的教育都不是真正的教育，而是对教育的异化。

（一）关怀生命智慧是教育的应然之义

智慧是人特有的精神现象，是人类区别于动物存在的根本特征。教育意味着追求无限广阔的精神生活，追求人类永恒的终极价值：智慧、善、自由、公正，以及建立与此有关的信仰，教育的使命是将学生塑造成为有德性、有信仰的人，而不只是具有某种特长的准职业者。有学者认为，教育如果不能启发一个人的理想、希望和意志，单单强调学生的兴趣，那是舍本逐末的办法。因为人是具有精神存在价值的生命体，人的生存不是动物生存，而是一种文化生存；人的根本品性不是满足物质需求，而是寻求价值意义的存在。教育通过不断地启发受教育者的人生智慧，使其努力开拓智慧的人生。

所谓智慧的人生，就是人对自我、对他人乃至对人类当下和未来生存状态或生活境遇的主动审视与关怀，对生活方式、人生态度的合理把握和明智判断。人类在现代科技知识的武装下，技术的发达和生活的富足，使得人类对物质"匮乏"的烦恼正在减少，但面临着其他的危机，如生态的恶化、核武器的扩散、人性的异化、人生意义的迷失等。这种种的生存危机时刻都在警醒着我们，科学并不能解决人类生存的所有问题，更无法提供人生意义和价值目标。我们并不缺少知识，却缺少智慧去理解这个时代

---

① 李政涛. 教育学的生命之维 [J]. 教育研究，2004（4）.
② 冯建军. 论教育学的生命立场 [J]. 教育研究，2006（3）.

变化的真正走向，缺少智慧去思考人类生存的终极价值与生命的意义。所以，教育必须告别功利的"认知模式"，从"知识至上"的禁锢中挣脱出来，教育关怀人的生命智慧应是教育的本原，让人充满智慧和诗意地生存是教育的出发点和立足点。只有带着对生命的敬畏与关爱，我们才能将呵护生命的意义视为教育的责任，通过教育的努力，满足人发展的各种需要，让个体真正感受到被尊重的敬意和被期待的热忱，成就建构自己的智慧人生，使生命更富有精神的品格。为此，教育承诺和关怀人的生命智慧，它们不仅关系到教育自身发展和个体生存意义，而且关涉着人类的进步。

（二）"转识成智"呈现出教育的人性光彩

"转识成智"原本是印度佛学的一个术语，引用到教育领域，用来表示从"知识"到"智慧"的升华，指人在认识和实践的过程中将客观的、外在的知识转化为个体自身的理性智慧、价值智慧和实践智慧，形成自由创造人格的过程。人正是在这种"转识成智"的过程中，获得身心、德性和人格等方面的自由发展。知识与智慧是相辅相成的，知识是智慧的结晶，智慧是知识的升华。但知识渊博和增长并非就是智慧递增，即知识的多少不能成为衡量智慧高低的标准，更重要的是对知识的理解、运用和转化的能力。从有知识的人到有智慧的人，教育是关键的力量，尽管教育并不一定能够帮助人"转识成智"，但教育可以促使人趋向智慧。现代知识教育的种种价值观，直接导致了知识本位和书本中心，更造成了教育活动中知识与智慧的相互脱节和二律背反。

在教育的视野中，知识是不仅仅"作为人类认识的成果"来传递和告诉的，而是作为与学生的成长、发展相关联的意义系统。知识的力量也不在于知识的数量多少，而在于知识是否能深入受教育者的内心世界，内化为他生命的必需，成长为受教育者的智慧。教育是一种播种知识、收获智慧的过程。它不仅是一种知识型存在方式，而且是一种智慧型存在方式。缺少智慧的知识只能是肤浅的知识，而缺少智慧的教育也只能是平庸的教育。教育如果只传播知识而不收获智慧，教育中的知识之花便会失去活力与色彩，教育中的幸福之树也就失去了滋养与生命。智慧是蕴藏于知识与经验之中，又创造、展现于生活与实践之上的。人生最大的幸福莫过于充分发挥和展示自己的智慧才能，从而获得物质的丰富、精神的自由、自我的完善和价值的体现。"转识成智"，通过知识引导人智慧的成长，让教育具有知识和智慧的双翼，这不仅是教育生活收获幸福的途径，更是当代教育改革的主旋律之一。

（三） 重构智慧生活是教育对生命的承诺

教育对生活不仅仅是回归，本质上更应该是一种引导和超越。重构智慧生活的意义在于教育不仅要关注人当下的生活需要，更要用价值、意义来引导、改造现实的生活，从而导向一种有意义的智慧生活，即可能的幸福生活。这是教育的本质价值所在。"教育作为一种培养人的实践活动，它必然具有超越的特性。教育的着眼点不在于使人'接受'、'适应'已有的，而在于为'改造'、'超越'的目的而善于利用已有的一切。"① 所以，教育不仅仅是传递知识，也不仅仅是"看"与"思"，更重要的是，作为一种实践性、建构性的活动，其应该被纳入人类生活之中，重构我们当下和未来的生活，影响人的生活质量和生命意义。教育生活不仅有科学认知，也容纳各种情感体验、价值诉求与道德关怀，是一个价值与理性、情感与道德、科学与人文相互融通的世界。为此，在教育价值取向上，应该确立人本意识和生命意识，关注有完整生命表现的人的存在；而在方法和过程上，更应强调人的动态生成，强调学生的体验和感悟，致力于人的生命成全。

教育源于生活，其本身就是人生活的一种特殊方式。人的生活也就是一种借助智慧理解生活意义、追寻幸福生活的过程。智慧应更多地体现在生活方式与人生态度的选择上，体现在人生哲学与精神境界的追求上。因而智慧的教育必然也是关怀生命意义的教育，只有带着对生命的敬畏与关爱，我们才能将呵护生命的意义视为教育的责任，通过教育的努力，满足人发展的各种需要，真正促进人和谐、充分地发展，让个体真正感受到被尊重的敬意和被期待的热忱，使其在自我生命的历练中丰富见识，提升境界，增长智慧，让教育充满智慧的人性之光，让生命充盈着幸福的人性色彩。

同时，教育关怀人的生命应该是多维的。人是具有精神存在价值的生命体，教育的根本旨趣在于启蒙人的自我觉醒，通过不断地启发受教育者的人生智慧，使其努力开拓智慧的人生。教育就是使人变得更加睿智、强健、德性的力量。教育的目的就是要使人超越动物性的自然存在，不断扩展和提升人之为人的生命意义。在这个过程中，教育通过传承知识、承载价值实现重构生活的目的，引导学生不断开阔知识的视野，逐步加深对世界、对他人和自我的认识，理解现实生活，向往美好生活。教育不仅要关

---

① 鲁洁. 论教育之适应与超越 [J]. 教育研究, 1996 (2).

注人的当下现实生活，而且要面对人的未来生活，通过智慧的引领，使人不断超越现实和实现自我，过上一种高品位的、有意义的智慧生活，寻求更高质量的生存方式和追求更高境界的生命意蕴。

第三节　规训化教育中的教师

随着现代教育的不断变革和范式的转换，社会对教师的要求也随之增多和提高，但现实反映出的问题是教师能自主发挥功能的空间和实践智慧表现的渠道变得越来越狭窄。与以往任何一个时代相比，当今的教师可以说被赋予了更多的使命，也具备了更多更有效的教育技能，但是教师的教育职能和功效却在趋向简单化，工具性的特征也是越来越明显，以至于智慧化的特征越来越淡化。现代科技文明在带来社会进步的同时，也使人陷入了科学化、制度化的理性规约之中，人的经验、感受、态度、兴趣与价值越来越淡出人的生活或处于被边缘化的位置。教师往往被眼前单调而繁重的工作任务所束缚和拖累，越来越体会不到自己日常的教学工作的价值意义与使命，也很难有意识地把自己的工作与培养人的工程、智慧化的创造联系在一起。他们在规训化的教育中不仅变得十分功利，而且正在失去教育的理想和热情，即使有教师意识到教育的使命与意义，也往往会在教育理想面前感到茫然与无能为力，觉得凭一己之力根本无法驾驭或改变教育的方向。当教育智慧在教育实践中慢慢隐退时，教育生活中的人自然难以把追寻实践智慧作为自己实践行动的导向。

一、规训化的教育

规训（discipline），在教育领域中还有纪律、规定、训诫、约束以及熏陶的意思。在福柯的《规训与惩罚》中，"规训"一词用以指称近代一种特殊的权利技术，认为规训的目的不是增强肉体的能力，而是要建立一种关系，一种使能力增强与支配加剧的聚敛关系。在教育现实中，"教育成为一种事先谋好的、科学或艺术地控制人们心智的技术，成为一种人们必须服从的机制。从一个人幼年的时候被强制地送到教育的工厂中开始，教育的规训就以一种权力的眼睛监视人的一言一行，就以一种考试的技术算度人的现实和未来，就用一种势利的身份诱惑方式生产着人的野心，就用一种奖惩的技术迅速地培养着虚伪的道德"①。由此，教育呈现出规训化的特征，即教育通过不同形式的控制权力和控制技术，竭力把教育活动中的个体培养成"温驯而有用"的"工具"，强制性地把他们造就成特定类型的人。"规训化"教育的主要功能是训练和操纵，而不是教化，教育成为一种为了适应社会需要而对儿童进行驯化的过程。

教育的本真应该是既授人以生存的智慧与技能，又使人明了生存的意义与价值，使人建构自己的生活世界。然而，在科学理性和抽象逻辑的知识授受中，书本至上的教学模式和标准化的评价方式逐渐成为教育领域的主导价值取向，而人性的需要，对自我生命价值和社会责任意义的理解与感受渐渐被排斥于主流教育的话语之外，本应该充满活力与生机的教育，却成为对受教育者进行控制和规训的工具。教育活动从"育人"演变成了"制器"。规训从根本上说是外在的、反"人性的"，它体现的是对生命自由本性的一种压抑。因为规训的目的不是造就一个自由的、有理性的、具有自主精神和创造力的个体，而是一个"去人化"的过程，它并不关心个体的精神理念、个性，而是把人当作一种手段工具来"造就"。"过多的规训，其结果就是失却自我、没有自我的奴性人格的养成。"② 其结果是本应促进个体生命完善和人性丰富的教育，变成了压抑人性、异化生命、桎梏精神的一种训练。

二、规训化教育中教师角色

教育规训在曾经的工业化时代教育中，以其独特的价值在时间与效益两方面发挥过重要的作用，但在当今崇尚人性完善与尊重生命价值的时代，它对人的限制与束缚正在被逐渐认识，其负面影响也越来越明显。人是规训的制造者，同时又被规训桎梏，"规训的教化以消解个体的理性自律而造成被动的'器'，成为工具和奴才"③。由于受到这种规训式的教化影响，我们的教育理念之中或隐或显地存有被动与服从伦理品质的习惯，教育生活也就缺少了主动创造、实践智慧、积极进取的勇气与意识。

（一）教师在"全景敞视"教育中沦为规训的工具

"全景敞视主义"（panopticism）是福柯创造的一个术语，它来源于全

---

① 金生鈜. 规训与教化 [M]. 北京：教育科学出版社，2004.31.
② 刘铁芳. 从规训到引导：试论传统道德教化过程的现代性转向 [J]. 湖南师范大学教育科学学报，2003（6）.
③ 刘铁芳. 从规训到引导：试论传统道德教化过程的现代性转向 [J]. 湖南师范大学教育科学学报，2003（6）.

景敞视建筑——一个圆形监狱的构想。在福柯看来，为便于对个体进行监督，社会中构建了一种"全景敞视主义"的模式，在这种模式中，所有机构的建筑都被建成"全景敞视建筑"①，每一个个体都暴露在"权力的眼睛之下"。学校作为一个规训机制，自身也通过借鉴这种"全景敞视主义"来安排空间。教师无疑是学校机构中的监视者，这是社会赋予教师的角色，教师的身份决定了他们要尽职尽责地完成社会所赋予他们的监督功能；同时，毫无疑问，他们自身也是一个被监视者，要受到上一级管理部门的监督。教师只是科层化体制中不可或缺的一个环节。作为学校教育中的成员，一方面是越来越严格的责任与期待，而另一方面是越来越高的技术量化的评价，由此他们被严重规约的境遇日益彰显，时时处于被审核、监视与约束之中。由于"全景敞视主义"的关照，权力是可见的但又是不确定的，这就使得身处教育领域中的每一个个体都感觉到监视的探头无处不在、无时不在。久而久之，外在的规训便转变成个体的一种自觉行为，谨慎、规矩、机械、平庸的处事方式成为生活准则，实践智慧却成为一种非常奢侈的元素。更重要的是，教育规训状态之下的每个人都在扮演着监督与被监督的角色，互相规训与制约着。

事实上，教师控制和规约权力的获得和拥有并不只是教师权威的体现，也恰恰反映了教师本身是规训工具的一部分。因为无论是自习辅导、补课作业，教师对学生的监督和规约并不完全出于教师的本意，而是社会或学校的规章制度所明确要求的，如果教师缺席或失职就会受到相应的处罚。学校管理层检查的不仅仅是学生，也是在检查教师，是在监督和控制教师对学生的规训。如此说来，教师对学生的控制与规约就不能简单地看作一种惯性的思维和合理的存在。在控制与规约中，教师和学生都是被规训的对象。经过"驯化"的学生失去了创造的活力和潜能，而规训下的教师，同样失去了自由思考的灵性和教育的智慧。

（二）算度量化让教师更关注技术理性

可算度性是一种重要的规训技术，它在学校规训中的作用尤为突出。现代教育的一切都可以被量化。人的一切都能够接受测验，或被数字抽象化。教育过程就是一种使人（教师和学生）可以被"算度"的过程。人与人之间的差别便成了符号与符号之间的差别。人们拼命追逐的就是在数字上的认可，而蕴含在个体身上的思想、情感、理念、态度、人格则被排除

---

① ［法］米歇尔·福柯. 规训与惩罚：监狱的诞生［M］. 刘北成，杨远婴译. 北京：生活·读书·新知三联书店，1999. 228.

在外，人的特性、差异便在规训中消失了。

这种状况延伸到教育教学中，体现为教师对教学技术及技术理性下的学生"技术性"品质的追求。在教师的观念中有着许许多多对于学生"应该干什么，不允许干什么"的要求，这些不成文的要求与成文的纪律相结合，使学校教育与教学成为纯粹的训导活动。课堂上，由教师控制着教学的进度、课堂的组织，并不停地维持着课堂纪律。教师和学生更多地被设定为训导者—听话者的形象，两者在教育情景中是权力的控制—受控制的关系，在这种关系情景中，师生双方的人格情感、智慧品性都被遮蔽与抑制，教学情景的意义被束缚在简单的知识技能规范的授受之中。学什么、怎么学都是被教师所规定的，教学活动越来越模式化、程式化，机械而单调。教师在教学活动中既缺乏灵感创造性，又缺少智慧与个性，教学过程和课堂质量变成了教师板书、语言、表情、时间程序等一系列技术化的格式。上课成了纯技术的操作。教师在追求各项具体量化指标时忽略了课程本身所蕴含的灵魂性的东西，以及教师本人对教学的价值与精神追求。

在现代主义和科技理性的追逐下，技术思维成为教师本身和对教师进行管理的内化物。标准化的检查测验与评价，形成了教育行政部门支配学校、学校控制教师、教师规约学生的机械化的线性管理模式。对教师素养的要求、评审和培训等，关注的不是他们拥有什么样的知识或具有什么样的理想，而是重点掌握了哪些技术、技艺。过于策略化的训练和技术化的评审尽管增强了教师行为的有效性和可控性，但同时又使教师的依赖性增强，他们往往沉浸在教学技能的提升中，而忽视自己对文化素养的培植以及对教育作出的思考，放弃了对教育智慧的追寻。对教师的量化评审，把不能量化的给予量化，这不能不说是技术理性给教师素养提高带来的一道屏障，它将教师变成一堆可以描述、"算度"并能相互比较的数据，教师的薪金与晋升跟教学考核挂钩，这只会让教师异化成技工，使每个教师在评审的法眼下，受制于无形的规训权力。教师会发现他们的教学工作越来越繁复，也越来越受到压迫性的控制。

（三）园丁心态压制了人性的自由

在教育领域，"辛勤的园丁"是对教师的尊称，也包含了对教师的赞誉。然而也正是"园丁"的美誉，使教师的专制有了合法的身份。教师犹如园丁履行着修剪"园中幼苗"的责任，用近乎培育小树的方式培养着学生，而学生的一切行动都在教师的指挥下，顺着教师的思路，迎合教师的想法，学习指定的内容，有条不紊地按教师的要求将"标准"答案写在试卷上。一种新的"园艺文化"正在以"科学"、"理性"作为合法性术语，以"技术"作为得心应手的工具成为社会主宰。人类开始进入了一个由理性来设计、规划并维持秩序的时代。①

中国传统文化强调师道尊严，教师形象设定总是庄重、威严、富于权威的，甚至高高凌驾于学生之上，以致我们的教育中缺少了人性的意味、智慧的光泽。对于学生而言，认真听讲、虚心好学就是他们的天职。在现行教育中，教师通过具体的行为规范来规训学生仍是学校管理学生的一个主要方式。这种方式充满权威与强制，"正是权力，支持着课堂教学中的交往关系与交往形式；正是权力，从最低层支撑着课堂教学的控制体系；正是权力，从最深刻的意义上制约着学生的自主发展过程"②。教师权威是无处不在的，而在教师看来是再正常不过和理所当然的事情，一是社会赋予教师的职责，需要对学生的学习负责；二是教师普遍认为有些学生是无知和顽劣的，需要教师的监督和督促。尽管其出发点也体现了教师对学生的负责和关爱，但在控制与规约中，学生失去了应有的天性、自由和尊严，使得本来充满真情和厚爱、蕴含丰富人性和灵性的教育变成了机械的、冰冷的、僵死的训练和控制。人不再是教育的终极目的，而成为一种工具性的目的。教师按照社会的需求强制性地对人进行规划、设计、修剪、完善，从技术、功用、效率的层面，把人变为思维僵化、情感漠然、毫无个性和独特性的机械人，人的本体性的存在价值被抹杀，不再是意志自由、内心丰富和感受独特的鲜活的生命体。

三、规训化教育中的反思与超越

教育具有规训的性质。康德认为，规训是防止人由于动物性的驱使而偏离其规定：人性。"规训或训诫是把动物性转变成人性。"③ 教育的本意应是培养人的自由心智，提升人的内在德性。作为一种培养人的活动，教育应该在尊重人的尊严、满足人性需求的基础上促使人获得身心自由和健康发展。而现实中规训化教育的基本要义还是在于驯顺，人是作为被塑造者生活在教育中的，其行为受到学校或者教师等教育权利关系的全程监督，随时可能受到干预、训责和惩罚，它的目的在于建立一种关系，使个

① 阎光才. 教育的生命意识——由荒野文化与园艺文化的悖论谈起［J］. 清华大学教育研究，2002（2）.

② 李松林. 控制与自主——课堂教学的权力品性研究［J］. 教育学报，2006（6）.

③ ［德］伊曼努尔·康德. 论教育学［M］. 赵鹏，何兆武译. 上海：上海人民出版社，2005. 3.

体在变得更有用时也变得更加顺从。随着社会的发展，尤其是在人本化、生命化思想再度引起重视的今天，要使教育规训回归本意，释放人的自主性能量，就需要教师在解放自己的同时解放学生，把教育活动看作人实现价值的活动而不是达成功利思想的工具，使教育成为一种符合人性、符合生命意义的生成与升华的智慧实践。

首先，在自由和规训之间寻找平衡点。康德曾提出："人是唯一必须受教育的被造物。我们所理解的教育，指的是保育、规训以及连同塑造在内的教导。"① 为此，对于规训，他认为应采用适度的原则。他赞成合理的规训，这种规训既不束缚儿童自由和个性的发展，又不允许儿童随其心性、放纵自流，而是在合理、适度的规训指导下，自由地运用思考能力去行事，正确地运用思想去指导自己的行为。人的自由发展是教育所追求、所期望的状态。但教育中的自由需要有一定的前提，因为教育本身就存在种种约束性的力量。罗素在谈到教育中的自由问题时，以不容置疑的口吻说，教育中的自由是有限的，而不是无限的。教育对于自由的意义除了帮助个体获得能力，使其能够有效地控制自己的生活并且积极、自主地创造自己的生活之外，更重要的是对个体价值观的培养，即自由的主体必定是一个自律者，个体在实践自己的自由时既不能脱离现实社会，也不能妨碍他人的自由。教育活动是复杂的，教育者需要合理处置人的自由发展与教育规训之间的矛盾，尽可能地找到自由与规训的平衡点，不伤害到儿童的个性、智力的发展，保障其自由创新的活力。

其次，在美德性伦理中确认自我。教育的真谛在于丰富学生的精神，用温情、尊重和理解去造就学生。而现行的教育更多地呈现为控制—被控制的模式，人们所关注的是实用层面的知识、技术、技能等操作性的东西，忽视了对学生精神、道德信仰、人格等生命本身的呵护与关爱，教育中因爱的缺乏而使"控制变成了人对人行为的约束而使教育的爱落空"②。结果是造成学生个性的压抑和精神的失落。在快速变化的生活中，许多人对道德的思考日趋减弱。教育者在教育领域中面对的是变化带来的忙碌与挑战，严重的规约、有限的权力以及沉重的工作负荷已使他们不去思考意义与价值等形而上的问题。而道德规范的理性化和技术理性的强势影响，

---

① [德] 伊曼努尔·康德. 论教育学 [M]. 赵鹏，何兆武译. 上海：上海人民出版社，2005.3.

② [德] 雅斯贝尔斯. 什么是教育 [M]. 邹进译. 北京：生活·读书·新知三联书店，1991.6.

又使得教师的德行包括对其的塑造方式，不再依靠个人的理想与德性，不再是一种思想引导下的自主选择，而主要依靠法律法规、行为准则和技术的支撑，表现出一种技术性、职业性的道德规范，而这种规范伦理因缺乏内在价值动力和人格基础，缺乏人类内在的美德资源，必然沦为纯粹的规则主义。雅斯贝尔斯对此进行了严厉的批评，指出："现行教育本身越来越缺乏爱心，以至于不是以爱的活动——而是以机械的、冷冰冰的、僵死的方式去从事教育工作。"①

教育伦理的独特性应该体现在在美德与规范之间寻求合作。教育的崇高性在于从教者不单纯是遵守规范，更应该发自内心去理解规范，用智慧的方式去践行，并在规范之上形成更高的价值追求，理解爱、公正、仁慈等在教育过程中的价值和作用，教育的成功是需要教师的热情、智慧、直觉甚至是技巧的。教师的自我修炼应该将爱与德行置于规范之上，以思想统领技巧并超越技巧，在追求内在自律的美善价值目标和"自我约束"的道德力量中内化自我的道德行为，达成美德性伦理，使教育渗透一种人性的关怀、人文的底蕴，呈现出和谐、宽松、温情的氛围。

第四节　教师教育中实践智慧的缺位与思考

教育实践智慧的形成是一个长期的、连续的过程。高等师范教育作为教师专业成长的"源头"，为教师将来的成长与发展奠定了基础。传统的师范院校在培养师范生的模式上，更为关注的是专业知识的学习，为师范生提供的教学往往更偏重于理论的培植和教师基本技能的培养，而在实践训练和实践体验上较弱，认为只要具有一定的学科知识和教师基本技能，就能胜任教师工作或成为好教师。但事实上，很多师范生虽然在学校训练出了扎实的教师基本技能，但他们仍无法很好地驾驭课堂，在面对很多教育教学突发情况时，他们往往感到茫然和不知所措。教师教育能提供给师范生的实践机会本身就不多，再加上很多师范生对教育理论知识的学习带有一种固有的"态度"和机械的"方式"，仅仅停留在一知半解或懵懂茫然的状态，这必然会导致所学非所用、理论与实践脱节的结果，在教育和教学中表现为不能灵活地应对课堂，更难以达到顺利完成教学目标和圆润

---

① ［德］雅斯贝尔斯. 什么是教育［M］. 邹进译. 北京：生活·读书·新知三联书店，1991. 1.

驾驭课堂的层面。

国外学者威迪恩等人（Wideen, et al., 1998）在研究中发现，师范生已有的观念是他们在教师教育阶段学习内容的过滤器，他们在教师教育之后并不会产生新的教育观念，而更多的是为原有的观念进行辩护。[①] 在对如何"学会教学"的过程进行归纳时，他们曾提出一些观点，认为培养教师的基本做法是在大学中教授有关教学的知识，认为教学的意义和智慧是可以由教师教育者传递给师范生的。但后来的研究发现，这一观点是难以成立的（Wideen, M., Mayer-Smith, J. & Moon, 1998）。教师在前期获得有关教学知识之后并不意味着就能自发地、成功地将其运用于教学实践。英国学者伯明翰（Birmingham, C.）认为实践智慧不是教育理论的简单应用。因为教育情境是复杂、含混和不可预测的，不能等同于规则性应用。实践智慧需要的是与情境的特殊性相关的认知和思考。而对教师教育而言，由于长期以来受到理智取向的培养思路的影响，在实际的课程运作中，有些教师依然把注意力高度集中在掌握现成教育教学理论上，而对教育实践满足于作"技术层面"的理解，这导致他们无法将这些知识、方法和技能很好地运用到自己未来的职业生活中，教师教育中实践智慧缺乏这一问题，不仅仅需要在师范生身上找原因，还应重视学校课程设置、实习实践的指导等因素。

在 20 世纪探索教师教育的"师范性"过程中，人们曾经探讨过教师教育人才培养的特色，师范生的专业技能得到了广泛的关注和重视。尤其是表征着教师职业特点和原来在中等师范学校培养特色上已经形成的"三字一话"（即毛笔字、钢笔字、粉笔字和普通话）方面扎实的基本功训练，使得教师教育更倾向于"实践技能"的训练。随着时代的发展，这种基本功训练项目又增加了一些时代特色，扩展到了教具制作、计算机多媒体技术等多种技能性项目上。也正因如此，大量的基本功和专业技能训练，构成了我国师范教育实践课程的重要内容和主要特色。在很长的一段时间里，衡量和考核是不是一名合格的师范生就取决于能否具备"一手好字 + 一口流利的普通话 + ……"。

不仅如此，由于我国教师教育课程一直以来受凯洛夫教育学思想的影响，在师范院校里开设的教育类课程基本上是"老三门"：教育学、心理

---

① Wideen, M., Mayer-smith, J. & Moon. A Critical Analysis of the Research on Learning to Teach: Making the Case for an Ecological Perspective on Inquiry. *Review of Educational Research*, 1998, Vol. 68, No. 2, pp. 130 – 178.

学、教学法。这类课程的结构和内容强调的是教育教学原理性知识和概念化的学习。这些原理性的课程是普适的、抽象逻辑的，具有强大的"规定性"，严格规定了教育实践的程序和格式。而师范生的学习也因为缺少必要的感性认知和实践感悟，基本上只能用理智的方式和记忆的手段来完成必需的教育课程学习。所学非所用俨然成为教育学科学习的普遍现象和反馈，教师教育的根本任务也被定位于尽可能有效地传授基本理论知识，教育实践只不过是理论学习的应用环节，其目的在于巩固所学理论知识。所以，安排师范生的教育见习和实习并没能很好地为师范生的专业成长提供实质性的帮助，短短几周的教育见习、实习强调的往往是师范生对日常教育习俗、教学陈式的感受性了解和模仿性习得，教育实践仅仅是为教育理论知识的学习服务，这也就失去了其自身独特的价值，没能很好地发挥其在教师专业成长和实践智慧形成中应有的作用。

其实，传统的教师教育也并非一无是处、毫无价值，无论是教师基本技能的训练还是教育基础知识的学习，都有其存在的必要性和不可取代性，但这些"训练模式"如果仅仅外在于真正的教育实践活动，不能有机地融合到教育实践之中，则不能对教师的专业成长产生本质的影响。同样，实践教学虽然旨在消除师范生理论学习与教育实践之间的时空阻隔，但是如果师范生进行实践的模拟环境被简化，抽离了真实教育现场的复杂性，师范生在实践过程中无法全面而真实地感受教育现场的各种情况，无法获得各种真实的体验，那么依然会因为缺乏教育实践的阅历而难以领会真实的教育实践境遇，或者即使他们有所领会，同入职以后的实践也仍有很大的差距。所以，如果仅仅是单纯地增加或延长教育见习和实习的时间，忽视实践主体对问题情境的理解和反思，忽视对教育现状的思考和判断，忽视实践主体对教育实践本身的价值所需的认知，教育实践的"量"的增加也未必能带来教育实践效果的"质"的提升，无法真正寻求实践智慧的踪影。

一、师范生实践性知识的生成与专业发展

教师职业是一种实践性极强的职业，教育实践既是职前教师教育培养的有效行为方式，也是未来教师专业发展的基础和出发点。对于职前教师培养来说，掌握具有普遍性、一般性的程序、技术以及原理，寻求用这种程序、技术、原理进行技术性实践的需求，并非毫无意义，这种技术性实践的开发和训练仍然有其价值，能对师范生顺利站上讲台带来很大帮助。

从大量的实践教学案例可见，教师"会教书"的基本条件之一就是知识，知识是教师职业的一个根本性标志。教师需要拥有大量的专业知识，这种知识不仅包括理论性知识，还包括大量的实践性知识。萧恩在《反思性实践家——专家如何思考实践过程》（1983）一书中曾谈到了"反思性实践"。他认为作为"专业"的教师，并不是指在教学过程中熟练地运用教育学、心理学已经阐明了的原理知识与技术技能就可以掌控课堂，解决教育问题，而是需要直面"教学"这一问题情境，运用来自经验的知识反思教学实践，从而创造性地开展教学。他认为"反思性实践"，需要教师"调动经验所赋予的默然的心智考察问题，在同情境进行对话中展开反省性思维，致力于复杂情境中产生的复杂问题的解决"①。可见，在教师教育中培养师范生的反省意识和反省思维，使之在充满情感、智慧的特定文化环境中，对自己的目标、行为和成效进行审视和思考，把握自己的行为和观念的核心因素，从而促进师范生对具体教育教学问题的决策能力和机智行动等实践性知识的生成。"真正意义上的教师专业发展不是基于行为主义基础之上的教师能力本位的发展，而是基于认知情境理论的'实践智慧'的发展。"②

　　也正因如此，在学习教育理论知识的基础上生成与开发实践性知识是当前教师教育培养和发展的一种导向。教学是一种反思性实践，作为未来的教师，在专业培养过程中应该养成思考的习惯，学会用专业的视角自觉审视教育实践活动中的有效或无效的行为，能够根据不同文化背景以及不同学科、不同层次学生的学习需求进行调试性教学，能够在自己的课堂中作出正确的专业判断，使自己成为反思性实践者。当然，这种思考必须是建立在理智和专业的基础上的，专业的理论学习是关照和研究实践的依据。缺少应有的教育理论知识的滋养和支撑，无论是教育技能的训练，或是教育实践，也只能是简单的技能操作或格式化的效仿，甚至有可能在简单的程序化操作中失去应有的智慧元素。而与此同时，个体的实践性知识只能处于一种未开发的混沌状态，难以成为教师专业成长的支持性资源。因此，在当下的教师教育中，必须通过各种方式，如课程设置、实践教学、实践活动等，在问题情境和实践体验中，让学生能够综合运用教育理论与技术，一方面使他们在运用理论分析解决问题的过程中，真正内化外在的公共理论，使他们重新认识到教育是一项复杂的、充满心智劳动的专

---

① ［日］佐藤学. 课程与教师［M］. 钟启泉译. 北京：教育科学出版社，2003. 228～229.
② 钟启泉. 教育的挑战［M］. 上海：华东师范大学出版社，2008. 330.

业工作，而不是简单的技术操作活动；另一方面尽可能为学生提供多种实践操作的示范和实践活动的机会，这既能让学生获得一种替代性经验，感知到教育原理与方法的实践魅力，真正认同教育知识与方法，同时又能在实践活动中让他们积累相关的实践智慧。"教育实践从直觉到理性、从自发到自觉是实践状态的一种超越，而超越的结果必然会指向教育理论。对于新教师和未来教师来说，接近理论的目的就是要通过教育理论帮助个体形成教育信念并对教育教学有深刻的理解和把握。事实上，在教师实践性知识的形成过程中，人们往往能看到理论的身影，教育理论的重要价值毋庸置疑。"①

（一）实践性知识对师范生专业发展的价值

1. 实践性知识是师范生培养的重要内容

师范生在教师教育过程中接受了正规的教育教学类课程，掌握了一定的教育理论知识，也经历了短期的教育实习，对教育教学工作有了初步的了解，但是他们的知识主要还是来源于课堂授受和理论学习，缺少实践的检验和对知识的感悟，这使得他们对教育教学的认知仅仅停留在理性或粗浅层面，而与真实的实践是有差距的。当他们接触了真实的教育情境，或开始走入教育生活时，就可能会发现实际的教育情境和他们想象中的教育情境是有区别的，他们在短期的教育实习中所学到的实践性知识与教学技能远远不能应付教师日常工作的需要。他们会在复杂的教育情境中遭遇挑战和挫折，感觉无法用自己所学的理论知识来解决复杂多变的现实问题，甚至会对多变的教学课堂和学生束手无策，感到无助、迷茫，甚至退缩，对自己在教师教育专业学习中的课程与专业知识产生怀疑与否定。新教师的困扰都是在实际教学工作中产生的，他们迫切需要一种在实际教学中可以运用的知识，一种能够帮助他们解决日常教学工作中出现的各种复杂多变的问题的知识，这就是教师实践性知识。而实践性知识的生成与积累需要一个比较长的过程，它不是新手教师在走上职业岗位后才开始积累、生成的知识。师范生在大学期间积累一定的实践性知识可以使教育实习和以后踏入工作岗位更加顺利。因此教师在对师范生的培养中，不仅要重视教育理论知识，更要重视实践性知识，因为教育理论知识最终也要放在实践中检验才能确定是否正确，高校要给师范生正确的引导，提供更多的实践机会，让他们树立积累实践性知识的意识与意愿，并给予其生成与积累的

---

① 刘冬敏，田小杭. 教师实践性知识获取路径的思考与探究［J］. 教师教育研究，2008（4）.

有效方法和途径。把实践性知识作为师范生职前培养的重要内容更有利于培养出优秀的未来教师。

2. 实践性知识有助于师范生职后的快速成长

第一，可以缩短入职适应期。

教师专业发展是教师个体专业不断发展完善的过程，贯穿于教师个体职业生涯的始终。教师的专业发展是长期的、曲折的、连续性与阶段性相统一的过程。而对于师范生而言，教师专业发展的第一步，是完成从学生角色到教师角色的蜕变。师范生在完成职前教师教育的学习后进入教师岗位将有一段入职适应期，适应期的长短会因人而异，如果师范生在校期间在专业学习中能形成并积累一定的实践性知识，必然有助于完善自身的知识结构，对顺利进入教师职业、自信地站上讲台、自如地把控课堂带来帮助，从而缩短岗位适应期，尽快进入合格甚至是优秀教师的行列，这对一个教师的职业发展十分重要。对一个刚入职的新教师来说，能否体验到职业成就感，产生准确的自我效能感，会影响到他的职业态度、职业认同和职业的价值观，在一定意义上也就影响了他未来的发展意愿和方向。而适应能力的问题，在很大程度上与新教师在大学期间所积累的实践性知识的多少存在相当的内联性。不可忽视的是，这个阶段的发展对于个人以后的教师专业发展的作用是不可估量的。

第二，有利于师范生调整个体专业知识结构。

教师的"知识结构"与其他专业人员是有区别的，并且显得更为复杂一些。因为教师若要把新知识传授给学生，就必须对专业知识进行"处理"，采用一种学生能够接受的、恰当的方式把知识教授给他们。因此教师除了要有丰富且适合教育对象的专业知识结构，还要懂得选取最合适的讲解方法，才能把新知识以最佳的方式传授给学生，从而有利于他们理解。即"教什么"与"怎么教"是缺一不可的。一般认为，教师的知识分为文化知识、本体性知识、条件性知识和实践性知识。文化知识是教师的人文素养与底蕴；本体性知识是教师专业类知识，如语文、数学、物理、化学，属于教什么的范畴；而条件性知识是属于教育基础理论方面的知识，如教育学、心理学等，关注的是怎么教的问题。但是这三种知识只有通过实践性知识的整合才能内化为教师自己的专业素质。师范生在教师教育中学习了相应的教育教学课程和教法课程，已经在自己的头脑中构建了相关的知识体系。而在实践中，师范生可能会发现自己已经构建的知识结构与教育教学实际生活有一定的差距，甚至存在一定的矛盾或冲突，在这种情况下，师范生就需要通过与实践的磨合，尝试着调整自己的知识结构，使之能适应或适用实际教育情境，其实这个过程也是实践性知识增长的过程，而实践性知识体系的成熟和完善更能促进教师专业知识的进一步构建和完善。

第三，有利于师范生专业能力的提高。

是否拥有丰富的实践性知识，这个知识结构是否完善，直接关系到教师的教育能力和教学水平，甚至是教学风格的形成。教师实践性知识通常是教师结合自身已有的经验、对事件的认识和把握、情景的丰富性和不确定性而在具体的教学情境、解决问题过程中体现出来的个人知识。因此，每位教师的实践性知识都是不一样的，它是在与学生、教学情境、教学内容、教材等多种因素相互作用的过程中逐渐形成和构成的个人经验、认知和判断。当然不同的教师对同一个问题会有不一样的认识和处理方式，正是实践性知识这种个体性特征才让教师的个性得到尽情的发挥，使教师有自由创造的空间。教师实践性知识能够把学科知识、教育教学理论内化为个人的知识形态，在复杂多变的教学情境中用学生最需要的方式表达出来，这样既遵循了学生的发展规律又使知识的传递更具灵活性和人性化。人们常常会看到师范生或新教师上课和有经验的老教师上课精彩与成效大不相同，能感觉到老教师的灵活轻松，讲课条理清晰，教学效果好，而师范生的课堂则会出现学生上完课却没听懂或对知识一知半解的情况。或许人们会纳闷，同样是上课，师范生怎么就讲不清楚呢？原因有很多，仅仅在教材处理方面就大有区别。因为教材处理是教师专业能力的一个重要方面，不同的教师往往会选择不同的教材处理方式，风格各异，因而所生成的教学效果也会各不相同。但每位教师都会根据自己的经验认知和教学风格，寻求一种适合自己又有利于学生接受的方式去讲课，这种教学风格一定是建立在教师个人的实践性知识基础上的。例如两位非常优秀的英语教师，但是教学风格迥然不同，一位教师是活泼型的，表情、动作丰富，语调抑扬顿挫，以此来调动学生的积极性；另外一位教师则沉稳，表情不多，课堂虽然比较平淡，但是非常顺畅，思路非常清晰。很难断定他们谁更优秀，因为他们各有千秋。所谓的名师都有一套自己的教学方式，有自己独特的风格，但是名师的课却是无法模仿的，即使按照他们的教案和上课程序来上课，也会发现能模仿的只是他们上课的形式，而上课的精髓却是无法呈现的，充其量也只是"东施效颦"。可见，同样的课按同样的方法来上，不同教师的课堂效果并不一样，其中起作用的就是教师的实践性知识。因此师范生不能只模仿不创新，而应该在实际情境中发现问题，积累经验，构建一个自己的实践性知识库，将来形成自己独特的教学风格。

也就是说，教师的实践性知识越丰富，对于教材的处理能力、对教学的创新能力就越强。

其实处理教材只是其中一个方面，另外还有课堂管理，学生管理，与学生、家长、同事的互动沟通协作能力等各方面都需要教师实践性知识的参与。新教师一般都会遇到控制不住课堂纪律，以致课堂教学无法落实的情况，但是有经验的老教师不仅有办法掌控课堂，而且能有效吸引学生的注意力，调动学习的兴趣与积极性。总而言之，教师的实践性知识越丰富，其教学水平、课堂管理、处理突发事件等各方面的能力也会相应地有所提高。如果师范生能积累一定的实践性知识，必然有利于日后的教师专业发展。

（二）影响师范生实践性知识生成的因素

1. 高师院校在教师教育培养方案上的局限

第一，课程设置与评价方式的欠缺。

从传统来看，我国高师院校在课程设置上比较重视学科专业知识，忽视教育理论和教师技能的训练。而在对师范生的培养中，更多关注的是职前教育教学理论的学习，而对其实践性知识的学习不够重视，甚至认为实践性知识的获取主要是进入工作岗位以后的事情，这使得师范生的实践类课程没有得到应有的重视，只能靠短短几个月的教育实习来得到初步的锻炼。首先，调查大部分的高师院校，了解其课程设置，结果显示有关教育学、心理学的课程一般都设置在大一、大二，从大三开始基本都是有关专业学科的课程。并且由于大三开始不再接触心理学、教育学的知识，加之平时也不经常使用，学生对所学知识大都已淡忘了。其次，有关教育学、心理学的课程内容本身比较庞杂，教学分散成几个部分，系统性不强。大学课程教学本应该注重与实际相结合，但课程设置中的有些课程，如关于学科的"教学论"，几次实习之后，学生常常会反馈这门课上所学的许多理论知识很多时候在实际的课堂教学中并不适用，有些甚至是相悖的。实际情况往往是教法课上所学的东西是较理想化的，并不都适用于真实的教学情境，这让师范生对这些课程感到非常失望。另外，课程考核方式也总是固定"套路"，一般在师范院校中，有关教育学、心理学的课程期末考核常以记忆、背诵为主，主观应用或实际操作的比较少，因此很多学生觉得能应付考试就好，只背诵不理解，这样就更加使得所学的教育理论知识更理论化，甚至连案例分析都不会运用，也就是所谓的连"纸上谈兵"都不会，更不用说在实际的教育情境中运用了。这样的考核方式只考查学生的背诵效果而忽视了对学生学习过程的考察，以致师范生在平时的学习生活中并不注重积累，不重视反思，也不去深究理论的实用性。特别是学科类的教学法课程，这原本应该是一门有助于提高师范生教学技能的课程，如果能以平时的教学实践或者模拟上课、撰写教案等方式来考核评价学生，相信对课程的学习与应用更有价值，而遗憾的是这门课最终也是纸笔测验，并且都是背诵书上的知识，这样就失去了设置这门课的真正意义。因此师范院校应该更注重实践课程，即使是理论课程的考核也应该更注意实践性，注重学生的综合素质和全面发展。

第二，教育实习指导环节的薄弱。

师范生虽然有实习、见习的经历，但是时间并不长，虽然在大二、大三也会安排实习、见习，但因为分散和时间上的短促，往往还没有回过神意味到什么就结束了。最主要的实践机会是在大四统一安排的一次实习，一般为期8周，这对师范生的影响很大，无论是职业定位、职业态度、职业认同还是实践性知识、实践智慧等，都是形成的关键期。但从实际的情况来看，师范生在这个阶段的收获有很大差异。这与实践过程能否得到有效的实际帮助与指导很有关系。从调查结果可以发现，一些实习学校的教师由于经常带实习生，产生了倦怠情绪，有些指导教师甚至只是把师范生当成免费劳动力，让他们批批作业，打打下手，应对一些杂务性工作。另外，有些学校对教学质量比较敏感，总是担心师范生的到来会影响教学进度与质量，从而导致指导教师不敢放手，而师范生难以全面进入教学生活，真实地接受教育教学的全面磨炼。

其次，指导教师是否给予恰当高效的指导也很重要。以实习生在一所小学的教育实习为例，一个导师带五个学生，每个人备一节课，在六个班级上六遍。这个做法相比传统的方法，有其可行之处。传统的教育实习是每个实习生分到一个班级，独立承担这个班级的某门课程教学任务，即便是教学不尽如人意，上完以后也没有改进的机会。而这个方法的优点在于同样的课程可以进行反复教学，通过不断改进，培养新手教师对课程的反思的能力。但落实起来问题同样也是存在的，首先，两节课之间时间往往很紧凑，实习生来不及修改教案。其次，同一节课上六遍，指导教师只是前两遍的时候指导较多，后面指导很少，而师范生显然还不具备自我调整与自觉反思的能力，所以提高或保证实效并不明显。再次，因为一节课只有一个师范生备课上课，同伴之间缺少相互交流、比较、协商与切磋，对专业的帮助不大，容易被局限在自己的上课模式中，很难有质的飞跃。而更为重要的是，五个人完成一个轮回要一个多月，时间跨度太长，反而不利于实践性知识的积累。其实这个方法稍微改进一下就会比较好，同一节课可以两个或者三个人上，每人上两到三遍，这样既保证了有改进的机会，并且同一节课由不同的人上，可以相互比较、取长补短。因为不同的人有不同的上课方式，存在的问题也不同，指导教师的指导也会更全面，实习生也可以学到更多。并且有了相互之间的比较，师范生会变得更加努力。有导师引导，有组员之间的相互学习，再加上自己摸索，实践性知识就可以慢慢积累起来了。

其实师范院校安排的实习机会是师范生积累实践性知识非常有效的途径，但是实际上在真正利用中实效性有待提高。指导教师需要帮助师范生作出实质性的指导和改善，不应仅仅流于形式，把指导重点放在连实习生自己也能意识到的错误上，比如忘写板书、上课拖堂、上课纪律差等。尽管这些的确是实习生需要注意的地方，但是如果指导仅停留于粗浅的层面，缺少实质性的有效指点，就会导致师范生得不到有效的帮助，使实习的价值得不到体现，资源没能被很好地利用。虽然师范生的实践性知识积累需要自身的努力，但是若有一个良师为师范生指明方向，比师范生靠自己摸索，实践性知识积累要快很多。而要解决这个问题，还需要高师院校与实习学校进行更多的沟通交流，切实考虑师范生的专业成长的特殊性。

2. 师范生自我认知与建构的缺失

实践性知识建构和积累都需要师范生自身参与并作出努力，上文已经提到实践性知识具有个体性的特征，所以，师范生实践性知识缺乏也可以从师范生自我建构中寻找原因。

首先是忽视教育理论知识的学习，缺乏理论素养的积淀。有些学生对教育理论知识不感兴趣，其学习是建立在被动、机械的基础上的，缺少最基本的知识熏陶和积累，一旦面对复杂多变的教育情境，就会束手无策，加之缺乏实践经验，如果理论知识无法内化与支撑，显然不利于实践性知识的生成。因为教育理论知识的学习，至少可以帮助他们从已有的认知结构中调取适合的解决方法，尝试性地解决当前问题。虽说理论和实践有区别，某个理论不一定适合当前情境，但是任何教育理论都是多年来许多学者和优秀教师从实践中提炼出来的。教育理论课程从根本上说是为教育实践服务的，只是其服务的主要方式不是告诉实践者无可辩驳的真理和可以立竿见影的操作规程，而是要帮助他们如何正确思考、如何理解教育问题、如何指导教育行为，即完善教育人格的建构。教育理论课程应该有助于学生清醒地意识到教育专业与自己生命的有机联结，意识到自己作为一个"教育者"的自我，它包含着作为教师必需的理智能力、情感意向、气质品格、行为倾向等，是作为具有主体自觉意识的教育者的价值标识，因此，师范生学好理论知识还是非常重要的。

其次是忽视自己的知识建构。因为知识不能单靠教师传授获得，而是师范生作为学习主体对知识的主动探索、主动发现和对所学知识意义的主动建构。作为学习者，对知识的建构一定不是被动的信息接收，而应该主动地去获取。师范生在专业学习的过程中需要保持专业的敏感性，随时对外部有价值的信息作出主动的选择和加工，而且这种建构是建立在专业认知基础上的，有显性的，也有缄默的，无法由他人来代替，也非由别人来告知。建构主义的观点是任何知识的学习都是自我经验与新知识之间的同化，"学习就是知识的社会协商"，学习的过程也是一种合作与交往的过程。然而，对于不少师范生来说，知识只是简单的信息储存，所学知识既缺少归纳整理，也缺乏思考转换，根本无法融入自己的知识结构中去，他们不懂得知识管理，不善于更新和调整自己的知识结构，更没有意识到要通过知识建构使自己趋向于专业人士，而只把自己看作知识的接受者和容器。

再次是缺乏反思的能力。尽管有些学生既重视理论知识的学习，也注重实践性知识的积累，却发现自己在实际教育教学情境中解决问题的能力非常有限，提升的空间也很有限。仔细分析不难发现，这类学生习惯于照本宣科，习惯于套用教育教学理论和借用其他教师或者同学解决问题的方法，但是这个方法在自己的使用过程中往往缺乏灵活性和创造性，在新的情境和境遇中很难直接适用或无法呈现出有效性。实践性知识有情境性的特征，如果不能依据需要作出反思性实践，形成个人的实践性知识，那么就很难成为一名合格的教师。所以师范生一定要重视反思，通过反思和提炼把这些知识转化为自己的实践性知识，在实践中观察、积累，把知识真正内化为自己的东西。

（三）师范生实践性知识生成的主要途径

1. 教育理论知识的转化

埃尔贝兹曾说："只要个体能够在实践的过程中对理论知识获得个人的意义，并指导实践，这就可以称之为实践性知识了。"[①] 这说明师范生实践性知识的来源之一就是理论知识的转化。应该说没有理论知识作支撑是很难积累实践性知识的，教育理论能够增强教育实践者的理性，它们之间是一种相互滋养的动态关系。师范生在校期间学习了很多教育教学类的理

---

① 林一钢. 中国大陆学生教师实习期间教师知识发展的个案研究［M］. 上海：学林出版社，2009.45.

论知识，在理解掌握了抽象的理论知识之后进行教育见习、实习，在教育见习、实习中验证先前所学习的教育教学基础理论知识，也可以理解为用所学到的教育教学理论知识指导教育实践，在此过程中，师范生遇到问题后就会尝试着用自己的理论知识去解决现实问题，他们会发现有些理论可以指导实践，而尽管有些理论在实践中无法直接适用，但是或许稍加变动就又可以指导实践了，这个过程就是师范生用理论知识摸索实践的过程，将现有的理论转化成自己在专业实践中成长的资源和能量，并唤醒师范生对教育问题的专业敏感，促进其认识的自主生成和系统化，慢慢地便能摸索出一套自己的方法，这实质上就是师范生把自己的理论知识转化为实践性知识的过程。

2. 实践教学

实践教学是师范生获取实践性知识很重要的一种途径。教师在教学过程中，尽可能运用实践取向的教学方法，以教学情境为纽带，以教学问题为引领，通过教育案例研讨和分析的教学方法，呈现真实的教育教学情境，使师范生直面具体问题的诊断与解决，在分析、思考和解决教育问题的过程中认知、理解并建构有关教育教学的个人知识。虽然师范生真正接触教学课堂的时间不是很多，但还是有很多方式可以去尝试实践，模拟现实课堂。如模拟上课就是一种很好的方式。现在一般师范院校都设有微格教室，利用微格教室进行模拟教学就是其中的一种方法，微格教学（microteaching）又称微型教学，形成于美国20世纪60年代的教育改革运动，由美国斯坦福大学的 W. Allen 教授和他的同事 A. Eve 开发，并在70年代作为培训教师教学技能、技巧的一种有效方法逐步被大多数国家采用。备课、感知、执教是"微格教学"的三个要素。微格教学虽然规模小，但是同样具备正常上课的基本步骤，是师范生用来锻炼上课能力的很好的途径，特别是其录像功能，可以供师范生反复观看研究，分析自己的教态、教学用语、动作等是否得当，有助于师范生发现并纠正自己的不良习惯性动作、口头禅等，并且可以供同伴分析指正，再予以改正，通过不断地模拟上课，师范生的教学技能就会有所提高，改变学生被动的操作化的模仿学习状态，通过专业情感的实践、专业技能的实践以及与教育教学情境之间的互动，体现实践教学中师范生的实践性知识不断积累的要求。

3. 教育实习

教育实习对师范生来说是时间最长、最系统接触真实课堂教学的机会，也是师范生获得真实教育体验，培养和提高教育工作能力的一项实践活动。可以说教育实习是师范生获得或生成自己的实践性知识的主要途径。因为它既是一种学习知识的过程，又是探究知识、反思知识和生成知识的过程。在整个实习过程中，师范生将深入课堂，不仅要上课，解决课堂问题，还要承担实习班主任工作，解决日常的教学问题等。师范生也只有在实践的过程中，才可以修正和改造原有的实践性知识并使其丰富和完善。这是一个在行动中增长智慧的过程。实习过程中指导教师的"临床"指导对促进师范生的反思及积累实践性知识起着重要作用。因为师范生不仅要在具体的教学情境中善于发现问题，而且要根据自己的教育教学实际及其所面临的问题选择所需要的教育理论知识。这是一个动态的、充满创造性的过程，他们不可能按预定的计划去行动，或套用某种格式，只能在复杂而具体的情境中根据变化的情况采取应对措施。这需要把所学的相关教育理论知识作为解决问题的工具，同时以悟出隐藏在实践行为背后的逻辑或者道理为目的，从而获得在教育教学中作出合理判断与决策的实践智慧。一般来说，指导教师对师范生的"临床"指导是通过语言或示范性的教学行为等显性方式来完成的，但作为师范生，在仔细观摩指导教师上课的基础上必须弄清这些行为背后的动机、价值观等起支配作用的因素，因为这涉及指导教师的实践性知识，非常有助于师范生理解指导教师的基本理念以及他们在课前、课中和课后的想法，不仅了解指导教师"如何教"，而且了解"为什么这样教"，了解课堂中指导教师何以作出这样或那样的判断并采取相应的教学行为。同时，在与指导教师的交流互动的过程中尽可能地表达出自己对教育教学既有的认识与观念，展示自己内心真实的想法和习惯性的行为，从而进行必要的反思、质疑与辨析，从而去建构、改善个人知识，形成良好的实践性知识。

一个师范生的叙说——

在这次大实习中，一位名师很好地启发了我，她平时的课堂并不华丽，上课一般也没有课件，没有专门设置的游戏，这样做的目的是不想用外部的吸引力去影响学生的听课效率，但是学生都学得不亦乐乎，认为课堂很有趣。她的表情，微小的一个动作，语音语调，教学环节中一个极小的步骤，都影响着整个课堂。以她教学"May I have a look?"和其回答"Sure，here you are."为例，她并不是进行机械的操练，而是在手里握着一个小玩具，让学生举手说这句话，老师说："Sure，here you are."同时允许那个提问的学生看她手里的东西。小学生的好奇心非常强，为了看到老师手里的东西，都争先恐后地举起小手问老师，这样就可以引导学生自发地说出这句话，而不是逼着他们说。句子操练还要讲究层次性，由易到难，第二步她拿出了一个万花筒，当一个学生问这句话时，她便把万花筒给了那个学生，同时说："Sure，here you are."其他想要看的学生必须再向那个学生说："May I have a look?"而拿着万花筒的学生得说："Sure，here you are."并把万花筒给另外的同学，孩子们非常喜欢这样的课堂，真正做到了"乐中学"。就是所有这些完美的结合使得她的课堂可以如此顺利、如此紧凑、如此有趣，听她的课，最大的感受就是轻松，不仅教师上课轻松，学生学得轻松，就连旁听的人都会感到轻松。

教育实习对于师范生来说，是积累实践性知识最宝贵的时期，因为在此期间，很多优秀教师的经验就可以解答师范生的各种疑惑。

4. 课外实践活动

在大学有很多课外实践活动可以提高师范生的教师技能，促进师范生实践性知识的生成。做家教就是其中一种，但是并不是只要做了家教，就积累了很多实践性知识。家教的类型有很多，而对实践性知识的积累最有帮助的是各种辅导班的实践，时间最好在周末或者假期。因为辅导班相对来说可以提供一个与课堂较相似的教学情境，师范生可以借此接触和熟悉较真实的课堂，同时在与辅导班里各种各样的学生接触中，也能慢慢琢磨出一些规律来。通常情况下，已经具备实践经验的师范生对教材的感觉更好，上课显得更加老练，管理学生也更有办法。另外，支教也是一种不错的方法，支教和辅导班的相似之处也是面对一个班级的学生，但是支教可以教给师范生另外一些独特的知识和体验。因为需要支教的地方相对来说是比较特殊的地方，与那边的孩子接触后就会深刻地体会到同龄孩子在性格、学习等各方面的差异性。如山区的、农村的学生由于各种原因，他们相比城区的孩子，在课堂上显得更胆怯，不善于表达自己的情感，在知识阅历上更为单薄，性格行为上的问题也更多，因而课堂教学需要更多的技巧和智慧。作为一个师范生，试着去接触和了解不同层次、在不同环境下成长的孩子，对其以后在教学中渗透"教育要考虑到孩子的差异性"的教育思想很有帮助。

（四）师范生实践性知识的积累方法

师范生的实践性知识比较缺乏，但是在大学的专业学习中还是可以通过自身努力来改变这种状况的，关键是个体需要有主体性，善于主动获取和积累，自觉行动与摸索，一步步去建构自身良好的实践性知识体系。

1. 记录

师范生在教育见习、实习或者是自己平时做家教时肯定会遇到很多复杂的教育问题，可能会因为经验不足而处理不好，但是可以及时地把问题记录下来，并且把自己的处理办法、处理效果也记录下来，在记录的过程中可以慢慢形成自己的思考和实践性知识。另外要善于把指导教师或者同伴在教学生活中所发生的有价值意义的案例或事件及时地进行记录，尤其是处理的方式，因为很多方法对自己是有帮助和启发的，而这种智慧往往是带有即时性和爆发性的，无法言传但可以感悟，错过了记录事件发展的最佳时期往往就难以再进行复述和整理。其实，在专业学习中，倘使自己在面对实际情境时瞬间有了想法，或对某个行为有触动时，记录其实就是一种反思，是对个人知识的一种建构，是对缄默知识的一次提取，这对实践性知识的丰富与积累都很有价值。当然，记录的方式也有很多，可以是案例描述、札记、实习日记，也可以创建个人博客，甚至可以用最近比较流行的微博，随时随地地记录自己瞬间的想法。当然光凭记录是远远不够的，有些记录是瞬间的想法，若不整理，过了一段时间就连自己也看不懂了，所以应该定期把它整理成一个体系，并且应该随时、经常翻看和整理自己记录的东西，可以对同一类问题及其解决方法进行归类整理，在自己的脑海中进行梳理，总结出规律来，实践性知识或许就会在无形中生成、增加了。或许当第三次、第四次、第五次……翻看的时候又会有新的感悟，再去反思，再在脑海中整理自己的实践性知识体系，不断地完善自己的实践性知识。通过这样的方式，师范生可以以叙事的方式将自己的实践性知识总结出来。

2. 反思

师范生在指导教师的帮助下解决教育情境中的各种问题，问题解决了，但并不等于积累了实践性知识，师范生作为能动性的个体，对教育情境要有自己的理解，从而进行反思与研究，形成自己的判断与解决方法，这样才能获得自己的实践性知识。也就是说，所学的系统理论知识必须融入教育实践过程，从而转化为自己的内在认识，并在特定的案例和复杂的情境中重新进行解读和反思，才能真正实现教育行为的转变。显然，师范生需要经过实践体验和实践指导训练，并对实践经验进行审查和反思后，才能形成独立的教育实践品性，因此反思能力的培养是师范生实践性知识生成的关键因素。师范生只有建构了自己对各种事物的观点、理解，建构自己的教育观和教学方法，才能够在面临复杂多变的教育问题时找到解决方法。上文提到的记录、整理，其实和反思是一个有机的整体，若没有反思，记录和整理都是毫无意义的，因为只有加以自己的理解，对知识进行提炼，才能真正使其成为自己的东西。在真实的教育情境的实践中，师范生获得的实践性知识不是某种客观的和独立于专业学习之外而被习得或传递的东西，而是教师专业知识和技能在真实教育情境中的整合式运用的结果，这是一个点滴感悟、不断内化、连续生成的过程，也就是把所学的专业知识、理论知识真正转变为自己的实践性知识。

3. 共享

师范生实践性知识的生成主要靠自己在实践中获得，但是同伴以及其他教师之间的资源共享、经验交流也是一个非常重要的途径，因为它可以用最直接的方式，快速、便捷地获取经验和知识，并且实践性知识的共享过程也可以提升一个教师的反思意识和反思能力。从大学学习的途径来看，网络媒介是一个非常普及的渠道。如今由于互联网的普及，我们可以在网上找到很多教学视频、教学案例、教学设计、教学课件等，网上还有很多教育论坛、名师博客等丰富的教学资源。在对这些资源的有效利用中，师范生需要学会如何学习与观察，如何评析与判断，因为不同的资源、不同的课堂，甚至是不同的教师，表现出来的教学能力、技巧和处理问题的方法是风格迥异的，即便是对同一堂课，或者是对同一个问题，不同教师也有不同的见解和解决方法。其实这些差异的背后往往蕴藏着丰富的实践性知识，其间思想、智慧的碰撞可激发师范生生成实践性知识的灵感。同样，师范生也可以把自己的一些教学资源及其想法发布到网上，通过网络平台形成学习共同体，在交流沟通和碰撞中提升自我。网络打破了时间、空间的限制，使交流共享的面更加广泛。对于师范生来说，多观摩优秀教师上的课，从中学习一些上课的方法和技巧，对自身教学水平的提高是很有帮助的。

实践性知识生成虽然要靠个人建构，但是与他人交流也是必不可少的，教师实践性知识共享可以实现教师个人的实践性知识创新。比如师范生在教育见习、实习回来要举行交流会，这种交流会是大家思想的交流、心得的互换，有时大家会对公开课进行评价，不同的个体会用不同的视角去观察、判断、评估和思考。或许由于看事情的角度不同，看到的或听到的侧面也就不同，对教师和课堂的评判也会有所不同，听到不同的分析就会接触到更多的思考与理解，对教师和课堂也就有了更深刻的理解。体会课堂的精彩之处，读懂教师的匠心独运，也能意识到教师的不足或局限，尝试提出不同的意见和建设性的建议，大家经过思想的碰撞之后，就会迸发出新的灵感，产生全新的想法。这种心得经验的交流，也是师范生逐渐构建、扩充自己的实践性知识体系的一部分，大家的意见融合后就会对自己原有的实践性知识体系进行完善修正。当然交流的机会在专业的学习中是无处不在的：与理论导师交流，在认知上不断修改个人知识；与同伴交流，在潜移默化中改善自我缄默的知识；与实践导师交流，在行动中完善和建构实践性知识。养成独立思考和探究的习惯，养成自我教育和自主成长的意识和能力，养成对教育问题的专业敏感，使实践性知识成为教师职业发展中不可或缺的一部分。

二、实习教师教育实践智慧的缺失及培养

实习是教师教育中非常重要的一个培养环节，也是一名准教师在高师院校完成了基本理论素养的学习之后，顺利踏入教师生涯、从事教师职业的一个必须经历的实践教学训练环节。实习教师一般是指师范生在完成了学科知识和教育理论知识的学习后，又经历了见习观摩及试讲，在学校真实课堂进行教学和班级管理的实践教学过程中的身份定位。进入实习阶段，就意味着师范生的身份由一个学生变成一名实习教师，是对师范生在校学习的学科知识、专业知识和技能的实战检验，也是提升个人的教育实践智慧的良好途径。通过实习，师范生可以发现自己在教育教学各方面，诸如备课、学情分析、课堂调控等方面的专业素养与储备能力。实习是为以后的教学工作奠定基础的实践训练与操作，能帮助师范生提高一名准教师应该具备的实践能力，为以后的教学工作积累经验，打好基础。

但在实习过程中，我们发现了一些值得注意和思考的问题，如实习教师在课前准备教学设计时过分注重预设，教案详尽之至；课堂上面对偶发事件缺乏一定的教育机智，教案生成能力薄弱；课后不懂反思，注重模仿，有些缺乏创造，走入摒弃理论盲目实践的误区。从某种程度上可以看出，有些师范生具备"教什么"的专业知识，但不懂"怎么教"的教育实践智慧。因为对他们而言，真实的教学课堂与他们想象中的课堂是有差距的，学生的差异、环境的干扰、问题的多元等都会影响到教学的设计和课堂的瞬息多变，教育实践智慧在这里要求很高，无处不需要。这是一个极富挑战的实践阶段。对于这些在校接受了三年多专业学习的实习教师来说，往往是从一开始实习的新奇、期待，到随后的热情投入，直至最后的按部就班、乏味、停滞不前，甚至是沮丧、失望，心中难免会有太多的迷惑与不解。为什么所学的专业知识不能解决实际问题？为什么课堂会生成那么多复杂的问题？为什么"我"面对实际问题时往往是束手无策的？为什么……当所有的困惑与问题纠结在一起时，回到大学课堂的实习教师，开始探讨问题的原因，开始审视自我成长中的各种因素，用专业的视角分

析、透视实践智慧的缺失及其原因，并尝试着反思建构的途径。

（一）实习教师教育实践智慧缺失的表现

我们先来看一位实习教师的反思记录：

对于新教师，一件有趣的事情是，我自以为了解了课堂，毕竟我们已经在学校生活了 17 年。然而只有真正地站在课堂面前，我们才会清楚地认识到教学到底有多复杂。我痛苦地认识到教师职业中一个未被充分认识到的艺术之一，就是课堂管理智慧。刚开始教学的时候还算顺利，我先对学生说明了课上应遵守的规章制度，强调他们要礼貌待师，并且彼此之间要礼貌相待。

我清楚地记得 10 月末的一天，在做完实验后，我要求学生回到自己的座位上来讨论一下实验中遇到的问题。但是，学生们根本不听我的招呼，我连说几次，也没有丝毫效果。我就一直催促，仍旧如此。直到我的指导教师走进教室，这种乱糟糟的局面才得以制止。在我随后的教学中，这种情况仍然照旧。我的指导教师对我说，他会坚定地站在我这一边。接下来的一周，我的指导教师继续观察课堂并对我予以帮助。我对班级管理采取了严厉的措施，并讲了新的规则和要求。那天，我的指导教师说，我有些太婆婆妈妈了。接下来的几天，我对他们严格控制。对于两次犯错误的学生，我罚他们放学后留校 15 分钟。我在学生中失去了信任，我被彻底孤立起来。

不久，我的大学老师来听课，也许那天是节日的缘故，我的心态比平时放松得多，课上讲得很精彩，并且学生们也很为他们那天在课堂上的一些发现欣喜不已。我被他们围在中间。我突然意识到我这种教学方式比管教的方式好得多。

此后，我去听了其他几位有经验的教师的课，观察他们课堂管理的方式。我注意到他们的管理方式与我差异很大。不久，我抛弃了以奖励代管理的策略，继续寻找适合自己的管理风格，但与学生的裂痕也形成了。我的学生不再信任我，但对学科还是充满热情的。

其实，类似于上述的经历在很多实习生身上都曾经有过，对大多数实习生来说，只有真正走上了课堂才发现，原来新的挑战才刚刚开始，自以为熟悉的场景、了如指掌的知识，在一瞬间，因为课堂教学中无法预设的因素和时空叠加的变故，往往变得不知所然了。

教育实习的时间是有限的，大多数学校的集中教育实习都安排在大四，时间为6~8周，所以，实习教师在有限的实习时间里，主要的工作场域在课堂教学中，通过课堂教学的方式来磨炼实践教学的能力，课堂与教学也就成为实习教师最为重视的场所，也是检验能力和评价自我的一个主要渠道。对此，实习教师的教育实践智慧也主要体现在课堂教学之中。因为教育实践智慧主要产生于实践教学，是有效解决具体教育问题的智慧，是教师在面对复杂的教育教学活动时与问题情境的对话。它反映的是教师的综合能力和素质，包括教师的人格、学识、能力、经验等方面的整合与升华，也是其洞察能力、批判能力、反思能力、沟通能力、协调能力、审美能力、创造能力等的综合体现；同时它又内化于教师的意志品质之中，体现在教育活动中基于善的价值追求。实习教师在经过一段时间的实习后，其教学能力逐渐稳定下来，在知识结构、备课能力、教学设计等方面逐渐显示出良好的专业性特征和综合能力，并在努力地形成自己的教学风格，在课后反思、主动请教、积极调整中可见他们的意愿和态度。然而，他们已有的专业知识和实践性知识显然不足以应对复杂、多元、不可预设的课堂教学，教育实践智慧的缺乏往往使他们在教学中狼狈不堪或疲于应对。

1. 课前设计中的问题

实习教师都在高师院校中接受了几年的理论学习和专业训练，实习之前也都是信心饱满、准备充分的，但是在备课中大多数实习教师易犯"只见树木不见森林"的毛病，急功近利，并不善于从学科整体、课程标准和学生的学段目标上去解读教材、细分教学内容、把握教学的重难点，容易导致对教材把握不准，对课程不甚了解，上课时易忽视学生实际水平，缺少教学的整体性和系统性。就拿备课来说，实习教师把大量的时间放在细节上，如环节之间的过渡语、教学内容的呈现方式等，在去上课前反复模课，细致到上课的每一句话都事先练习好，都落实体现在教案中。的确，对于新手教师来说，写详案是非常有必要的。指导教师也都会要求实习教师写详案，但很多人的教案详尽之至，详细到预设上课的每一句话，这样的教学设计已经成为"剧本式"教学设计了。这也就导致上课时实习教师太过拘泥于教案，心中只有预案而无法把握课堂动态生成的情况，不会根据学生的具体反馈来调整预定的教学计划。此外，网络的发达在带来丰富的学习资源的同时，也限制了人们的创造性思维，更为一部分人的懒惰提供了土壤。实习教师也不例外，由于经验的匮乏所带来的自信不足，面对复杂课堂所带来的畏惧心理，在撰写教案过程中他们会过分依赖网络和名师设计等教学参考，在自己还不预先熟悉教材的情况下直接"集万家之教案"于一身，拼凑出一份教案。也正因如此，他们所设计的教学预案看起来精彩，但用起来磕磕绊绊，难以把教学方案与真实情境中的学生联系起来，更不会因材施教，提出实效性和针对性强的教学目标。这样做导致的后果就是上课成为教案的"表演秀"而学生的学习收获不大。实际上，大多数"实习教师"上课的效果只能达到教案预设的一半。

2. 课堂教学中的问题

课前设计的弊端必然会影响到课堂教学，常见的问题是课堂中的实习教师更关注"我"教的方式、教的预设、教的程序，强调教学过程的严密性、教学环节的完整性、教学目标的预设性，而缺少对学生的关注，学习效果和学习方式往往就无暇兼顾了，至于课堂教学中可生成的资源和产生的思维火花，实习教师更是缺乏专业敏感性，课堂显得拘谨和呆板、教学缺少灵感和创造是通病。比如说，课堂管理能力薄弱。好的课堂管理是融合并贯穿于教学过程的，有经验的教师能够通过好的教学组织设计来调控课堂，并在教学中随时观察学生的表现以调整教学方案。但这一切对实习教师来说就显得太难了。一方面，实习教师对课堂规律的把握比较含糊，不能很好地判断学生行为的合理性，表现出对课堂控制管理能力的薄弱，缺乏课堂管理的相应策略。如何维持学生的注意力，如何巧妙利用微妙的体态语言暗示和提醒学生，这些都需要经验，在一个环节切换到下一个环节或展示重点信息时，及时提醒学生关注并做好衔接过渡很重要，但对实习教师来说往往应接不暇。另一方面，对于课堂上发生的偶发事件，实习教师常常措手不及，缺乏处置课堂偶发事件的灵活性，有时在不得已时还需要指导教师出面解决。即便是学生注意力不集中这样常见的问题，实习教师也不善于找到好的应对方法，或者因为忽略而导致课堂秩序的混乱，或者采取中断教学的方式去提醒和管理学生。如何在不影响教学的情况下巧妙化解和组织教学对很多实习教师来说都是一个不小的挑战。不少实习教师会说："我上课都来不及，一直想着怎么上完，哪还有这么多时间管这些呢？"

另外，教案生成能力薄弱也会导致实习教师缺乏一定的课堂应变能力，反映出实践智慧的匮乏。

一个实习教师的言说：

真没想到，今天在上《物体在水里是沉还是浮》的课时，出现了这样的情况：在谈到"什么样的物体在水中沉，什么样的物体在水中浮"的问题时，一个学生提出了把萝卜、橡皮泥等物体切成同样大小放在水里比较的假设。这与我的教学设计大不一样。课堂上有人听课，刚刚走上讲台的我真是慌了手脚，忘了是怎样糊里糊涂地否定了他的设想，又生硬地拉回到我的"轨道"上来，才勉强把课上完。

回到办公室，我对大家说："我课上可真出了一身冷汗。"

"我都看出来了。"听课的薛老师、许老师笑着说。

"你的教案是完成了，可是不管不顾学生的想法，是不是有些欠妥呢？"

"是这么回事，我也不知道该怎么办。"

……

其实，实习教师在准备教案和备课时都是竭尽全力的，可谓细节、内容、过程都详尽之至，但问题是他们的教案通常是单向的、通顺的，更像一个人的演说稿，仅关注到"我"的教学，教学设计步步为营，不忽视任何细枝末节，从而导致了上课变"备课"为"背课"，教案生成的空间和能力非常有限。在课堂上，大多数实习教师期望学生能按照自己的课程预设按部就班地进行学习，又常常被学生的求异思维搞得不知所措。因为他们只相信预定的教案而不敢信任自己的能力，这样便会受制于自己的教案而不敢越雷池一步，一旦出现偏离教案的情况，或课堂发生突发状况，就会束手无策。因此，对于课堂上学生提出来的问题或预设外的回答，实习教师缺乏有效的应答能力，对学生有价值的提问难以作出有针对性的启发，从而使其生成有意义的思考；学生回答错误时，也难以抛出一个引导式的问题，帮助学生更好地理解和纠错。课堂教学是一个动态而复杂的过程，有预设，但更需要智慧生成。教学中有很多不确定因素，每一个学生都是独立的个体，教师的创造性劳动是需要实践智慧的，这也恰恰是"实习教师"难以把握的地方。

3. 课后反思中的问题

由于实习生活的紧张，多数实习教师都是在上完一节课后，简单听完指导教师的评价，稍微交流后又开始马不停蹄地准备下一节课的教学设计。没有时间停下来认真反思往往是实习教师生活的常态。而不会反思也就难以成长，不善于总结经验教学能力也就难以进步，感觉不到教学的乐趣和自我成长的成就感，热情也就在疲惫中消失殆尽。虽然大多数实习教师意识到反思的重要性，但都停留在教学技能等操作层面，如板书的规范、课堂的气氛、学生的参与度，以及自己是否按计划教完教案等，而很少去涉及有关教育理念或背景性知识等专业层面的思考，学生是否在

"我"的课堂上获得发展？有多少有价值的问题在这节课中生成？学生学得快乐吗？"我"是否忽略了什么？这些问题的思考往往带有专业的视角，也是自我成长中无法避免的问题。不会自我总结性地反思，就难以积累经验，难以生成自己的实践性知识，而实践性知识是教育实践智慧培养的前提。不会反思，不善于反思，甚至不愿反思，导致的结果就是教师慢慢会感觉理论学习离自己越来越远，觉得自己在高师院校所学的专业理论知识在实际的课堂教学上无用武之地，以致开始怀疑理论或者不再相信理论，把自己置于埋头盲目实践的低效劳动之中。

（二）实习教师教育实践智慧缺乏的原因思考

不同阶段的教师实际上都有自己的"实践智慧"，只是在丰富性、系统性、灵活性上存在着差异。而实践智慧孕育于实践性知识中，其根基在于自身的教学实践。因此，对于实习教师来说，由于实践经验的缺乏，实践智慧也就表现出有限而零星的特点，但即便如此，从教师教育的角度思考造成实践智慧匮乏的原因，是有助于我们培养方式的改善的。

1. 自身因素

首先是实践性知识的匮乏和智慧意识的缺失。

一直以来，我国的师范生高等教育针对的主要是资格型教师的培养，其目的是经过大学三或四年的理论学习和一定的实践活动，使师范生的知识和基本技能达到一定的标准。师范教育注重师范生理论知识的沉淀和积累，虽然在大学期间会陆续安排教育见习、实习，但时间非常短暂，最多两个月的时间。从师范生的角色跳转到实习教师，很多人会感觉到"知识短缺"和知识不实用，不能满足教学实际需求。其实，师范生在学校已经学了不少教育类知识，在模拟的理论实践运用中也能说出一二。但为什么系统的学习依然不能胜任实践，在站上讲台后仍然觉得茫然，知识使用起来仍感觉心有余而力不足呢？其实"短缺"的并不是实习教师的"知识量"，而在于已经获取的内在的专业理论知识能否直接指导实践，能否外化为行为，能否经过自身实践活动转化为有效的实践性知识。实践性知识的匮乏是实习教师的共性，在高师院校所学的理论知识并不是必定可以转化生成实践性知识的，即便是在实践教学和各种途径中获取的有限实践性知识，也是需要在实践中试用、磨合的，或者说所获得的实践性知识还需要不断地解释、完善、矫正、深化，否则它不会自然而然地转"识"成"智"。只有将实践性知识内化成自己的思想并在头脑中重新建构，这些知识才能在教学情境中发挥其理论指导实践的意义，完成知识向智慧的提升。

实践性知识源于实践，是教学经验的积累，是需要实习教师通过自身的感悟、体会、反思等方式形成并积累的，并在真实的教学实践中成长和丰富的，最终才能转化为实习教师的实践智慧。可以说，教育实践是教育实践智慧积累的前提，所以，这种实践性知识的匮乏也是教育实践智慧缺失的前提。

有目的的实践行为背后一定存在一套系统的知识体系，而实习教师要表现出有效的行为和实践智慧，需要系统的专业知识作为支撑。真正为师者、能为师者，首先要使自己的专业知识系统化，并且广泛涉猎各个领域，这样站在讲台上即使不能妙语连珠，也至少可以做到"欲明人者先自明"。实习期间，实习教师忙于奔波在上课、批改作业、辅助管理班级之间，很少能静下来、停下来对自己的个人知识、实践行为进行深层次的反思和审视，用智慧的、专业的方式去审视教学生活。有些实习教师喜欢剧本式的教学设计，原因不仅在于他们本身实践性知识的匮乏，更在于他们所学的专业知识没有自成体系，未能内化为个人知识。"教师对培养目标、课程标准、教科书、相关教辅材料等深入学习、通透理解，变成自己的血肉，进行'二度开发'与加工设计，将其转化为具体的、个别化的教学活动方案……将公共知识转化为学生的个体知识……转识成智，变知识为能力，化知识为美德等。在这样的连续转化过程中，不断生成新体验、新方案、新设计、新观念、新思想，也就是说生成寓于转化之中，是预设启发下的生成，而不是在转化之外，无端地创生。"① 可见，教师对课程文本的解读、教学方法的使用等都需要智慧，需要在教学中运用自己的智慧，善于观察、敏锐判断、深思熟虑，实践智慧的生成是建立在对自己的教学实践的理性思考、质疑和不断修正的基础上的。智慧不等同于知识，并不能直接传授，只能在实践经验的累加中不断提升。但个体如果缺乏主动性，缺乏养成与建构的意识，是很难通过实践的方式、技术的渠道生成自己需要的教育实践智慧的。能力的提高主要靠训练，但前提是自己要有主动提高的意识，否则实践再多也是徒劳。

其次是教育敏感的缺席和教学机智的不足。

教育敏感是指教师对教育现象、教育问题、教育事件等蕴含的教育价值所作出的具有敏锐感知和辨别能力的思考，能以专业的视角和专业的知识去判断、分析和处置各种问题。这种专业敏感是建立在教育知识和理智

---

① 柳夕浪. 教师研究的意蕴［M］. 北京：教育科学出版社，2007. 121.

智慧的基础上的。而这种理智智慧是在学习教育知识、形成教育理念中实现的。良好的教育敏感性可以帮助实习教师拓展认识的视野，形成看待问题的新眼光，丰富解决问题的可能性策略，创新思考问题的观念图式，从而提升思维的广度和理解实践问题的深度。实习教师尽管已经接受了良好的教育，但实践经验的匮乏往往更容易使他们动用"先验"的经验，传统教育中的先天不足会使他们在潜意识里执行着"教书匠"的机械工作，教学活动以自己最熟悉的、固定的模式和方式展开，从而使上课变成犹如教案的表演秀，缺乏生命"在场"的真实感，缺乏情感交流的平等性，也缺乏对问题事件的敏感性。其实，教育实践的过程是独特的和不断创生的。教育过程中富有教育价值的契机是随机出现的，既存在于教学的随机事件中，也存在于细微的教育生活中。每一个因素都是变量，因而充满了偶然、意外和不确定性，时刻需要求新求变的可能，如果实习教师无法很好地捕捉来自课堂、学生言行的微妙变化，不能因时、因地给予很好的反馈和应对措施，那么一个个教育机会就会稍纵即逝，而对教育现象的不敏感也将导致事后实习教师缺乏反思的能力与深度，因为思考要始于问题，问题源于敏感。如果缺少这种刺激反思的敏感态度，教育实践智慧也就失去了生成的机会。

教育机智是一种"瞬间知道该怎样做，一种与他人相处的临场智慧和才艺"①。一个教师的教育机智，是在长期的教育实践中经过磨炼，结合教育科学理论的学习逐步形成的，是经验、才识和智慧的结晶。教师在教育过程中要根据意外情况准确、恰当、迅速、敏捷地作出判断，并随机应变、恰到好处地采取果断的措施，这不仅需要经验，更需要智慧。教育生活因为复杂而多变，无处不需要教育智慧。实习教师也不例外，面对各种教育问题和偶发的各种事件，需要具备随机应变、快速有效地处理问题的能力，这就要求实习教师具备一定的灵活性和创造性，有对生命成长的尊重和教育价值的感悟。但实习教师大多脱胎于传统的教育模式——按部就班的格式化教育，以传授知识为主要目的，以书本教授为主要内容的学习方式，以考试成绩为评价标准。这样的教育熏陶出来的人往往少了一些主动性和能动性，多了一些被动性和受动性。依据"先验"的经验，课堂教学很容易被理解为一种"你说我听"的格式化学习，不仅很自然地放弃了自己的创造与创生，也在某种程度上压制了学生的创造力。对于实习教师

---

① ［加］马克斯·范梅南. 教学机智——教育智慧的意蕴［M］. 李树英译. 北京：教育科学出版社，2001. 165.

来说，个性化的东西少了，模仿性的东西多了，有灵性的创造教学被呆板的格式教学所取代，教学机智又何处找寻？没有了教育机智，教育智慧也就消失殆尽了。

2. 客观因素

首先，实习本身具有虚拟性。

实习教师的角色决定了师范生身份的特殊性，他们顶多是个"准教师"，这也使得他们接触的中小学实践和学校教师生活带有一定的虚拟性。这种虚拟性主要表现在实习阶段依然是处于师范生教育的阶段，只不过区别于理论教育的一种实践活动，并不是真正处于教师专业成长的某一特定阶段。国外在这方面有过研究，"实习教师来到西勒斯小学，不了解他们学生的家庭和社会文化。因此，当他们在学校里注意到受文化影响的事例，他们不会给予同样的解释，而是更喜欢把它们归于其他的原因，比如特定教师的风格或个性，或者父母对孩子的教育承担的义务。因为实习教师不理解与这些事件相关的文化，他们就不能领会他们所有的道德意义和复杂性，而是把他们误解为正确或错误的典型"①。显然，如果在这些实习教师的个人知识里有明确的有关学校教育和学生的发展将会受社会环境及文化影响的教育和教学理论智慧，他们在分析问题和对待这些学生时就会理性或专业许多。

实习期间，实习教师更多地关注怎么上好一节课，熟悉班级情况，协助班主任进行班级管理，而较少参加教学专业活动，如班主任会议、教研活动等，因此，他们并没有完全地、真正地走进真实的教师专业生活。从一定意义上说，师范生的实习更多地体现了这种教学专业活动的局限性，实质为"教师基本技能训练"，仅包括某些教师技能、技巧层面的活动。而真正带有探究性、专业性的教学活动并不触及。可以说，实习教师在实习期间的上课、批改作业，甚至研究学生都处于孤立的状态，缺乏整体性和系统性。他们按照指导教师的要求按部就班地备课、上课、反思，既不需要结合学段要求，也不需要参考指导教师的学期计划，阶段性、层次性地落实对学生某方面技能的培养。作业只需要根据班级现有的作业布置模式安排设计和按指导教师的要求进行批改，不需要灵活主动地为学生布置针对性强的作业。在实习期间，除了知道他们的成绩优劣、性格特点之外，在短短的实习期内根本没法进行全面的了解，更接触不到后进生转

---

① Carrie Birmingham. Practicing the Virtue of Reflection in an Unfamiliar Cultural Context. *Theory into Practice*, 2003, Vol. 42, No. 3, pp. 188 – 194.

化、家长访谈等工作。

此外，实习学校的指导教师也并没有完全放手，实习教师的一切活动都是在指导教师的控制和安排下进行的，并没有留出可以独立主持、自主操作、创造开放的空间。他们的自主性不强，除了能在一定程度上锻炼、提高自己的教学技能，熟悉学校教育的习俗外，在班级管理方面还属于了解熟悉的阶段，即使涉及班主任工作也只是辅助指导教师完成，停留在打杂层面，只是减轻了指导教师的负担，而自己的管理能力却因缺少锻炼而难以得到提高。与其说实习是实践活动，倒不如说是"半实践"活动，而非真正意义上的实践活动。

其次，理论与实践脱节。

对于师范生来说，大学里的课程大都关注专业知识的理论学习，而缺乏实践中对教学的体悟，即使有也只是少量的模拟性解决问题的案例分析罢了。这些课程使师范生掌握了丰富的理论知识，但没有系统化地形成自己的知识结构，往往停留在"纸上谈兵"的水平上，导致他们对于复杂的教学认知仍是表面的、肤浅的，对自身的教学能力多抱有不切实际的乐观态度。因此在实习中，当实习教师面对各种复杂的教学情境时，他们会想当然地去结合或搜索相关理论，翻阅曾经学过的理论知识，最终也是无解或一片茫然，即使找到了理论依据，也无法直接指导操作应用，错失了最佳的教育时机。久而久之，从课堂教学到班级管理，他们会逐渐意识到实际教学和理想中的得心应手差别甚远，对自我效能感产生怀疑，甚至开始觉得力不从心，逐渐产生失落感，对理论学习开始不再信任。究其原因是理论与实践的脱节。具体而言，一方面因为理论与实践之间缺乏过渡，实习教师从纯理论的学校学习跳转到纯实践的实习，变得无所适从。抽象的教育理论与具体的课堂实践活动之间的距离是茫茫的"开阔地带"，需要经历理论学习、理论模拟运用、真实情境运用逐渐熟能生巧的过程，否则就会陷入理论与实践难以对号入座的境地。另一方面，师范生在高校学习理论知识的方式有待商榷。对大多数师范生而言，课堂上的理论学习仅是作为应付考试的工具，他们对知识本身兴趣不大，以致对理论的学习往往一知半解，或者不求甚解。对理论的学习因为缺乏兴趣而不够深入、透彻，对专业知识的适用性、条件性和应用性只知皮毛，只能进行简单的模拟运用，因而一涉及真实复杂的教学场景，面对鲜活的、差异性明显的学生，他们往往就变得束手无策了。已经习惯于传统教育下死记硬背的师范生习惯的是知识储存，缺乏主动灵活地将理论知识运用到实践中并解决问题的转换能力，不善于将公共知识转化为个人的知识，以致在面对复杂多变的教学情境时无法学以致用，只能感叹理论与实践的"距离"。

（三）实习教师教育实践智慧的建构途径

艾森纳指出："教师教育必须做转变，从知识论的培养观转向实践智慧的培养观。"对于实习教师而言，教育实践中呈现的种种问题与困惑，教育实践智慧的缺失与不足，恰恰反映出教师教育需要关注并调整培养观。当然，教育实践智慧既不是纯教育理论，也不是简简单单经验的累加，而是源于经验但还没提升到理论层面的处于中间地带的独特能力。一方面，它不像教学经验那么粗糙；另一方面，它又超越了理论的抽象和机械。它是一种源于实践的智慧，它的培养依赖于实习教师自身的因素，如自身的知识构建、自主意识等。因为教师才是自己教育实践智慧的拥有者，是实践智慧提升的内部因素也是主要因素。另外，实习教师的教育生活是以高校和实习学校为场域展开的，他们的实践智慧会受到高校教育模式、实习学校的指导教师的影响等外在条件的干扰。因此，探究实习教师的教育实践智慧的建构过程也需要关注个体的内部建设和外部条件的创设。

1. 实习教师的自身改善

首先，强化实践性知识，建构个人理论。

实习教师的教育实践智慧是通过教育行为显现的，虽然这些行为算不上主动或专业，但也是个人理论的外显。个人理论正是个体已经内化的关于教育诸方面的理性认识。对于实习教师而言，实习是获得实践性知识、积淀个人知识理论、提升教育实践智慧的重要途径，"理论知识是从业资格的基础，而专业实践本身是所有知识指向的终极目的"①。在实习过程中，实习教师都应以"我"教育教学"在场"的角色意识，积极主动地感受各种教育过程，积累知识经验，熟知教育教学过程。无论是在实习初期的听课阶段，通过观摩、感受课程教学等形式参与教学活动，观察和分析指导教师的教学行为，了解基础学校教师的教学风格和学生的学习水平，为实践性知识的获得奠定基础。或是在实习中期，已经进入尝试性实习过程中，其主要任务就是体悟、积累个人的实践性知识。通过开展课程教学、设计教学活动、组织主题班会等实践活动，自己亲身体验真实课堂的教学生活，在指导教师的引领下吸收、反思、管理自己在教学情境中的经验，并将其内化为自身的实践性知识，不断积累沉淀。或是在实习后期，

---

① 阮成武. 小学教师养成方式变革与初等教育学课程使命 [J]. 课程·教材·教法, 2002 (2).

在全面展开的实习过程中，实习教师在指导教师的帮助下，开始进行教育教学管理，参与班主任工作和学生管理工作。随着实践性知识的积累，摸索建构个人知识理论成为实习教师提升实践智慧的前提，其关键就是通过实践将自身的经验转化、内化为个人的知识。其方式和途径有很多种，对话、记录、反思日记都可以，叙事研究是不错的途径。用讲故事、教育故事的方式，通过叙所经之事、述所历之情，将自身或实习同伴在一定情境中对某个教育问题的过程和自身事后的思考表达出来，可以帮助自我实践性知识的外显或梳理。例如，实习教师可以在一天教学工作结束后，写下自己一天的心得体验，并与指导教师共同分析，以此来优化实践性知识。当然，这里的叙事不仅仅是自己经历的事情，也可以是实习同伴的经验研究，最为平常也最有效的方式是实习教师之间经常相互观摩彼此的教学情况，详尽地描述看到的情境，并在课后交流探讨，指出课堂上出现的问题，然后共同商讨最佳的解决方法。因为同伴的经验是最值得参考的，其相似性也使得彼此多了一些共性的东西，犹如"镜像自我"更容易借鉴，并可以在交流讨论中分享经验，内化知识。

总之，实践智慧会在知识的构建和经验的积累中提升。以实习教师个人理论为支撑，在自身主动的学习、实践、经验累积的基础上，逐步实现理论知识"实践化"、实践性知识"理论化"，生成带有个人风格的教育实践智慧。

其次，激活策略性思维，提高实践能力。

教育实践是变化不定的，实习教师需要具备应对各种问题的能力、开阔的视角、创造性的思维和良好的个人知识结构等，这些都是基本前提，能帮助他们找寻部分实用性的规则，但规则有时似乎也不足以应对实践的情境性、开放性和复杂性。如何在理论的逻辑和实践的多元之间找到最佳的沟通方式呢？法国社会学家布迪厄主张"建立模型的机械力学转向勾勒策略的辩证法。策略作为实践的基本原则，并不是行动者凭空创造的，而是他的生活和家庭抚养的物质环境逐渐培养形成的"[1]。也就是说，策略具有很强的包容性和灵活性，从对规则的关注提升到对策略的关注，意味着实习教师必须在实践的环境中锻炼自己、丰富自己，基于实践情境的磨炼，提高自己的实践能力，从而提升实践智慧。

---

[1]　田向东. 布迪厄与社会实践理论 [J]. 开放时代，2000 (12).

（1）教学设计能力——孕育智慧的沃土。

教学设计能力是实习教师应当具备的最基本的能力，也是一位教师在教学上的设计创造能力，这不仅需要教师的基本技能，更能反映教师匠心独运的智慧。为此，实习教师在进行教学设计时首先要注重课程教学的整体性和系统性，在了解单元导航乃至一册书及学科整体、学生学段目标的基础上开始准备，从而保证自己在教学上可以游刃有余。其次，实习教师是教学上的新手，理应写详案，但并不需要详细到上课预设的每一句话，否则课堂教学容易因过分依赖教案而丧失随机应变的创造性。实习教师可以试着从大处着手，把握教学设计的整体框架，对于教案中过于细化的部分如教学内容的呈现方式等稍作处理，不必花过多的时间在细节上而忽视教学的灵活性与生成。此外，学生是教学的对象，也是教学的目标，实习教师要基于实践，将自己的教学设计与真实情境中的学生联系起来，因材施教，提出有针对性和实效性的教学目标，这样才能根据学生的实际反馈和需要调整预设的教学方案而使之更具价值。对于实习教师来说，可以参考于漪教师的"三备法"：第一次备课，自己独立钻研，独立思考，不参照任何参考资料；第二次备课参考别人的备课方案，思考哪些内容是别人想到而自己没有思考到的，进而吸收别人的智慧，完善自己的教学设计；第三次备课是在下课后，根据上课的实际情况及时写课后反思。"三备法"是实习教师成长的有效方式，也是孕育实践智慧的丰饶沃土。

（2）随机应变能力——滋润智慧的雨露。

随机应变能力在教育过程中又称"教育机智"。实习期间，几乎每个实习教师在课堂教学和班级管理中都会碰到难以预测的突发事件，有智慧的教师总能敏锐地发现突发事件背后潜在的教育契机，通过有形或无形的言行将其导入有序之中，让它成为一个有价值和意义的教育事件，生发出无穷的教育魅力。这种敏锐把握契机并快速作出明智判断的能力就是教育机智。赫尔巴特在1802年首次关于教育的演讲中对听众们说道："关于你究竟是一名优秀的还是拙劣的教育者这个问题非常简单：你是否发展了一种机智感呢？"[①] 足见教育机智在实践中的特殊地位。至今，在教师教育中我们经常会提及一些教育名家在教育实践中留下的诸多优秀教育案例，在啧啧称赞中也一直被人们学习和借鉴。可以说，教育机智是教育实践智慧在教学情境中的具体化、灵活化与方法化。当然，教育机智并非一朝一夕

---

① ［加］马克斯·范梅南. 教学机智——教育智慧的意蕴［M］. 李树英译. 北京：教育科学出版社，2001.196.

就能形成的，不仅需要专业知识的积淀、教育理念的建立，更需要实习教师在实践中经验的沉淀和思维的拓展。这种经验和思维建立于其敏锐的感知判断能力和坚定的教育信念的基础上，即实习教师必须在教育时机出现时及时作出准确的抉择，才能挖掘出教育时机背后的价值。如果实习教师在平时的实践中用心、细心地进行观察，将教育的专业视角触及学生的细微之处，细致关注学生在上课、平常的各种行为表现和情感波动，就能在教育现场把握教育的时机，并在最佳时间里作出合适的引导和教育。所以，实习教师应成为一个智慧的观察者，用慧眼关注学生发展的各种表现，及时捕捉教育时机，根据学生的实际情况采取相应的方式和方法，使教育事件发挥最有效的教育效应，也使自己成长为一名有智慧的教师。

（3）反思总结能力——催生智慧的温床。

早在 1933 年，杜威在《我们怎样思考》中就把反思界定为"一种根据支持的理由及其所导致的结果，对任何信念和实践进行积极的、持续的、周密的考虑行为"[1]。我国学者熊川武认为，"教学反思以探究和解决教学问题为基点，以追求教学实践合理性为动力"[2]。由此可见，反思就是用审视的眼光，多角度、全面地分析、反省、省察自己的思想、行为和观念，并作出理性分析的过程。这种以自我反思总结为核心的自我评价，能促使自己不断地完善自我的认知结构，同时不断地审视自己的行为经验，丰富自己的行动策略，改善自己的教育行为，并将其提升为实践智慧，促进自身的成长。这也是个人理论建构的过程。

实习教师在教育实践中的反思经常是稍纵即逝的灵感思想，所以要及时捕捉，点滴积累。引导、帮助实习教师学会反思总结，养成反思的习惯很重要。实习教师要经常性地归纳得失、整理优劣、记录点滴，最重要的是要学会"在行动中主动认知"、"在行动中主动反思"。根据英国的教师教育工作者莫文纳·格里弗斯和赛拉·唐（Griffiths, M. & Tann, S., 1992）提出的反思的五个维度，[3] 即快速反应、修正（行动中反思）、评论、研究（对行动的反思）、更新理论，实习教师在实习期间可以尝试进行以下几种方式：一是教学前的自我诊断反思。在课前，实习教师需要对

---

[1] Dewey, J.. *How We Think: A Restatement of the Relation of Reflective Thinking to the Education Process.* Boston: D. C. Heath and Company, 1933, P. 174.

[2] 熊川武. 论反思性教学 [J]. 教育研究, 2002 (7).

[3] Griffiths, M. & Tann, S.. Using Reflective Practice to Link Personal and Public Theories. *Journal of Education for Teaching*, 1992, Vol. 18, No. 1, pp. 69 – 84.

教学设计作出自我评价或对课堂教学的组织作出预想，以便有机会完善自己的教学设计。二是教学中的行动反思。实习教师要对学生的回答作出迅速、适当的反馈，遇到问题时稍作思考再决定，以便及时调整教学。尽管教学中的所有行动反馈都是一种瞬间的或无意识的行为反馈，但是这样的反应恰恰可以很完整地体现出"我"的教学理念和教学行为，反思可以帮助自己改善和修正已经默然的行为方式。因为不是所有的实习教师面对复杂的课堂都能恰到好处地处理问题，反思就显得尤为重要。三是教学后的评价反思。对课堂教学整个过程的思考，也是实习教师最基本、最常见的反思方式。但从目前情况来看，他们大都只停留在组织活动、教学技能等操作规范方面，而不涉及教育理念、学生发展等专业层面的反思。所以这种评价反思对实习教师的价值不大，应该得到调整。实习教师要更注重在教学规范性思考的基础上进行专业性反思，使自己成长为"专业型"教师。四是管理中的班级反思。通过对在班级管理中出现的突发情况、学生情况进行总结反思，从而更好地进行班集体的建设。当然，反思的形式有很多种，可以选择以叙事的方式进行记录，比如写教学随笔、教学反思、班级日志等；也可以选择与同伴、指导教师进行交流，在对话中反思和总结。实习教师必须成为一名反思实践者，学会独立地思考、主动地完善，不断促进实践智慧的生长。

再次，提升职业情感，追求自由精神。

作为一名有教育实践智慧的实习教师，仅仅拥有系统的理论知识与策略性的实践能力是不够的，还需要实现自我的精神勇气。德国存在主义的创始人海德格尔提过"超越就是自由"，实习教师的自我超越不在于知识的多少，而在于自我精神境界的追求。这种自由自主的精神就是在实习的践行中所形成、所感悟到的追求生命意义和自我价值的一种精神，这也是实践智慧的精神内涵。这意味着实习教师在看待实践生活时不是纯粹出于职业训练，而是把教育看作一种生命化的活动，发自内心地投身于实践中，最大利益化地寻求学生的幸福，追求一种尊重生命和创造自由的精神境界。为此，树立独立的教育信念是第一要务。信念是实践活动的精神支柱，也是人们自觉行动的支撑力量。实习教师的教育信念建构于自身确认并信奉的有关教育教学、管理的思想和看法，在一定意义上是对教育的一种信仰，也是实践智慧的动力源泉。在实习实践过程，实习教师难免会有教学任务繁重的辛苦劳累，也会有教学生活机械劳作的枯燥乏味，容易产生教学困顿和疲惫、职业的彷徨与倦怠，这就需要实习教师主动的对信念的自我探求，在不安、困境中看到希望，找到快乐与超越的理由。信念是一种稳定的原动力，能够引领他们以实践为基础，不断地审视自己，在实践中不断地总结经验，在反思中不断改善自身教育行为的不合理之处，从而产生新的动机，并不断夯实自己的教育信念。

另外，培养自身职业情感也是不可或缺的要素。当实习教师的知识水平达到一定程度时，影响教学水平的不再是知识的容量，而是职业的情感性因素。培养实习教师的职业情感在于爱的教育。"一个热爱教育事业的教师，会在教育活动中展现他的智慧；而一个充满智慧的教师，会使自己所从事的教育工作以及自己的生活变得幸福和快乐。"① 为了让实习教师热爱现在的专业、未来的职业，可以通过理论与实践相结合的方式去培养他们。比如，在理论学习中渗透教师职业情感的培养熏陶，结合学科的特点提供相应的书籍，在阅读中潜移默化地培养教师的职业情感。在实习期间引导实习教师试着用爱心、用快乐去感悟和对待实践生活，多与学生沟通交流，多方位了解学生，尊重与关照学生的成长需求，感受捕捉学生微妙的变化。师爱的付出往往会收获意想不到的成就。学生惊喜的变化、教学收获的成功、师生难以割舍的情感，都会激发实习教师无限的职业成就感和职业幸福感，这种快乐和幸福将是专业发展的原动力，会随着实习教师投入的热情和经验的累加而源源不断，最终成为教育实践智慧生发的基础。

由此可见，对生命的热爱和自我价值精神的追求是实习教师个人教育实践智慧生成的内在动力源泉，实践性知识的强化和个人理论知识的构建则铺垫了一定的知识基础，实践能力的培养又保证了实习教师成长的长效机能。这三者共同作用，成为实习教师的自我建构。

2. 外部成长条件的创设

首先，实行"双导师"模式，增强教学的实践性。

实习教师的身份是特殊的，既是"教师"又是"学生"。从教师教育培养的角度来说，即便是实习过程，依然是学生模式；但从实习的状态来说，他们已经进入教师专业生活，已经在履行教师的职责和义务。所以，在培养过程中，既要调整好实习教师的角色定位，更关键的是在教师教育的学习中，增强教学的实践性，真正将理论的学习和实践的运用结合起来，使实习教师更顺利地完成从学生到教师的角色转换，使得自我的专业学习更具操作性和实践性。"双导师"模式是一种尝试，即为实习教师的

---

① 王枬等. 智慧型教师的诞生［M］. 北京：教育科学出版社，2006. 296.

成长设置高校的理论导师和实践学校的实习导师，提供来自专业理论知识和实践"田野经验"的全面指导。

一方面，发挥高校导师的作用，注重课堂教学的实践性学习。高校导师作为专业理论知识的引领者，对实习教师教育实践智慧的培养起到重要的作用。课堂学习是高校导师的"主战场"，在课堂的学习中，高校导师应该多营造问题情境，关注师范生的主体地位，给予师范生更多自主思考的空间，通过案例教学、课堂模拟、问题解决等方式和途径，让他们在模拟性解决问题的过程中获得真实课堂的实践经验，使理论知识实践化。当然，这一过程也需要师范生具备强烈的自主意识，确立教学中"我""在场"的角色，主动积极地感受各类教学事件和教育过程，提高自己运用理论的智慧水平，在与高校导师对话的过程中启迪智慧，调动主动参与的积极性，通过参与课堂辩论、模拟教学等各种课堂实践活动来体现实践意识的培养。

另一方面，相对于高校理论导师，实习学校的指导教师更应该注重对实习教师的教育实践方法、课堂教学等进行理论与实际接轨的指导，在真实的实践环境中给予其帮助。教育实践智慧是教育教学情境中的直觉体悟，实习教师需要长期经验的累加方能具备这种智慧型能力。实习学校的指导教师在教师专业成熟发展的过程中累积了丰富的实践性知识和教育经验，行为中处处彰显着教育实践智慧。他们会针对实习教师在教学设计、课堂教学整个过程中存在的问题给予专业性的指点，在班级管理出现问题时及时给予帮助，敞开自己的专业生活，将自己的教学经验与实习教师分享、共享。所以，实习教师要善于与实习指导教师交流沟通，取经学习，同时要学会观察、审视指导教师是如何处理问题的，探究和体会他们行为背后的智慧，而不是盲目效仿或印记指导教师的行为方式。"师徒制"要避免的是传统意义上的"继承"和"模板化"学习，一定要秉持独立自由的精神，在学习过程中要有创新与超越的意识，观摩是为了更好地思考，学习也是为了更好地超越。因为教育实践是变动不居的，具有独特性和复杂性，只有意识到行为背后的真正意蕴，才能将获得的经验创造性地运用到其他的情境中，从而转变为自己的教育实践智慧。

另外，在实习模式上也可以有所改进，适当延长教育实习的时间和丰富实习的内容。从目前来看，大多数高校采取的是"大一边缘参与—大二大三逐渐参与—大四入职定岗式全面参与"的模式，但一次性真正的实习至多只有两个月。时间的短暂使得教育实习在实施过程中存在一定的局限性，在内容上也难以扩充，难以真正体现实习实践的价值。所以适当地增加教育实习的时间很有必要。在内容上，不仅原有的课堂教学和班主任工作的传统实习内容要进一步加强指导和重视其有效性，而且教育科研、家长工作、家校合作等活动也要纳入实习内容之中，使师范生不再是旁观者，而是真正融入实习学校的专业生活中，在各项活动中更加熟悉实习学校的氛围，学会自我职业规划。

其次，同伴对话，合作学习。

苏联教育学家马卡连柯认为："在一个紧密联结在一起的集体内，即使是一个最年轻的、最没经验的教师也会比任何一个有经验的和有才干的，但与教育集体背道而驰的教师能做出更多的工作。"① 日本佐藤学教授在《静悄悄的革命》一书中也揭示了建立学习共同体的重要性。实习教师与实习同伴间要建立学习共同体，学会倾听不同的声音，追求发展的异质性，互帮互助，共同进步。在对话中分享个人的经验，可以帮助实习教师个体精细加工自身的经验，使其实践智慧在不同视界的融合中获得启发，这就是所谓的"相观而善谓之摩"。

与实习同伴的对话方式有很多种。一是开展经常性的观摩交流活动，可以在同一年级组中进行，也可以跨年级开展；可以由高校或实习学校有组织、有规划地进行，也可以自行开展。一节观摩课结束后，上课的实习教师与听课同伴就具体的课堂教学展开交流，在对话中及时获得课堂的反馈信息，明确自己的不足之处和闪光之处，并在参考听课同伴的意见中积极思考改进策略。同时，听课同伴也可以从上课的实习教师身上取长补短，把其优点内化为自己的实践智慧。二是在高校内组织开展微格试讲、模拟上课。虽然这不是真实课堂，但也要充分发挥微格试讲、模拟上课的实践性教学的作用。这就要求同伴之间合作学习，无论是试讲的"教师"还是扮演"学生"的同伴，都必须还原真实的课堂要求和情景，尽量以"学生"的立场去设想：他们上课会对哪些知识比较感兴趣？他们会怎么回答？他们上课是什么样子？甚至可以制造一些小插曲，创造有"问题"的课堂情境，给试讲者尝试教育机智的机会。这种形式虽然不能直接提升实习教师的实践智慧，但可以在实践中和试讲后的交流中提高操作层面的能力，也可以为实习中教育实践智慧的获得奠定基础。

---

① 傅道春. 教师的成长与发展［M］. 北京：教育科学出版社，2001. 160.

三、知识失衡与培训范式的转换

知识是教师从事教育教学工作的前提条件，是影响教师专业发展层次、水平的重要因素。教师作为教学活动的执行者，其教学实践离不开个体认识的参与。教师对教育教学生活、实践和事件的理解是由他们的教学观念和知识结构所决定的。睿智而理性的行为源于深刻的体验和理解，而草率、冲动的决断也体现教师隐含的知识和价值观。显然，教学实践的完善和教学行为的改进依赖教师形成一种良好的教学价值取向和合理的知识结构，需要教师不断审视自我的"习性"（habitus）——一种历史生成的、持久的、社会的"潜在行为倾向系统"。因为这是一种来源于教师自身教学生活的知识，在一定意义上是教师个体教学生活经验的结晶，它不仅支配着教师的教育教学实践行为，更是建构教师知识结构和个人理论的基础。"它确保既往经验的有效存在，这些既往经验以感知、思维和行为图式的形式储存于每个人身上，与各种形式规则和明确的规范相比，能更加可靠地保证实践活动的一致和它们历时不变的特性。"①

从目前基础教育教师的专业发展现状来看，知识结构上的不合理已经成为制约教师发展的一个瓶颈。而一直以来教师教育中的培训是定位于对所有教师都有效的理论知识学习与实践技能训练，采用的培训方式基本以"讲授"为主，这种方式游离于教师具体而真实的教学实践问题之外，忽视教师专业化发展中的反思性实践范式的运用，以致教师培训与知识建构、智慧增长之间长期处于互不关联或低效失效的状态。教师只是经验的拥有者，对知识的建构、对经验的反思却是一种漠然的状态，更谈不上对专业实践知识提升为智慧的自主意识。为此，教师难以形成立足于自身知识与实践，借助于教育理论的观照与反思，建构自我富有个性与创意的教育实践智慧。

（一）教师知识结构的现状

1. 知识结构不完善，重学科知识，轻教育教学知识

教育教学知识主要涉及教育学、心理学和教学法等方面的知识，这些知识对教师的专业发展是至关重要的。在调查问卷中发现，教师比较在意和重视学科知识是否掌握，63.3%的教师认为自己的知识结构中最缺乏的是学科前沿知识，25.8%的教师认为自己最缺乏的是学科教学法知识，

---

① ［法］布迪厄. 实践感［M］. 蒋梓骅译. 南京：译林出版社，2003.83.

15.6%的教师认为自己最缺乏的是教育理论知识。从教师对在职培训的需求以及希望通过教师教育提升自己的能力来看，55.6%的教师认为教师培训的重点是拓展学科前沿知识，36.3%的教师主张发展教师的教学技能，18.5%的教师重视教育研究能力的培养。① 由此可见，教师比较重视"教什么"，而不太在意"怎样教"、"如何教"的问题，忽视对自己教学实践经验的反思、总结和提高，这会直接影响他们的教学效果。

2. 专业性淡漠，忽视专业知识，缺乏实践性知识建构

"教师的专业知识是一种复杂的系统，没有任何单个教师能够知道所有教师所蕴含的整体专业知识。"教师职业的独特性和专业性，就在于教师所拥有的教育教学知识和实践性知识。教学中的复杂性与情境性要求教师不仅要运用学科知识，更要借助反思与批判升华自己的实践经验。实践性知识是教师对自己的教育教学经验进行自我调控，并上升到反思阶段，形成具有实际指导教育教学行为的知识。教学过程需要教师具有独特的思维和行动方式，而当已有的理论和原则不能完全有效地指导纷繁复杂的教学实践时，实践性知识是指导教师行为最有效的知识。然而不少教师仍习惯用传统的经验来指导自己的教学，习惯固定的教学模式与教学技能的运用。虽然他们在教学中用经验也解决了很多具体问题，但很少有人主动对自己的教学从理念到方法到教学效果进行有效的反思。如何教给学生课本中的知识往往成为教师在教学中唯一思考的问题。教学活动很容易变成了一种程式性的活动。

3. 实用主义明显，教学技能被追崇，教育智慧被边缘化

教学技能是指教师在完成教学的过程中，运用已有的学科专业知识和经验，完成某种任务的一系列行为方式。它需要必备的知识基础，并通过娴熟的实践操作形成稳固和复杂的行为系统。从调查发现，45.4%的教师认为骨干教师培养的最佳途径是通过系统的教学技能训练，而理论培训仅占20.8%，通过教科研课题提高占16.7%，教师经验反思仅占12.4%。而许多优秀教师的成长经历告诉我们，教师不是技工，不可能按照条例或工作手册活动，教育也不可能像厨师按菜谱做菜那样行动。教师应该是灵活的技术人员或者反思的实践者，它虽然依赖经验，但绝不仅是经验，必须经过教师理性的反思提升，形成教育的实践智慧。教学过程不可能仅是追求美感的技艺知识或是一成不变的经验。教学过程是教师在对教育情境

① 数据来自笔者主持的浙江省哲学社会科学规划课题"教育均衡背景下农村义务教育教师发展现状及模式探究"阶段成果（编号：10CGJY08YB）。

感知、辨别、顿悟基础上的教育智慧的体现。而事实上基层教师自我反思意识比较淡薄，教育理论学习的积极性也不高，究其原因，这跟他们的职业定位以及实用主义的生活态度有关。

4.　知识结构陈旧，缺乏更新，老化衰退明显

同世界大多数国家相比，我国中小学教师的学历起点仍然偏低。即使目前中小学专任教师学历合格率接近100%，但不可回避的一个事实是，其中大部分教师的第一学历比较低，最后学历大都是参加职后培训获得的文凭。由于继续教育中存在诸多问题，学历达标与教师的资历能力并不一定相符。尤其是偏远地区教师的第一学历与职后学历差距问题更为普遍，知识结构中存在着学历与学力不对称和专业不对口现象，是影响教师队伍整体素质的又一重要原因。其次，调研中还发现，教龄在10年左右的教师在各类知识结构上体现是最好的，而教龄10年以上的教师除了教育教学知识保持较高水平外，学科知识和实践性知识已开始出现下降趋势，而教龄20年以上教师在知识结构上普遍老化，并且科研意识淡薄，科研需求下降，自我提升和反思探究能力不足，教学素养和成效提高困难。

（二）　教师知识结构失衡的原因分析

1.　人才观定位的偏差

国家已经在未来中长期教育改革和发展规划纲要（2010—2020年）中提到树立人才培养的"五个观念"，强调全面发展、人人成才、培养多样化人才的理念，树立终身学习观念，为人的持续发展奠定基础。但从现有的基础教育发展来看，教师奉行的依然是"知识至上"的人才观，多数教师仍然以知识代言人或权威自居，认为自己的职责就是向学生进行知识的传输，很少在意或了解学生的内心所需，也并不主动探究教育规律，关心教育新理念，追求教育实践智慧。他们的行事方式仍然习惯于传统注入式的教学方式，而衡量人才评价教学的方式也同样更关注的是学业成绩，至于新课程改革所提倡的启发式教学、支架式教学、情境性教学等教学方法和理念，对许多教师来说仅能是示范课或教学比武等活动中偶尔使用。这制约了新课改的实施与成效，导致新型的教学方式很难在基础教育中推行。

2.　内驱力缺乏，没有追求

很多教师在经过多年的教学生活之后，已具备一定的教学经验和能力，对教材内容也是滚瓜烂熟。由此，教学的倦怠开始蔓延。教师觉得教学工作已不再有很大的挑战性，教学只是一种惯性模式。尤其是教龄10年以上的教师，在长期的教学实践中形成了大量的、缄默的知识，有着自己

固有的教学习惯，属于经验型教师，往往不太愿意改变在长期的教学实践中形成的教学模式，接受新知识的动机不强，无形中会无视甚至抗拒新的教育理论和观念。"教育改革的最大阻力将是来自广大教师熟悉了的传统教育教学习惯和教育教学理念。"（叶澜）另一方面，他们中大多数已评了高级职称，对很多教师来说，职称已到头了，便没有了什么追求，自我效能感下降，自我实现的内驱力缺乏，学习的积极性也就不高。调查表明，在职进修培训多数是因为政府和学校的要求而被动参与，并不是出于他们的内在需要。由此可见，教师的专业发展动力主要来自外部，缺乏内在的自我发展的动力。尽管这个阶段的教师在教学实践中已积累了相当丰富的教学经验，能力精力皆有，但似乎已失去了目标与追求，这对个人发展和学校人力资源来说都是极大的遗憾。

3. 教育培训机会有限，教育理念陈旧

教师培训，从一定意义上决定了教师可持续发展的能力，也决定了教育水平。从目前教师教育实施情况看，不同区域、不同学校的教师，在培训的机会、层次与经费上有很大的差距。比如，基层或偏远地区的教师，尽管国家加大了对教师培训的财政拨款和经费保障，但相对于庞大的农村教师队伍和长期因缺乏"关注"而遗留的问题而言依然是杯水车薪。农村地区"名师少、学科带头人少、骨干教师少、高职称教师少"等现象仍然比较突出，这在很大程度上影响了农村教师队伍的整体素质，也成为制约城乡教育均衡发展的重要因素。调查显示，在农村，不同学校不同教师的培训机会很不均衡，仅有的培训资源往往局限在少数教师身上，有些教师多次反复参加同一级别或类型的培训，而许多教师却难有机会培训，特别是很难获得高层次培训的机会。从层次上看，农村教师大多参加的也是县级和镇级培训，其效果与影响力非常有限。由此教师的教育教学观念都比较陈旧，不少教师更多注重课堂教学，教育的目的就是传授知识，学生掌握知识，缺乏反思意识、改革动力与创新精神，根本顾不上教育实践智慧。

4. 职后教育实效性偏差

随着新课程改革的深入以及教师专业化的发展，各种类型和层次的培训也层出不穷，然而培训活动的增多并没有与教师的发展成正比，很多培训在内容上缺乏针对性，局限于低水平重复，培训过程中过于注重教育理论的讲授和灌输，缺乏教师自己对知识的主动建构和提升，培训的选题往往是从培训机构现有的教育资源出发，忽视教师的知识背景及个性化需求，难以顾及基础教育教学实际需求，对基层教师源于教学实际的困惑无

法予以解答，这也削弱了教师的学习积极性。对于很多基层教师而言，一些培训非但不能给他们带来帮助和提高，反而成了他们的负担，使得参与培训的教师感到培训内容对自己的教育教学帮助不大、实效性不强。而老师们真正需要的，能开阔眼界、更新观念，能给教育教学带来切实帮助的高水平专业培训和研修却少之又少。有学者指出，一方面，教师教育培养过程重"培"轻"育"，过分注重教师知识层面的提升，很少注重教育情感、教育智慧的形成；另一方面，基层的在职教师很少有机会外出进修学习，特别是偏远地区的教师，更是重"用"少"训"，甚至只"用"不"训"，不仅原有的教师得不到培训与提高的机会，而且新教师也面临着知识陈旧、老化的困境。①

（三）教师培训范式转换的思考

教师教育应该对教师的成长发展全面承担，有责任为教师的教育实践智慧的提升提供支持。当前由于对教师培训本身的价值判断出了偏差，从而使得教师教育过程出现了一些认知上的误区：在培训机构看来，基层教师观念陈旧，知识老化，无法适应新课改。教师培训就是帮助教师更新观念、改善知识结构、提高教学能力。同时认为，只要组织了培训，给予教师教育知识和理论观念，教师的知识结构就可以改善，于是，实践智慧油然增长，教师自然就能获得发展。这样的线性思维容易把培训看作是外在于教师个体生命，强加给他的东西，而教师只能被动地适应，显然无法引发教师发展的内驱力，更不能激发个体生命价值的共鸣，从而导致了很多教师培训的低效、乏味，脱离教学实践，不仅得不到教师的认同，甚至引起教师的抵触。

1. 改进培训方式，促进教师知识结构平衡发展

对基础教育中的教师而言，由于他们长期从事基础性的教学工作，对教育理论的敏感度并不高，他们很朴素的希望是通过培训提高自身素质并改善自己的教学行为，解决教育实践中的问题。为此，培训的过程应该减少"洗脑式"的知识灌输，发挥参训者的主观能动性，不同的培训内容采取不同的培训方法，如案例教学法，模拟课堂，让教师置身于现实的工作环境中，通过观察分析，在对话讨论中提出解决问题的办法，这种回归教育实践的培训方式，不仅能激发教师的共鸣，激活教师的实践经验，更能促使教师转识成智，提升实践智慧的空间。"教师知识常常是一个整体，

---

① 李尚未，袁桂林. 我国农村教师教育制度反思 [J]. 教师教育研究，2009（6）.

不能分成截然不同的知识领域。"① 教师的学科知识，相应的教育科学知识和实践性知识，只有在具体的教学对象和教学情境结合中，才能得到相互融合、均衡发展，构建完善动态的知识体系，胜任教学工作。

2. 以实践为导向，建构教师实践性知识

"教师的实践性知识是教师专业发展的主要知识基础，在教师的工作中发挥着不可替代的作用。"② 要促进基础教育课程改革的有效实施，不仅需要每一位教师掌握与新课程相关的理论，更要求他们不断地反思和总结自己的经验，来丰富自己的实践性知识。培训要坚持以实践为导向，采用面授与实践活动相结合的方式：面授以形成教师的教学理念，解决教师应具备的策略性知识为主；实践活动以课堂观摩、教育叙事、教学日志、反思评价、专家指导等方式和方法为主，帮助教师总结和评价自己的教学，反思自己的教学行为，以此来提高教师自我诊断反思的能力，建构起自己的实践性知识。

由于不同层面、能力与经验的教师，各自所处的教育环境和生活背景是各不一样的，遇到的问题和需求也不同。培训活动要创设各种"交流场"，为教师的知识动态转换、分享与相互影响提供场所。通过培训基地的教学实践场所，在集体听课、上课以及相互评课的过程中，了解到不同教师的教学风格，与他人交流和沟通，从而进行自我反思和修正，创生出新的实践性知识。对教师而言，教师间实质性的交流与对话对个人隐性知识的显性化，对实践性知识的建构极为重要。因为这是一个思想碰撞、知识流动、智慧洋溢的过程，每个教师都能够获得他人有益的实践性知识，并能够在相互交流中获得新的感悟和体会。

3. 重视校本培训，探索全景式师徒制

校本培训则是基于学校实际开展的教研与培训活动，是一种理想的培训方式，也是教师教育中非常直接有效的途径之一。教师不必脱离工作岗位，就在真实的教育教学情境中接受全面的培训，比较切合广大基层教师，尤其是农村教师地域分布广、经费短缺、工学矛盾较大等实际情况，因而它可成为一种与校外培训优势互补的培训模式。但是根据我们调查的情况发现，虽然基本上所有的学校都开展了校本培训，但在效果方面，城

① Mcmillan J. H., Schumacher S.. *Research in Education: A Conceptual Introduction*. New York: Longman, 1997. Grossman P. L., Teachers' Knowledge. In Anderson, L, W. (ed.). *International Encyclopedia of Teaching and Teacher Education*. Elsevier Science Ltd., 1995.

② 陈向明. 教师实践性知识研究的知识论基础 [J]. 教育学报，2009 (4).

乡之间还是有很大的差异，培训往往流于形式。因此，农村学校应与城市优质学校建立联系，定期或不定期地参与它们的校本研究活动；中心校之间可以横向合作，实现资源优势互补，发挥优质学校的示范和带动作用，为教师之间提供相互观摩、交流、共同发展的机会。

师徒结对是校本培训的重要表现形式。传统的师徒结对帮扶，尽管也能对教师的成长起到一定的作用，但在教师专业发展的背景下，需要重构全景式的师徒结对模式。这不是简单的师傅（指导教师）听、评几节课，而是徒弟跟随师傅的整个教育教学生活。听课、备课、上课、评课、科研等各个方面，只要是教育教学活动，都能看到师傅和徒弟在一起，"师徒模式实质上是新手教师在'看中学'、'做中学'的整体学习过程中，即通过观察、选择、借鉴、模仿，吸收蕴含于资深教师教学行动中的缄默知识，在实践中提高自己的教学技能，渐进拥有教学知识和智慧"[①]。其形式可以多种多样，充分发挥"名师工作室"的作用，这样新教师的实践性知识能够在短时间内迅速增殖，解决课堂教学问题的能力和处置教育事件的实践智慧就在这教与学的认知默契中迅速增长。

4. 完善城乡教师流动制度，建构学习共同体平台

教育资源的合理配置是实现教育公平、均衡发展的核心因素，尤其是师资力量最为关键。作为教育薄弱地区的广大农村教育，必须完善农村教师补充与培养机制，建立健全骨干教师培养任用管理体系，发挥名师、名校、特色学科的优势，构建优质学校与农村学校资源共建机制和区域间教育交流与合作机制，促进同一地区城乡之间、乡镇之间、校际之间的教师合理有序的交流。这样既可以发挥优质教师资源效益的最大化，改善农村学校高水平师资缺乏的状况，又可以促进城乡教育的均衡发展，实现区域内师资力量配置的动态发展，从而推动整个地区教育水平的提高。具体可尝试：

（1）制度保障。实行教师无校籍管理，推行全员合同聘任制，由教育行政部门统一聘任，统一人事管理。教师全部由"单位人"变为"系统人"，城乡中小学教师同工同酬并设立优秀教师、骨干教师的岗位津贴等补偿性奖励，保障农村教师的特殊津贴，以吸引新任教师和城镇教师到农村任教，从根本上解决农村学校因师资流出所带来的系列问题。

（2）"柔性流动"。推进城镇教师，尤其是优秀、骨干教师到农村支

---

① 赵昌木. 创建合作教师文化：师徒教师教育模式的运作与实施［J］. 教师教育研究，2004（4）.

教，时间不得短于一年，将其作为教师晋升职称、职务以及参评优秀教师或特级教师的必备条件。目的在于充分发挥优秀骨干教师在教育教学、科研和师德等方面的引领带头作用，并通过教育结对帮扶和选派农村学校有潜力的教师到城镇学校"充电"，既能促进区域内的教师流动和学习，又可以增强农村教师队伍自身的造血功能。

（3）建立"城乡教育共同体"。以市区、城镇优质学校为核心，以现代信息技术为平台，建立城乡学校共享的教育信息资源中心，包括多媒体课件、教案、影视和教研成果等，真正实现资源共享、优势互补，彻底消除因骨干教师的流失对农村学校的不利影响。同时农村学校要创造一种适合优秀教师成长的机制，如实行择优录用，竞争上岗，对在教学科研上有突出成就的教师，在学习、进修、奖励等方面有实质性倾斜，鼓励教师积极主动地参与专业发展。

教师专业实践需要具有丰富而深厚的品性，而教师的专业品性正是教师作为专业人员比较稳固的职业品质，这种融和职业特征的品质、知识以及技能的专业品性是教师在长期的教育活动和持续的教学反思过程中逐渐形成的。教师教育的目的就在于观照"教师教育教学行为持续地改进"，立足教师的可持续发展，尽可能避免"碎片化"的努力或"插曲式"的学习。教师教育唯有关注教师个体生命的滋养，强调他们作为教育者在整体素质上的转型，在观念、知识、技能、情感与价值观、教育智慧与风格等多方面的生长与发展，强化教师作为独立个体的自我意识和发展内驱力，包括自我学习能力、教育科研能力、实践创新能力等，这样的教师教育才能符合时代的需要，真正为教师群体的提升带来有效的"福利"。为此，教师教育的责任在于创设条件给所有教师提供发展的机会和发展的空间，促使教师从被动发展走向主动发展，从外在规训走向内在生成，从任务接受走向自我驱动。通过学习和研究，加深对教育价值、生命真谛的认识和领悟，形成具有动力导向的教育信念和职业价值，形成以实践智慧为核心的专业品性，使专业素养有着更为深厚的发展潜力和内在活力。

第五章　教育实践智慧与教师发展

发展教育实践智慧是教师积极追求职业生命价值和自我价值实现的一种真实映照，也是教师专业发展和乐于接受自我挑战的积极状态。教师发展就是"教师在其专业领域里依其专业智慧，执行专业任务，以维持其专业品质及不受非专业的外界干预的状态"[①]。教育实践智慧不是教师与生俱来的，它仅仅是教育实践中一种可能的、美好的事物，需要教师以自主自觉、积极能动的态度去建构、积累和发掘。教师的教育教学实践是教师一种特有的存在方式。教师实践能力依赖于教师的理论知识的素养、思维习惯的路径、实践理性的勇气，它既需要教师对教育实践的理解、认识、把握与定位，更需要教师对教育实践具备一种敏感性与判断力，能够感知教育实践所生成的原因和呈现的线索，并能及时采取相应的行动。可见，教师积极、主动的态度是教育实践智慧发展的重要条件之一，因为它能够有效刺激、激活教师大脑思维活跃敏锐的区域，从而产生创造性的活动。而从另一个层面来说，教育实践智慧的可能性也丰富了教师的职业人生，教师通过自己的不懈努力，在把教育实践智慧由可能性变为现实性的同时，也实现了自我职业人生的升华与蜕变。教师职业人生的发展离不开教育实践智慧的丰满，教育实践智慧是教师在教学活动中的思维和行为相互融合的创造性结果。

然而，在现实的教育中，有不少教师已经习惯用"格式化"的套路来解决教育教学中的偶发事件，对教育实践中可能生成的教育实践智慧显得有些漠然置之，习惯性地把教育教学简单地操作为一种单调的、重复的、让人觉得枯燥乏味的技术活动。在日复一日的常态化工作中，教师的角色慢慢地从新手的忙乱，到适应后的忙碌，再到有资历的习以为常。教师在成长发展中常常因为漫不经心或约定俗成，错失了许多本该催生智慧，促

---

① 钟启泉．"教师专业化"的误区及其批判［J］．教育发展研究，2003（4）．

使学生快乐成长和自我价值实现的教育时机。正是这种熟练的"套路"，使教师丧失了创造的欲望，纵容了惯性和惰性，容忍了自己定位为"教书匠"的角色；也正是这种惰性和惯性，使教师丧失了对自己教育实践智慧的追求，放弃了对自己美好职业人生的塑造。

我国传统的教育教学活动一直无法摆脱带有功利性的价值目标，过分注重知识的获得和考试的成绩使得整个教育的价值观发生扭曲，挥之不去的升学、考试的压力禁锢了教师在具体的教育教学实践中的想象力、灵感和创造性。鉴于这种有形和无形的压力，教师们在教学中更倾向于因循守旧、安于现状，不敢创新也不求进取，无功无过的心态使教育教学忽视了与学生生命存在、教师专业发展紧密相连的教育实践智慧。知识教育的价值本身并不仅仅在于传授知识、储存知识，还在于通过科学文化知识的学习领悟，让学生能够学会更为理性地理解复杂的世界和自我。追求积极的生命意义，理解每一个生命个体的成长都伴随着思维的活跃、智慧的启迪、情感的丰富和个性的独立。教师不仅需要在教育教学实践中形成丰富的教育实践智慧，而且应该提升到一种自觉能动的状态，明白自我发展和教育实践智慧的生成是不可分离的，"真正意义上的教师专业发展不是基于行为主义基础之上的教师能力本位的发展，而是基于认知情境理论的'实践智慧'的发展"①。教师的教育实践智慧能够使教师超然于自我，感受教师职业生命创造的快乐，感悟教师职业生命的真正价值。

第一节　教师发展的动力源——教师幸福

对幸福的追寻是人生永恒的主题。人生并不是简单的生存问题，仅满足于"活着"不是人性的根本，人生的意义才是其根本。人生意义的终极表达是对幸福生活的一贯追求。费尔巴哈说："生活和幸福原来就是一个东西。一切的追求，至少一切健全的追求都是对于幸福的追求。"② 在各种需要不断获得满足的过程中体验、收获各种满意、愉悦，成就，从这个意义上说，幸福是人的生存状态和存在方式。同时，幸福也是人实现自我后得到的一种满足感，这种满足感意味着人的自我完善。人发挥了自己的创

---

① 钟启泉．"教师专业化"的误区及其批判［J］．教育发展研究，2003（4）．

② ［德］路德维希·费尔巴哈．费尔巴哈哲学著作选集［M］．荣震华，李金山等译．北京：商务印书馆，1984．543．

造潜能，实现了自己生命的价值，找到了自己与社会、与世界的应有关系，精神是充实的、丰满的。因此，幸福是人的物质需要与精神需要得到统一满足时的和谐感，是人的身心健康优雅、人格充盈完满的状态。"幸福不是生活的调剂，而是一种生活状态，一种生活过程。也就是说，幸福是一种生活，是一种令人满意的生活。"①

过一种幸福而完满的生活应该是教师发展的内源性动力，教师发展就是为了让自己拥有充实而有意义的幸福生活。教师只有首先在教育教学中体验到了自己的职业幸福感，才能够为学生营造幸福的学习氛围。因为只有对幸福充满强烈的渴望与追求的教师，才会真正地投入实践中，不断地创新，从而丰富自己的教育实践智慧；相反，对幸福缺乏追求的教师，大多安于现状，即便遇到教育教学困惑，也往往不愿主动设法解决问题，不善于随机应变，机智解困，教育效能低下，职业成就感也就降低。为此，发现、感受、创造和享受幸福，不仅需要教师有深厚的智慧、健康的身心、良好的德性和修养、和谐的社会关系等，而且作为教育生活中的实践者，教师应该为满足自我以及他人（学生）发展的各种需要提供一定的条件，为创设人的幸福生活奠定一定的基础，因为教育本身就是一种饱含着对人的生存状态与生活方式以人文关怀的活动。从另一方面来说，对幸福生活的追求与享受能力也不是与生俱来的，必须通过后天的培养来获得。教育是使人成为"人"最重要的方式与途径，关涉人生幸福就是教育的应有之义。因为教师在社会中所处的独特地位、担负的责任与使命，在关注、给予、促使学生获得幸福的过程中，教师首先要具备追求幸福的能力，在追求自我生命成长的基础上引导学生生命的发展，所以，教师幸福源于对自身生命价值和意义的实现的追求。

教育实践以幸福为目的，既是一种应然价值的追求，也是一种实然事实的存在。通过教育得享幸福生活的主要途径，就在于追求生命智慧。因而教育作为一种特定的社会活动方式，自身必须是健康的、智慧的和令人愉悦的，而这种健康、智慧和愉悦依赖于教师的教育实践活动，需要教师提供一种和谐、令人愉悦的教育生活环境和实践活动方式；同时，确保教育能够为人的全面的幸福生活做准备。教育对人的生活关怀，就是一种对人生态度与智慧的热爱。为此，教师对教育实践智慧的追求，就是希望在现代科学飞速发展的境遇中，在物质的种种诱惑中，能够形成一种旷达的

---

① 赵汀阳. 论可能生活 [M]. 北京：生活·读书·新知三联书店，1994. 113.

态度，寻找一种辨析问题的智慧，寻求心灵的解放和内心的宁静。"受过教育的人从拓展意义上考虑他的自身幸福，他把个人幸福推及他人，把幸福融入一种道德高尚的生活之中。"①

由于现代教育深受工具理性和功利主义价值取向的影响，过于指向知识与技能的授受，过于关注外部世界和生存需要，而忽视了人的心理、德性和实践等多元智慧的协调发展，这也严重影响了教师在教育生活中的主观感受和对幸福生活的体验，在一定意义上，职业的倦怠伴随着教师对自我发展的困顿，发展的内驱力不断下降。"幸福是人性得到肯定时的主观感受。"② 教育实践的发展不仅要满足理性价值的需要，更要满足人性完满的需要。完满的人性是人的理性智慧、价值智慧和实践智慧的有机统一。对教师而言，人性需要的满足在很大程度上取决于教师的多元智慧的发展，取决于教师的知识、经验、能力的充分发展。

在发展的进程中，智慧是人性的核心内容。教师的教育实践智慧会影响到他对幸福、对自由、对生命价值的追求。因为教师的教育实践肩负着发展自己与培养学生的双重责任，他们在发展教育实践智慧的同时既领悟着自己的生命经历，让自己拥有健康舒适的人生，也在用心呵护着学生的生命，享受着学生发展所带来的乐趣。教师教育实践智慧的增长不仅意味着经验丰富、知识广博、技能娴熟，而且意味着诗意的生存、有品位的生活。智慧产生幸福。教育实践中教师与学生的交往如果都能呈现出坦率的思想交流、真诚的微笑问候、适宜的言谈举止、超然的生活态度，就不仅仅处处都闪烁着智慧的光芒，而且也洋溢着人生幸福的惬意，这将是一种何等幸福的教育场景。智慧可以把科学的"真"变成生活的"善"和人生的"美"，指导人们过一种有意义的、有品位的生活。如果人的幸福生活、自由发展不以智慧为基础，不以对客观事物的科学认识为基础，任何意义上的幸福生活、自由发展都是海市蜃楼的幻象。

所以，教师首先应该理解唯有智慧的教育才能充满人性和理性的光彩。教育的目的在于使知识深入人的内心世界，内化为生命成长的必需，提升为智慧力量。儒家哲学认为，人生智慧主要表现于人与自然、人与社会和人与自我的关系之中。因而，人生幸福便集中于人的自然兴趣、人的社会需要、人的自我兴趣和需要的满足与发展上。教师的责任与使命，便

---

① [英]约翰·怀特. 再论教育目的 [M]. 李永宏等译. 北京：教育科学出版社，1997.138.

② 刘次林. 幸福教育论 [M]. 北京：人民教育出版社，2003.32.

是通过教育的途径、手段尽力满足人性的这三种基本需要，使人获得完满、健康、全面的发展。充满人性的智慧教育，不仅要培养学生求真求实的理性智慧、求善求美的价值智慧，还在于教师自身要在实践过程中养成良好健康的生活态度和价值取向，以及勇于直面问题、学会挑战的实践智慧。

一、教育生活的应然状态：幸福而完满

人生活在世界中，有一种追求幸福的精神性本能，正如费尔巴哈所言："一切有生命和爱的动物，一切生存着和希望生存的生物之最基本的和最原始的活动就是对幸福的追求。"人在这个现实世界里希望更好地生活、这也是教育的意向性目的。教育引导人更好地生活，幸福地生活，教育与生活是密不可分的。因为教育往往贯穿于人一生的历程，接受教育本身就是人生活的一部分，也是构成整个生命的一部分，教育只有发挥其内在的生活意义，才可能唤醒人的生命意识，构建人的生活方式，实现人的生命价值，从而体现出教育本源性的生命活力，使人过上一种幸福而完满的生活。

由于人天生就是社会存在物，个体的成长经历总是与社会生活联系在一起，生活世界就是一个"此在"的世界、与他人"共在"的世界，教育生活不能脱离整个生活世界而独立存在。在此意义上，教育生活的意义与状态恰恰就是社会生活的反映和构建。在教育中，人以一种教育引导和自我建构的独特方式存活着，这种生活就被称为"教育生活"。"由于，教育从本质上说是唤醒人的生命意识，启迪人的精神世界，建构人的生活方式，以实现人的价值生命的活动，它直接指向人生，指向人的生命存在，因而，生活意义是教育内在具有的、本源性的意义。"① 教育生活的目的是引导个体去过美好的、有价值有意义的生活。如果说教育不意味着过幸福生活，那么教育就不值得存在，或者说没有存在的价值和意义；如果教育导致的是一种不幸的生活，那么这种教育就是异化的教育，不是一种本真的教育，而是一种压迫与束缚、人格扭曲的教育；教育如果说谈不上过幸福生活，这样的教育就没有尽到自己的责任，其存在的合理性就会受到质疑。所以说，教育是达成幸福和完满生活的手段，每一个徜徉在教育世界

---

① 郭元祥. 生活与教育——回归生活世界的基础教育论纲［M］. 武汉：华中师范大学出版社，2002. 167.

里的个体都可以通过自身的努力，体现自己存在的价值，释放生命的热情，在物质和精神需要的满足中走向圆满，得到幸福。

教育生活是一种特殊的生活，它应该给人幸福。人过一种现实的社会生活或追求德性的精神生活都离不开教育。无论是现实的社会生活还是可能的精神生活，终极的价值追求都是幸福。幸福的生活既是一种主观体验，又是以客观条件的实现为基础的，教育生活不仅让人知道什么是幸福，体验什么是幸福，而且让人获得在现实社会中实现幸福生活的基本素质。因此，教育生活既是幸福生活的重要组成部分，又是通向幸福的必由之路。在个体为了维持现有的生存状态，或为了获得更加幸福美满的生活而进行的各种活动中，教育成了不可或缺的内容。教育生活就是一种"此在"而真实的，能够实现人的全面和谐发展的生活。这样的教育生活为了人、尊重人、发展人，从而使人所拥有的、与生俱来的"内在生命力"能够自然地得到发展，人所独有的思想自由与创造可以得到表现，生命个体之间真正实现心灵的对接、思想的碰撞和精神的交融，在探求知识的同时，提高生命的质量，实现生命的价值。

因此，幸福而完满的教育生活首先应该是充满精神自由的生活。人对精神生活的渴求和对精神世界的向往是人之根本，教育是引导人类朝向精神自由的阶梯，通过传递知识使人不断跨越现状，不断追求和探索新的精神自由，并且在追求、实现精神自由的过程中使生活、生命具有价值和意义，具有超越性和崇高性。完满而自由的精神世界为幸福衍生出的幸福感提供了可能。因为没有精神追求或精神自由的人感受的多是感官和物欲上的满足，而不会引起心灵的涟漪。个体即使生活在幸福之中，也感受不到幸福的存在，不会有来自灵魂深处的宁静和从容。所以，完满而自由的精神世界不仅是获得幸福感的手段，更是幸福教育生活的本真所在。

其次是一种有德性的生活。人需要物质幸福和感官的快乐，但人不可能从物欲中得到持久的、有品位的精神幸福，持久的精神幸福生活就是过一种有德性的生活。有德性的生活既是教育生活本身，又是获得幸福的条件。它让人学会自律、拥有道德。在这种生活中，每个人都拥有道德、感受道德，并在道德的约束下自由地生活，在感受真诚与关爱中进行自由的心灵交流，彼此宽容坦诚，享受着一种高尚而具有德性的教育生活。正如亚里士多德所说："合乎德性的实践活动，才是幸福的主导，在各种人的业绩中，没有一种能与合乎德性的实践活动相比，在这些活动中，那享有天福的生活，最为持久，也是最荣耀和巩固的。"①

再次是一种具有生命价值和意义的生活。教育作为一项"提升人的生命价值和创造人的精神生命"的事业，幸福的教育生活也应更多地追求自我实现、自我创造和自我完善。每个人的生命都是独特的，人的生命就是在一种"自在"与"自为"的矛盾中满足着自然生命和精神层面的需要，在权利与义务、享受与贡献、消耗与创造中不断焕发生命的活力，凸显出对幸福的渴望和追求。人并不会仅满足于在社会中存活，还需要发展，享受生活，彰显生命的价值与意义。所以幸福的教育生活应该为个体提升生命质量提供能量，激发个体对幸福生活的热望，创造生命的激情，实现有价值的人生。

二、教师的教育生活：现实中的无奈

教育在作为促进美好生活的一种手段的同时，它本身就应该让所有与教育发生关系的人过一种幸福而完满的生活。教师这个职业具有极大的幸福价值。作为一种培养人的活动，它指向人的心理世界，其职业的实践方式以主体间的交往为主，交往双方所具有的能动性、主体性和个体差异性，使得教师的职业实践永远处于生成性和暂时性的情境之中，从而使这个职业成为人类社会具有极强挑战性和创造性的复杂工作之一。教育情境的复杂和不可预见性，职业规范的模糊与难以明晰，既决定了教师行为方式的个体性和多元性，也使教师职业实践必然融通于教师的生活之中，成为其生活方式。

倘若教师在其教育生活中，需要得到满足，潜能得到发挥，从而使自我价值得到实现，并且得到外在和自我双重的良好评价，便可以产生一种持续快乐的心理感受和精神状态。幸福的教育人生意味着教师精神生活的充实、自我价值的实现。对绝大多数的教师来说，工作绝不仅仅满足于物质报酬，他们更希望工作能成为幸福生活的重要组成部分，通过工作实现自己的职业理想，在教育生活实践中获得情感的愉悦和生命的体验与成长，得到生命的一份满足和升华，一种创造与充盈。对教师而言，个体自我生命的发展就是在教育生活中，以生存为基础，不断地提升专业化的水平，进而实现智慧的教育、智慧的实践，实现生命内在的价值和意义。教

---

① ［古希腊］亚里士多德. 尼各马可伦理学 ［M］. 苗力田译. 北京：中国社会科学出版社，1999. 20.

师的生命发展应该是在教育生活世界里动态显现，在教育实践中不断丰盈成熟，在给予中享受，在创造中满足，在丰富学生的精神生命的同时充实自己的精神生命，在成就学生的过程中也成就着自己的智慧人生。

然而，在教育生活的当代实践中，教育的工具价值在一定程度上遮蔽了人在教育生活中应该获得完整发展并体验幸福的本体价值。现实中往往是抽象理性代替了不可言说的生活体验，科层的制度与量化的考核挤压了充满灵动的幻想和内心时刻涌动的生命激情，冷漠的规章与评审压抑、堵塞了情感的交流和对生活意义的感悟。人类社会发展至今，尽管借助于科技征服了自然，创造了空前绝后的物质文明，却在不经意间失落了精神栖息的家园，迷失了教育生活的本真意义，教师成了学生利益的服务工具，教育生活处于一种紧张、机械而又漠然的状态，最有普遍性的现象是"谋生的手段"成为大多数教师的职业观。在许多教师的心目中，从事教育仅仅是为了生存与生活，而非钟爱。教育只是他们生活的工具和谋生的手段，与他们的生存价值和智慧人生并不交融，更是无从涉及职业理想和幸福生活，对他们而言，只是"靠"教育而生存。这样的教师看到的往往是教育生活的烦琐与重复、清苦与劳累，教育生活的诗意过程被种种得失计较、人际纠缠、职业比照后的各种不平与失落所遮蔽，教育实践智慧更是无从谈及。尽管他们也能按照职业的规范和要求认真地做好本职工作，但这样的"敬业"不是自主的，更不是发自内心的。他们很难发现教育生活中所蕴含的人性美好与价值意义，教育实践智慧是可望而不可即的。

其次，教育信仰的失落。教师的教育信仰是对教育促进个体和社会发展的信服和尊崇，它能帮助教师把教育观念或理念融入自己的教育行为中，从而更坚定地认同教师职业以及与这一职业相关联的生活方式，成为一种内在精神，引导教师追求人生幸福。而现实的教育生活正因为信仰的缺损而变得支离破碎：缺乏文化底蕴根基的"知识教育"变成了空洞的说教，缺乏教育智慧的"课堂教学"变成了单纯的知识授受，教育的手段常常不是指向预期的全面发展的目的，而是指向各种各样的考试，教育已经从一种主动的内心精神历程蜕变为被动的社会规训过程，而人的个性、自由、尊严等生活的基本价值被漠视，学校、教学、课堂不再是教师安身立命的所在，教育科学知识被放逐于边缘位置，教育生活已经失去了"生命的活力"，不再是生命得以关怀和自由生长的世界。雅思贝尔斯曾说："教育须有信仰，没有信仰就不成为教育，只是教学技术而已。"① 因为教育过程"是在人与人之间展开的一种精神历程和心灵对话。在这个过程中，教育信仰本身就是一种巨大的教育力量，是伟大教育精神的源泉和具体教育价值实现的条件"②。而人生的境界与幸福的境界是成正比的，信仰的缺损只能使我们的精神世界和生活意义归于虚无。一旦教师在教育生活中遗失了自己的教育信仰，教育自然就难以回归到它本真的目的，机械而平淡、枯燥而乏味的教育方式也就成为教师教育实践生活的写照。

再次，教师德性的偏离。教师德性是教师在教育活动中历经反复的道德实践而生成的专业品性。它是在教育实践中习得的，是教师履行社会赋予的教育责任和个人道德责任的结果，也是教师作为发展中的个体追求高层次生活的结果。善良、公正、理解和宽容，是教师德性中最本质的内容；责任与义务、奉献与给予、创造与追求，是德性中最高意义的品质。教师要在教育实践中做到尊重每一个生命个体的发展，不为势利名誉、金钱地位所动，不为规章制度所拘束，不为陈规旧习所迷蒙，摆脱作为"工具"模式的教育者，走出只关注专业知识和技能发展的"教书匠"式的定位训练，理解教育活动及其内在的意义，理解自己作为教育专业人员应承受之"重"，积极追求和发掘教育实践智慧，并拥有善良而博大的胸怀，懂得宽容，善于理解，以道德示范和人性魅力引领真善美的形成，凭借教学的灵性与耐心、教育的智慧与勇气引导学生追求有价值的人生。而这些正是现实教育生活中教师们实然层面的缺失与偏离。应该说，教师的成就感和幸福体验只有建立在以德性、智慧实施的教育生活基础上，才能加深对教育与生命的理解，领悟教育的真谛，才能增强责任感和自律精神，创造和感受教育生活的幸福。

三、追寻幸福生活：教师发展的内源性动力

为了改善和增进教师的日常教育生活幸福，教师需要提升自己的生活情趣和整体修养，寻找一种智慧的实践、智慧的人生。教师专业发展是教师提升自己的生活情趣和整体修养的一个部分。因为教师专业发展的基本前提是"教师发展"，如果它仅仅是一种外在的要求和任务而不是教师内在的需要和追求，就很容易对教师构成某种挑战、警告和威胁而影响其对

① ［德］雅斯贝尔斯. 什么是教育［M］. 邹进译. 北京：生活·读书·新知三联书店，1991. 27.

② 石中英. 谈谈教育信仰［N］. 中国教育报，1999－11－06（4）.

职业的认同。从本意上说，教师发展并不仅仅是为了学生和学校的发展，更是为了教师本人拥有更充实、更有意义、更幸福的新生活，这才是教师专业发展的内源性动力。如果不把教师专业发展提高到增进教师个人幸福感的高度，教师专业发展就很难融入教师的生活而成为其一种生活方式，教师迟早会拒绝专业发展。为此，教师的专业发展不应该在教师个人生活外部，而应该在教师日常的教育生活之中。日常的教学实践给予教师以智慧的灵感和获得发展的力量，教师的个人发展愿望、生存意向来源于其活生生的教学现场以及教学中所肩负的期望和责任、挑战与矛盾。教师在教学中不仅发展自己、肯定自己，而且展示智慧与才能，满足对幸福的体验，教学不仅成为教师的一种生活方式，也成为获得幸福、享受幸福的基本源泉。教师的发展归根到底要落脚于教师自身及其日常教学，着眼于个体生存价值和生存意义的实现，这也是教师追寻幸福生活的保障。

（一）感悟生命的价值，在追求完满生活中促进专业发展

教师是人，而不是"神"。教师的发展是人的发展，是生命的存在与成长。教师生命的发展有多种可能性，需要教师积极的努力，才能实现一种较为理想的生命发展可能性。同时教师又是成长和发展的人，永远处于不断的自我塑造和自我创造中，为此必须维持和满足教师生命存在的需要和发展的必然性，尊重每一位教师不同的天赋、兴趣、性格和情感。教师的生命成长并不是单方面孤立的，而是有机的整体，生命发展体现在日常的教育过程中。过去，我们更多地强调教师的自我角色、教师的责任，很少关注教师的生命意识与生命价值。而生命价值是教育的基础性价值，教育始终是"直面人的生命、通过人的生命、为了人的生命质量的提高而进行的社会活动，是以人为本的社会中最体现生命关怀的一种事业"①。因此只有让教师回归真实的教育生活世界，将自我角色个性化、情感化，与自我个性相统一，并成为生命体验的一部分，他才能踏实自如。教师一旦把工作扎入"我"的生活之中，就会像爱自己一样热爱教育事业，使角色沉淀为个性，不断完善自身心性素养，将外在的诉求与内在的尺度、学生成长与自我发展相结合，提升自己的专业水平和精神追求，以审美的心态看教育、看学生、看自己，这样就能从教育生活中感受到生命的价值与存在。教育不应该只是教师的谋生工具，它应该是教师的生活本身，而且是一种创造性的生活方式。

---

① 本刊记者. 为"生命·实践教育学派"的创建而努力——叶澜教授访谈录［J］. 教育研究，2004（2）.

对幸福生活的追寻、体验能够调动主体的生命力量和激情，使主体以昂扬的精神状态投入生活、享受生活。教育活动是一种智力实践，需要教育智慧。教育实践智慧的发展可以帮助教师实现生命价值。他们在教育实践中不断地总结知识经验，综合顿悟新旧经验，产生新的教育实践智慧，从而使自我获得生命发展的可能性。只有提升了教育实践智慧，教师的教学技能和教育方式才会有创新与突破，教师的生命意义就蕴含在这种智力实践的教育智慧运用之中，教师在其中践行着自己作为教师的使命，体验与学生进行心灵交流的愉悦与充实，获得身为教师的身份感和意义感。只有认同了自己的角色意识，灵魂才能沉静下来，才能体会到教育生活的乐趣，工作才能成为一种享受。在此基础上，教师才会以更大的热情和信心投入教育生活之中，才会有不断提高专业能力、追求自我实现的主观意愿和持久动力，才会努力不懈地完善自己，使生命的意义和价值得以提升。由此，教师在追寻完满生活的同时拥有了专业发展的动力源泉。

教师的专业发展体现着教师的主体价值，是教师职业生命的自我完善和自我更新。教育生活中关注教师的专业自主意识及自主发展能力，把增进人的生命意识看作教师专业发展的内在品质，这使得教师的专业发展过程成为充满生命活力、彰显生命价值意义的过程。当发展超越了外在的要求，教师主动对自身发展作出专业性的思考并付诸智慧实践，把专业素养的提高和学生的幸福成长联系起来，把专业能力的提升和生命价值的体现联系起来，教师的生命就逐渐融入教育生活之中，专业发展的过程也就成为追求和享受幸福生活的过程。

（二）强化自我发展意识，学会在优雅生活中提升专业品质

自我发展意识是教师自我发展行为的先导。如果教师没有自我发展意识，就不会有自我发展；如果教师的自我发展意识不健全，就会阻碍教师的自我发展。幸福是一种生存状态，需要通过人的不懈努力去创造。只有用发展的态度对待生活，不断寻求自身的发展和完善，主体才能获得生命的充盈与提高，才能体验到生活的本真意义和生命的内在价值，从而享受幸福生活。每位教师都应有自己的追求、理想和信仰，有一种坚定的使命感，意识到自己的生命发展与学生的生命成长息息相关，而且也应该明白这个职业并不仅仅是为了简单地完成社会交给自己的使命，也不仅仅是为了学生的发展而纯粹地奉献和牺牲，更是为了实现自己的人生价值和理想。通过发展教育实践智慧来获得丰富的生命体验，获得丰富的生命内涵，使自然生命、精神生命获得和谐发展，无论在体力、智力上，还是情感、态度、价值观等上都能获得改善和充盈，使自我的生命获得灵活而富

于个性的发展。

教师的人生态度、价值追求和教育观念将决定他们在教育生活中的行为与感受，也直接影响教育的实际成效。强化教师的自我发展意识，主旨在于使教师对自我生命负责，对自己的人生价值有清醒的认识，有高度觉醒的自我意识，有自我反思、自我发展、自我完善的能力，志向高远，睿智灵活，在具体的教学中，将自己的兴趣和爱好有机地融于其中，从而形成自己独特的教育实践智慧；相反，缺乏自信、热情，被动的教师不仅自我发展的意识薄弱，而且对自我生命的认同感也是茫然的，对教育工作表现出厌倦心理，常常自卑和沮丧，缺乏对生命的热情和对自我价值的追求，自然难以体验到职业生活的幸福和实现生命的自我超越。

"当教师不是机械地重复教育内容，而是将自己的'力'加进了教材时，教育活动对他便不再是被动的、外在的，而正是教师本性力量的流露。"① 如果教师在教育教学活动中慎思而明辨、通达而圆润，那么，学生将感受到教育的优雅与丰盈，教师和学生就能在一起创造和享受美好而有意义的教育生活。

创造是人类的天性，是人的生命力量的展现方式，对幸福的创造是通过行动开拓新生活的过程，表现为人对美好生活的筹划、追求和超越。教师革新教育观念、探索教育方法、帮助学生更好地成长、提升自身的专业品质、提炼教育实践智慧的过程都是创造高质量幸福生活的过程。教师应该有诗意的情怀、优雅的情趣，教师的思想决定着其课程空间的边界，教师的智慧决定着对教材内容的操控，教师的爱心决定着其他对培养"人"还是训练"物"的价值确认。知识可以奠定教师课堂教学的底气，而智慧更给教师带来灵气，一个既有底气又有灵气的教师在课堂上才会释放出教育智慧。教育生活中的教师只有充满开拓的激情与活力，才能激发对教育现状和自身专业品质的超越与发展。而现实教育中教师缺乏的不仅仅是精神自由和独立人格的状态，更多的是追求精神自由的勇气。当教师的阅读、思考和自由创造的时间被搁置或取消，或被挤压或放弃时，教师的专业发展要么成为强迫和累赘，要么成为空想和画饼，而无法真正成为教师发展的内在的、根本的需要。

为此，给教师以自由，容许他们自主调整、自由发展；给教师以时间，让他们有机会阅读，学会有意味地言说；给教师以空间，让他们有独

---

① 刘次林. 幸福教育论［M］. 南京：南京师范大学出版社，1999. 195.

立思考、张扬个性、发挥才智的平台；给教师以宽松的人文环境，使他们在教育生活中找到真实而充满朝气的自我。学会优雅地生活，就是意味着人在各种需要和才能得到满足和发挥的同时不断追求更高层次的自由与发展，让心灵变得丰富而深刻。创造的生活反映着人的意志和自由，教师的创造使得教师在教育过程中可以"超越教材而面对生命与意义，超越预设而面对境遇与挑战，超越灌输而面对对话与生成，超越框定而面对自身的完善与发展"①，从而感受生命的充实和生活的雅趣。教师能在教育生活中感受生命的自由、自在、灵性和创造，这就是"教育生命的一种诗意栖居"。

第二节　教师发展中的话语权能

后现代课程观提出了"对话"的理念，话语的方式正在悄然地影响着课程中两大主体——教师、学生对传统角色的改变，要求以新的角色身份、新的主体意识出现。"在后现代框架之中的课程不是一种包裹，它是一种过程——对话的和转变的过程，以局部情境中特定的相互作用或交互作用为基础。"② 显然，对话已成为后现代课程中不可缺少的组成部分。而对话是在"人—人"之间展开的，作为对话双方的自主个体是否具备独立、鲜活的话语意识，尤其是教师在教育实践中能否"以整体主义和践行的方式对个体生活进行表白，传达个体教育生活"③，将直接影响到师生对话在何种层面展开，个体经验能否有效地进入课程体系。面对一个开放的、动态的、生成性的课程体系，关注教师的话语权能，以体现后现代课程的多元性、丰富性，与此同时，关注教师发展的意愿和发展的方式，是有价值意义的。

在强调提升教师专业地位、学识水平及教育研究能力的过程中，教师的话语权能，即教师作为专业主体在自主地行使话语权利时所表现出的一种能力，从某种意义上反映的是教师专业意识的觉醒和主体地位的确立，由此折射出教师发展的自觉意愿。因此，关注教育领域里每位教师的话语权能，关注在现实的教育实践里他们是否有话语意识，又拥有多大的话语

---

① 张培．让教师诗意地栖居在教育中［J］．教育理论与实践，2006（13）.

② ［美］小威廉姆 E. 多尔．后现代课程观［M］．王红宇译．北京：教育科学出版社，2000. 201.

③ 胡福贞．论教师的个人话语权［J］．教育研究与实验，2000（3）.

权力和权利；在权利与权力的纷争中，教师又有多大的能力可以自由地"言说"，这涉及的是教师在专业发展中很实质的问题。根据马克斯·韦伯的观点，权力"是指处于社会关系之中的行动者排除抗拒而使其意志得到实现的可能性，而不论这种可能性的基础是什么"①，它是一定社会主体凭借其对社会资源的控制从而具有的使其他社会主体服从其意志的一种支配力量，具有支配性和强迫性。而权利是一定社会结构中以社会规范的方式所肯定的社会主体的行为自由。洛克·康德和黑格尔都坚持认为权利向来是与主体的自由追求相联系的，它反映了社会主体在行使权利时的自主性特征和排阻性特征。通常在权力与权利的交织中，权力始终是强者的象征，而权利则是弱者的呐喊。在教育世界里，权力与权利的冲突与争夺也无处不在，最基本的就是通过话语的方式，使"说者"和"听者"置身于不同的位置，显示出特定的社会背景和情境中的一种控制性关系与行为，致使这种关系在"说"与"听"中不断地被强化、被增殖，相互追逐，相得益彰。

一、话语中权力与权利的内涵

关于话语与权力的关系，福柯有过极为精辟的论述，他认为话语即权力，话语中蕴含着权力，话语的实践过程潜隐着权力的运作，对话语的争夺实际上即权力的争夺，话语的拥有则意味着权力的实现。② 从某种意义上讲，话语作为一种符号系统，之所以具备了某种权力般的支配力量，是因为话语本身有一种给事物标定秩序的作用。著名的符号哲学家卡西尔（Ernst Cassirer）对话语的这种力量进行了具体的论述和剖析，他认为人是生活在一个象征性的宇宙之中的，这个宇宙是由语言、神话、宗教、艺术等制成的网所构成的，"人的本质是一种符号动物"，语言给人提供了思考和表达的可能性，是"人呈现自己的方式"。人在以什么方式说话、说什么话、怎样说话的过程中，实际上就已表明了他在现实世界的地位、身份和作用，也正是通过话语方式，"人类从内部组织起来，并被分层化"。③可以说，教师的话语权力实际上也是在社会政治、经济和文化结构中产生

---

① Max Weber. *Economy and Society*. 2 vols. Edited by Guenther Roth and Claus Wittich. Berkeley：University of California Press，reissue，1978，Vol. I，p. 53.

② ［法］福柯. 性史［M］. 张廷琛等译. 上海：上海科学技术文献出版社，1989. 90.

③ ［德］恩斯特·卡西尔. 语言与神话［M］. 于晓等译. 北京：生活·读书·新知三联书店，1988. 62.

的一种权力。巴杜提出的"文化特权"的概念就说明了所有的文化都含有特权的色彩，这种"文化特权"实际上是代表支配阶层的信念与价值的"被控制的共识"，法理化的文化决定了学校课程的"标准化"性质，而这种"标准化"的课程就是教师话语和教育行为的范本，教师就是在不知不觉中处于这种文化特权所传递的特定文化关系之中，行使的话语权力是在默认并服从于这种关系的前提下彰显的。

话语权利是一个人自我自由表达的资格和能力。它体现的是作为一个独立的社会个体，在特定的历史条件和社会环境中，自主地对现实生活和实践活动进行真实、具体的表白，理性或感性地反映自己的理念、思想、态度、价值的权利。它强调了个体是以"我"的思考，"我"的言说，"以唯一而不可重复的方式参与存在"。它带有三个特征：①私人性。具体说，在内容上，话语表述的是自我特有的思想、感情、欲望；在形式上，体现的是语言的个性风格。②自由性。即话语表述是自由的，不受任何方式包括思想观念、时代、地域的束缚，这种方式是法律许可的，可以用"独一无二"的方式来言说对生活世界的感觉，对生存方式的体验，对生命质量的睿智。③平等性。话语的表述是在"我—你"之间，在"人—人"对话中展开的，相互倾听和诉说，平等地达成共识，共同建构"元话语"。教师的话语权利就是通过教师自己对生活的思考、对教育内容的理解、对人生命意义的体悟，在一切教育场合发出真实细致而又睿智的声音。

教育机构是话语生产和栖居的场所之一，也是话语权力产生和争夺的地方，学校和教师都无可避免地被卷入教育世界话语权力的纷争之中，教师的话语权能反映的是教师作为社会主体在自由"言说"时所具有的一种能力。话语作为一种社会建构，说者和听者都不只是代表一个单纯的个体生活在世界上，他们来自不同的阶层、集团和群体，"言说"中有着某种特性与"色彩"。教师不可避免地处于这种社会关系之中，他的话语权力确定吗？他的话语空间有多大？又有多少能力来行使他的话语权力？这是我们在教师专业发展语境中应该思考的问题。当然，要分析教育领域中教师的话语权能，一定不能忽略结构性社会背景中话语权势的存在。

无论是传统教育还是现代教育，大多数教育价值、理念的确立或是具体的课程开发与设计，决策者主要是行政官员和一部分课程专家，他们是官方教育与理想课程的代言人。诚然，他们能保证教育的权威性与课程的科学性、规范性，但作为教育实践生活的操作者、建构者的教师却没有言说的权利与自主，被冷漠地拒之门外。后现代主义对权力话语和精英话语提出了批判，认为事物的意义不是被决定的，而是不断生成的。任何僵化的意识，任何霸权性的话语，都将使思维受到压抑，而争执、分歧和差异才体现了世界的多元与丰富。后现代主义就是要打破这种一元论的思维、霸权性的权力话语，倾听处于边缘地位的声音。教师在课程的创建中，首先应该拥有精神世界的自由与强烈的话语冲动，在对话中自主地发出自己的声音，用自己的脑子说自己的话。如果教师自己的经验、理解、智慧、困惑、问题等不能合法进入教学过程，又怎能确保理性层面的教育话语能与感性层面的教育生活结合在一起？如果教师的精神世界游离于教育世界之外，教师的个人话语与教师发展的实质相分离，那么，又如何去建构一个丰满的、真实而又鲜活的教育世界？

二、教师在教育生活中话语权力和权利的现实存在

（一）教师在教育领域中话语权力的现实缺失

教育领域是话语喧哗的场所，来自不同源的话语在这里交织争宠。首先是行政管理者代表国家发出的权势话语，它传达着国家和社会对教育的要求与期望，目的在于对儿童未来发展进行设计和赋予使命，它体现的是一种带有强制性的社会性权力。其次是各级专家学者发出的多种学术话语，它以科学的方式、实证的方法，通过不同的研究假设，对各层教育进行规范、限定，力图把握各级教育的价值和儿童发展的现实，它传达的是一种理性的"逻辑的权力"。还有来自教育一线的教师的声音，作为教育世界里真实的主体，他们正以实践者的身份通过践行的方式对教育经验进行具体的表白，在相当程度上体现的是一种"隐喻的权力"。由于不同的话语源自不同的地位和阶层，因而，在这个教育世界的话语系统里，所发挥的权力和效应是不同的。由于传统文化中基层教育教师的地位与学识处于教育领域的最底层，所以教师的个人话语往往被权势话语和理性话语所"淹没"。为此，尽管身在教育实践现场，作为真实而具体的教育实践者，却很难通过"我思"、"我言"、"我行"的方式，发出真实的声音，从而造成教育主体的"失语"。

这一方面是因为传统教育赋予教育实践中的教师"传道授业"的定位，他们承担着传承文化、传达社会意识形态的责任，其根本任务就是将权势话语意识灌输给年青一代，促使其内化。因此，教师的话语以其特定的教育机构为语境，以特定的教材为话语内容，以特定的教育方式方法为话语方式，已被严格地规定好了，教师的话语自由是被严格限制在这个范

围之内的，而教师也正是凭借对权势话语内容和言说规范的遵照与执行，获得了自身的"话语权力"和教育权威。于是，教师可以对课堂秩序进行维持，对儿童行为进行评价，对教材内容进行组织，而这一切都是被规定、被限制的。社会意识形态在教师的话语与行为中被合法化了，权势话语在这里再度被强化与彰显。教师并不需要用批判的态度冷静地面对教育现实，他只是权势话语的服从者、传声筒和具体执行者，漠然而习惯地远离了教育世界里他们应该承担的责任。在过分强大的异己的社会面前，他们自然而然地成为权势话语的客体，无法言说，成为"是胃或炉子之类的东西，只会使用和消耗，而不会创造"①。

另一方面，教育领域也是专家学者高声喧哗的场所。因为一直以来的文化传统，使得教育尤其是基础教育成为专家学者研究、开发和推广教育模式与专业术语的地方。凭借现实社会中文化资源配置所带来的优势地位，加上实际中教师对知识的依附——表现在基础教育教师不需要太高的学识，在学历教育上要求是最低的——这种制度从专业领域里就强化了教师的等级地位，从而专家学者的话语无可争议地成为时代和社会的中心话语、主流话语，而教师作为教育世界的实践者、建构者，却成为教育实践研究的旁观者、消费者。豪斯（Houser Cather，1990）明确指出："长期以来，教师和研究者已经形成了两种不同的形象，教师往往被看作科学控制的一般对象，正是由于这种形象上的差别，形成了高度层级化的教育体系，教师处于无权的底层地位，只能被动地听从管理者、课程论专家、教材编撰者和大学教师的指导，自己的意见无足轻重，从而导致自身的形象毫无专业意义。"② 作为"弱势群体"，他们只能将自己的话语、需求与期望自觉地限制在权威话语所许可的范围之内，努力地追随理性话语，聆听并重复着与自己的真实世界格格不入的专业术语和概念，他们已不再拥有自我意识，也放弃了作为独立个体应有的自我发展的需求，弱化了自我实现的追求，使自己从感性的教育生活中游离出来，成为教育生活的"他者"，放弃了只有"我思"、"我言"才能获得的话语权力，放弃了言说中可以带来的自我发展和自我展现。为此，"教师很容易矮化成一个仅仅从事非创造性劳动的雇工，僵化成一个只是观赏既定的意识形态的传声筒，

---

① ［美］迈克尔·W. 阿普尔. 意识形态与课程［M］. 黄忠敬译. 上海：华东师范大学出版社，2001. 15.

② Houser Cather. *Reflections on Teachers Schools and Community*. New York：Teacher's College Press，1990.

愚化成一个贬损自身灵魂的思想附庸，堕化成一个维护错误观念的文化保安"①。

（二）教师话语权利的争取与教师发展

教育的发展，需要所有的参与者都能放声言说，共同建构出"百家争鸣"的状态。教师的发展，需要个体能有清晰的自我意识，独立地言说思想观点，自觉地更新个人知识理论。在这对话与独白的过程中，没有凭借权力的话语垄断，也没有诚惶诚恐的盲从，所有的人都可以陈说自己对教育的感悟、对生活的感受、对世界的观点，不再存在以迫使别人沉默屈从来实现自己的话语权力。在这种"我—你"的平等对话中，尤其需要教育实践者发出的真实而坦白的声音，因为作为主体性的个体首先必须以"我"的方式存在，言说对教育世界的生存感觉、常识经验和智慧，表达内心的感悟、价值的取向、审美的情趣，从而体现个体生命的内涵与意蕴。丧失话语权，也就失去了作为"我"的主体存在价值，丢失了"自我"也就放弃了发展。教师的理智在于了解自己历史和现实的使命，并不拒绝理性的介入和引导，不仅要倾听他者的声音，更要在平等的对话中敞开个人化的自我，敞亮教师感性而真实的教育世界，从平等的对话到自由的独白，从"旁观"的惘然到"主体"的确立，教师个人的话语权利展示的是认同中的质疑、融合中的反思、独立中的张扬，是教师在专业成长和自我发展中主体性和持续发展内在生命力的提升。

根植于传统文化的一线教师是整个教育系统中的根基，他们处于教育金字塔的底层，无论是专业形象还是学识要求，都一直处于教育实践中最被动、最无助的地位，知识、课程、价值观都作为标准化、法理化的教育内容，不允许教师有任何自主性的解释与建构。教师依据外在的权威与权力，消极地甚至麻木地传承社会、统治阶级、利益集团所规定的所谓"法理性的文化"，不知不觉中教师就成了课程的"傀儡"。"学校的荒废、儿童的颓废，难道不是由于应试和管理带来的非人性化的教师的责任吗？难道教师不是仗着权威和权力，借'读书、读书'来压制、窒息儿童吗?"②这是对基础教育教师的指责，也很讽刺地反映了基层教师最无奈的尴尬。因为在现实的教育过程中，人们似乎总能感觉到教师权威的存在。教师自

---

① 吴康宁. 教师是社会代表者吗：作为教师的"我"的困惑［J］. 教育研究与实验，2002（2）.

② 郝德永. 教师是课程的主人有义务建构"自己的课程"［N］. 中国教育报，2003－11－20（8）.

身也就是在这种"权威意识"下支配着自己的行为并控制着学生的言行，这往往使我们有一种强烈的冲动要去打破这种教师权威至上的格局，从而体现学生作为独立个体的生命价值，让学生言说、动手，参与教学，师生平等对话凸显学生的主体意识，这种现代教育的精神非常值得弘扬。但是，"反对古代的权威主义的斗争已使我们忽视了教师必须发挥的积极作用，并使我们处于一种贫乏的精神状态去处理我们时代的完全不同的一个问题"①。从本质上说，教师的所谓"权威意识"并没有给他"我思"、"我言"、"我行"的话语权，在某种意义上看，这恰恰是他作为独立个体话语权丧失的反映，显示的"权威"只是为了掩饰他作为教师角色欲说不能的尴尬。

由于话语权的有限性和被控制性，教师习惯了按原样传递知识文本，却无反思、批判、创新的权利、意识与能力。他们只是通过课堂教学对学生言行的控制来显示自己的地位，在知识的授受中来强化自己的"权威"，"教教材"与"记教参"是最常见的格局，"教"的过程其实并不需要教师渗入个人思想，从而也不能展现"学"的层面的意义。学生被看作灌输知识的袋子，远离了真正的学习，致使学生的学习只能表现为艰难地挣扎在以掌握知识的多寡为"胜败"标准的记忆竞争或考试大战中，而发现不了学习的意义与喜悦。传统教育把教师的角色定位在"桥梁"与"媒介"上，这很容易造成教师的"精神失语"。用自己的脑子说别人的话，习惯了以他人、外界的方式来证明自己职业的合理性和自身存在的价值，在教育的话语世界里丧失了实际上本应该受到重视的个人话语权利，并漠然地接受这种并不正常也不应该存在的冷漠和忽视。

后现代主义对权力话语和精英话语提出了批判，认为事物的意义不是被决定的，而是不断在对话与撞击中生成的。任何僵化的意识、霸权性的话语，都将使思维受到压抑，而争执、分歧和差异才凸显了世界的多元与丰富，展示了生命的多彩与丰满。在教育世界里，教师不仅是课程的实施者、建构者，也是自我生命的主宰者，不仅是教育研究成果的消费者、发现者，也是自我发展的决定者，他们应该拥有强烈的话语冲动和自由的精神世界，尤其是知识的建构和课堂的讲授，在不违背知识的客观真理性的前提下，教师根据自身的教育想象力与设计力，摆脱"制度化知识"课程"公共框架"的束缚，承担起建构"自己的课程"的义务。课堂是实践的

---

① 联合国教科文组织国际教育发展委员会. 学会生存——教育世界的今天和明天 [M]. 华东师范大学比较教育研究所译. 北京：教育科学出版社，1996. 86.

基地，与学生的每一次对话，自我的每一次独白，体现的都是个体的经验、理解、智慧，甚至困惑与问题。教师的话语内容会是理性思索与感性生活的糅合，教师的话语权利也不超越客观真理的范畴。相信在经历了"自我观察—自我分析—自我评价"的行动性研究历程后，在批判性的反思与实践中，教师是能够发出自己强有力的声音的。联合国教科文组织在报告中已指出："应进一步吸收教师参与有关教育的各种决策；教学计划和教材的制定要在在职教师的参与下进行……同样，学校的行政管理、监督和教师评价系统从吸收教师参与决策中只能获得好处。"① 可见，教师应该参与到课程教学的研究和开发中，参与教育的管理和决策，展示自己作为专业人士可以发挥的作用，用自己的专业知识、专业素养在教育世界里确立自己的位置，这不仅可以提升教师的专业形象与能力，提高职业的效能感，而且教师在"我思"、"我言"、"我行"的过程中，主体意识被肯定，自我价值被张扬，话语权利在被肯定、被重视的过程中，自我发展得以实现。

没有教师的主动发展，就不可能有学生的主动发展；没有教师的主动创造，就不可能有学生的创造精神。正是因为教师参与了真实而具体的教育实践活动，教师的话语才是"源于不同的教育情境，代表最真实的问题与需要"，从而它将可以在教育领域形成"百家争鸣"的局面。不再是对权威的怯懦、对权势的附炎，而是理性的反思、平等的探讨，共同寻求教育发展和自身的完善。教师话语权的肯定与自由，将促进教师职业的专业化和教师个体可持续发展的内在生命力的提升。哈贝马斯就认为理解是指在彼此认可的规范性背景相关的话语系统下，两个主体之间存在着某种协调。当教育实践中师生之间的交往建立在平等而独立、丰富而活跃的对话方式上，营造共同参与、讨论、质疑的课堂气氛，这将为学生的发展提供良好的土壤。而学生的发展更能促进教师的发展，这是一种良性的循环、互惠的局面，主体双方的共同生长正是教育实践最为和谐和期待的发展。所以，在强调教师作为独立的生命个体，不断追寻自我发展和自我生命价值意义的今天，教师应该拥有话语权，而且话语权的拥有也意味着教师个体自我生命意识的觉醒。

---

① 国际21世纪教育委员会. 教育——财富蕴藏其中［M］. 联合国教科文组织总部中文科译. 北京：教育科学出版社，1996.146.

三、在教师发展中提升话语权能的建议

要打破一种既定的缄默的格局，是需要多种内外部力量共同作用的。教师个人话语权的建构与教师的话语能力有着密切关系。在教育过程中，教师"说什么，怎么说，为什么说"将涉及教师言说的能力。后现代课程观提出了"对话"的理念，而对话是在"人—人"主体之间展开的，作为对话的自主个体，是否具备独立、鲜活的话语意识，尤其是教师在教育实践中能否以完整独立的个体，以体悟践行的方式来表达自我的教育生活，将直接影响实践中的教师个体能否进入教育世界的话语系统。也就是说，在教育领域里，教师如果要与其他主体进行有效的对话和交流，首先要学会将自我的意义世界向他人敞开，扬弃封闭的自我，解构原有的认知体系和被动地位，并确立自身的主体性，在反思和行动实践中自我更新，获得言说和发声的能力，从而彰显自身应有的专业地位和自我发展的作用。

为此，教育中的教师首先应该强调自我意识的觉醒，认识到"我"在教育实践中独特的地位和作用，意识到"我"因"我"的思考而存在，因"我"的言说而存在，以"我"的方式证实"我性"的存在。在传统的教育实践中，教师作为教书先生，没有任何课程研制的权利，只有照本宣科的义务。课程与教师的关系是建立在一种法理化的文化政治学的基础上的，这决定了教师是课程"代言人"和"传声筒"的角色。如今，尽管"教师研究"已经形成了一个专业领域，教师专业发展也是热门话题，但现实的矛盾体现在两方面，一方面是对教师过分严酷的期待、批判与评头品足，另一方面是教师的困惑、沉默，丧失了自身的话语。对此，日本著名教育学者佐藤学教授在《课程与教师》一书中，全面、深刻地解构与批判了传统的"传递中心"的课程定位、"技术熟练者"的教师定位，并明确提出了教师应该由"技术熟练者"转变为"反思性实践者"的后现代转换与发展路径，教师必须在学校和课堂里承担构建文化的义务与责任。作为教育实践的行动者、教育生活的建构者，教师的个人话语生成于教育世界具体而细致的生活，表达的是整个教育实践中问题的存在、发展的感念和价值方式。教师的话语就是教师思考和发展的本身，话语与情境、价值融合在一起，通过对教育生活的解释、评判，对自己所处教育世界的规定和认同，来展示教师个体对生活、职业、发展的思考和感悟，这完全可以还原理性话语所揭示的实证、客观、抽象的教育世界。教师自我意识的觉醒，将意味着教师能够认识到"我自己的每一个思想连同其内容都是由我

自己个人自觉负责的一种行为"①，从而能够主动地"我思"，积极地"我言"，提高和拥有"我性"的话语能力。

其次，教育实践中的教师还必须加强自我教育能力。从传统的教师教育来看，职前的教师教育培养的主要方式和途径以学科基础知识和教育学有关知识与技能的学习为重点，这种对知识的依附和技能的关注很容易忽视一位教师从师范生成长为成熟的专家型教师是一个自我发展、自我教育的过程，它关涉教师的专业自主能力的发展和建构。教师不应该仅仅将自己定位于知识的传递者，而忽视自身在教育教学过程中应具备的创造性和主体性。参考国外的教师教育发展研究，一个非常有效的经验就是建立PDS（Professional Development Schools），即以中小学为基地，与大学合作，共同研究、解决教学中的问题，一起从事教师教育，促进教师的专业发展。这种学校可以为基层教育中的教师营造一种随时进行学习和研究的气氛，从而促使他们积极寻求解决教育教学问题的方法，对影响学生学习的问题，对自身作为教育者角色的问题进行反思与探讨。教师自我教育能力的核心就是反思能力。它是指教师在职业活动过程中把自我作为意识的对象，以及在教学过程中，将教育活动本身作为意识的对象，不断地对自我及教学进行积极主动的计划、评价、反馈和调控的能力。只有当教师具有了反思能力，能够主动地对自己的教育教学行为进行反思、判断、修善的时候，教师才会逐步走向成熟，成为专家型的教师。

批判性反思是自我意识觉醒的基础，教师的个人话语应该在反思探究中建构和丰满。反观教育实践领域，作为最直接的践行者的教师，对教育实践生活是最有感悟、觉察及顿悟的，教师的个人话语将会最直接源于对教育生活的直觉经验，可以关涉个体的直觉感悟、自我观照、内心修养和情感认同。因此教师的话语系统中常会呈现出多元的价值取向、直白的行为方式，既有哲学的明辨、智慧的火花，也有思维的陈式、惘然的陋习。因此，批判性反思、自我评价和行动研究将作为提升教师专业能力及话语价值的源头。它是教师积极地、持续地和仔细地对他所体验到的教育世界里的"实践性困惑"进行思考的过程，把个体的话语世界和自我的专业发展联系在一起，在不断的专业更新和反思批判中建构自己的话语体系，提升自己的话语能力与价值。即便是知识的传递，也不应再局限于吸收固定的内容和已有的结论，它可以是一种再认知、再创造、再探索的过程。反

---

① ［苏］巴赫金. 巴赫金全集（第一卷）［M］. 晓河等译. 石家庄：河北教育出版社，1998. 41.

思对教师来说不仅是一种能力，也应该是一种态度。它对个体的自我发展来说，是"一条由外向内的理解之路，是由主体到客体，又由客体到主体的双向把握"。

总之，教师的话语权能与教师的发展有着密切的联系。要改变教育实践中教师个人话语权被贬抑的"失语"局面，我们就得从提高教师的专业能力和提升教师的专业地位着手。它要求教师有较强的自我专业发展意识和能力，能自觉承担专业发展的主要责任，通过自我反思、剖析、激励来实现自我专业的更新与发展。如果教育世界里的教师个体能发出充满生命意蕴和价值饱满的个人话语，如果教育生活能以智慧的方式被实践、被呈现，真实地展现教育实践中的每一个个体的需要、困惑和问题，尝试理性话语以践行的方式被重新解构和建构，那么，教师的专业自主能力也将得到提升和肯定，教师发展将成为现实，由此呈现的是教育领域里的话语世界的理想与和谐。

第三节 教育实践智慧发展的可能性

教育实践智慧的发展是教师在教育实践中主动、积极地学习、积累经验，不断地调整和完善自己践行的方式，逐步走向成熟和智慧的过程。这种生成于复杂情境中，由教师灵感和顿悟结合而成的教育实践智慧，不仅伴随着教师复杂的认知判断、理智加工与反思推理，可以为教师的教育生活带来愉悦、自信和教学成效感，而且也因为它的内隐、缄默和非逻辑性，成为教师们追寻、思索和发掘的对象。但教育实践智慧的发展不是自然天成的，一直以来的观点共识认为，它是教师面对特殊教育情境瞬间的直觉反应或顿悟，是内隐的，也是不可学习与传授的。这就涉及教师如何去发展、丰富教育实践智慧。其实，教育实践智慧的确有内隐的特征，但这只能说明它比较难以提取和传递，并不等于说它不可被觉察。提取、分析它发展的土壤，是为了确信它发展的可能性。

一、教育实践智慧可以被觉知

觉知，是指个人把注意力完全集中在此时此刻对个体内部和外部刺激的体验上，即有意识地观察在身体内部和外部环境中出现刺激时所产生的全部心理体验，包括觉与知。

　　由于教育实践智慧大都是在教师偶遇意外或突发事件、特殊情境之下，教师的应变能力与意外情形相碰撞而"激发"出来的一种智慧，并且它在很大程度上与教师个人的缄默知识相关，所以大多学者认为这种智慧是缄默的；同时因为它来源于教师的实际经验，带有个体性，甚至在很多时候教师自身都浑然不觉，所以在很大程度上它是不可言说的，是无法用语言表达清楚的。显然，实践智慧与理论智慧不同。理论智慧一般以文字、语言、符号、图片等形式存在，并且可以通过系统的学习、语言的交流来理解、掌握它，也可以通过他人直接传递。但教育实践智慧却不能通过语言进行有逻辑性的说明，不能以规则的形式加以传递，难以进行批判性的反思。"面对不断变化、生成的实践智慧，我们很难找到恰当的语言进行描述。因为语言是有限度的，它可以有效处理逻辑性较强的推理和分析，但对于瞬间的直觉行为却束手无策。实践智慧的这一特点使对它传授和学习变得困难重重。"① 但尽管如此，教育实践智慧并不是不可提取和无法传递的。

　　首先，当教师在教育实践中遭遇问题和冲突时，对情境的判断、问题的分析和价值思维都会在瞬间转化为一种"直觉"，"逼迫"教师在瞬间采用一种解决问题的行为方式。由于一切都发生在瞬间，行为在特定教学情境下无法"定格"，教师也不可能停下活动思考自己此时此刻应该怎么做，所以往往会造成一种"错觉"，在这样的情况下教师自身都无法察觉到"我"采取行为的依据是什么，"我"为什么要这么做。但人的任何行为都是由意念控制的，"先验"会影响到人当前的行动方向。无论如何，问题的解决往往可以给教师带来愉悦感和成就感，即便留下遗憾或遭遇失败，也会给教师带来相应的情感体验。所以，当事件结束以后，通常个体会对刚发生的教育事件进行归因、总结，通过深层次的梳理与反思，回忆在具体时间、特殊教学情境中自己在教授什么内容，碰到了什么特殊问题，"我"采用了什么方式，当时"我"为什么就这样做等信息，分析遭遇的困顿、矛盾、冲突，慢慢地整理思路，甚至是一些在当时比较零乱、分散的信息，在冷静的思考中也都逐渐集中起来。教师在头脑中再现自己在教学中利用策略调控教学过程，在面临偶发事件思维积极运作的过程，处置和解决具体问题的详细过程，尽管记忆的形式是内隐的，但当把当时的过程再一一再现、重构出来时，教育实践智慧相关的图式也就逐渐呈现且明

---

① 吴德芳. 论教师的实践智慧 [J]. 教育理论与实践，2003（4）.

晰起来。这样，教育实践智慧就在教师的梳理、反思中被清晰地觉察到了。

其次，教育实践中教师彼此之间的观摩学习是教师生活的一部分。这种观摩学习往往是教师获取经验的非常有效的途径。根据替代经验的方式，由于彼此间有相同的身份、相似的情境、一致的目标，观摩教师很容易进入角色，结合自己的知识经验，自觉地理解执教教师的教学过程，观察该教师面对变幻的情境怎样有效地创设教学情境、解决复杂的教学问题。这种观察的效果往往取决于观摩者对问题的敏感性和对情境的共鸣感，还有自己"先验"的知识背景。当观摩者自觉地把观察到的教育教学行为与自己的教学情境进行比较时，就会有感觉地思考，"他"是怎样解决问题的，"他"为什么这样解决问题，"他"这么做的好处在哪里，并进行假设，如果是"我"，碰到同样的问题会怎么处理和应对。尽管教育实践是一个复杂、变化的过程，教师和学生总是处于不断的变化之中，教学情境中的具体人、事、情、境的结合总带有不确定性，但并不妨碍观摩者依据自己的经验、认知，甚至是偏见，在观察中获得、感知信息，在理解教学情境和执教教师的行为方式时，积极地捕捉、加工、整合，使它变成一种自我经验，融入自己的个人知识之中，知道以后在遇到相似情境时应该采取怎样的行为，如何去处置问题，或者如何更有效地改善自己的行为。尽管观摩教师是带着自我偏见或成见走进课堂，对执教教师的教育实践智慧的理解并不那么准确、直接、深刻，但这并不影响他们对教育实践智慧的感知、摄取，甚至带有一定的再创性和重构性。

二、教育实践智慧伴随知识经验而积累

知识经验是产生教育实践智慧的根基。每一位在教育实践中的教师总有在长期实践中积累起来的经验，伴随着"他"已有的知识，形成了属于"他"自己的独特的个人理论。这种个人理论将影响到教育教学活动中的判断、认知、决策，也就构成了属于"他"的教育实践智慧。海德格尔认为，"在我们清晰地理解某件事物之前我们都有一个前概念"。我们往往会把这个"前概念"称为"先验"，即前期的知识经验。无论这个"先验"正确与否，我们在认知新事物、解决新问题时都会受到自己的观点、经验，甚至是成见、偏见的影响。但事物总是不断发展变化的，人的知识经验也处于动态的发展之中，每一位实践中的教师，面对复杂莫测的教育情境，总会不断完善自己对教育教学过程的理解与解释，挖掘其有意义和有

价值的成分，从而不断改善、调整自我的行为方式。这一过程，有感知，有反思，有顿悟，无论是通过自我反思的方式，还是作为一个孜孜不倦的观察学习者，"先验"的知识和当下的践行结合在一起，总会生发出新的理解、新的认知、新的经验，这种交流融合的过程使得教育实践智慧不断地改善与提升。

可见，教师在教育实践的过程中无论是清晰主动地感知，还是潜意识地被动改变，个体的知识经验总是在不断积累和改善之中，在他无数次地解释、理解、感悟教育教学实践的过程中，他不仅赋予教育实践新的意义、内涵，同时也使其原来的职业信念从模糊到明确，思维方式从简单到复杂，行为方式从随意到明确。"如果说默会知识是教学实践智慧所具有的内在特征，那么，教师有责任将这种内隐的知识变得明晰起来。教师只有能够清晰地回答出下列的问题才能够成为好的教育工作者：'我是如何知我所知的？''我是如何知道这样做的理由的？''为何我要求学生如此行动或思考？'要回答这类问题，不仅要求教师成为一名熟练的教师，还要有对实践经验的反思和对理论理解的反思的融合。"① 思考和探究会让教师走向成熟，教师需要在反思中对自己的个人知识经验进行不断的修善，而丰富的经验知识的积累，使得教育实践智慧在无数次多层级的循环和递进过程中不断地发展、增进和提升。

三、教育实践智慧通过对话交流被分享

对话交流是教育生活中分享经验、启迪智慧、共同发展的一种有效方式。通过对话交流，教师可以从对象那里获得反馈信息和启示，共享同伴之间的知识与经验，从而不断地扩展和完善自我认知。教育家弗莱雷认为："没有了对话，就没有了交流；没有了交流，也就没有真正的教育。""任何专业的成长都依赖于它的参与者分享经验和进行真诚的对话。"② 对话，让原本并不清晰的想法、杂乱的思维、无意识的行为，因为表达而得到梳理、明晰；交流，坦诚"我"此时此刻为什么这样想，又为什么要这样做，收获与遗憾在哪里，成功与失败是因为什么。把原本处于朦胧或依

---

① Shulman, L. S.. The Dangers of Dichotomous Thinking in Education. In Petter P. Grimmett and Gaalen L. Erickson (Edited by). *Reflection in Teacher Education*. Vancouver：Pacific Educational Press, 1993, p. 33.

② ［美］帕克·帕尔默. 教学勇气——漫步教师心灵 [M]. 吴国珍，余巍等译. 上海：华东师范大学出版社，2005. 144.

稀状态的所思、所言、所行都毫无保留地呈现出来。同行同伴在共同的话题、相似的专业背景中，各抒己见，畅所欲言，每个人都可以基于自己的"先验"发表对问题的看法，预设在假定的教育教学情境中，"我"可能的解决问题的决策和行为方式。这个过程既是一种观点的碰撞，也是一种智慧的分享。"追问你的所作所为及其理由，陈述我的所作所为及其理由，考虑你对我的所作所为的解释与我对我的所作所为的解释之间的差异，反过来也考虑我对你的所作所为的解释与你对你的所作所为的解释之间的差异，这些就是几乎所有最简单、最基本的叙事的本质要素。"① 这种或以集体的方式，或就个体之间进行对话的经验交流，在教育生活中是最基本的，也是最普遍的存在方式，包括教研活动、办公室的对话、遇到问题向有经验的教师讨教、同伴间的探讨等。思想和经验的交流是分享和升华教育经验意义的平台，不同的理解者在对话交流的过程中都可获得启发，在对话言说中迸发出新的思想的火花。这种启发就是教育实践智慧的一种分享，在分享中又融入了个体的智慧，从而使教育实践智慧在不自觉中得到提升和发展。

在教师发展的过程中，目前有很多学校采取一种比较快捷的方式来促进教师发展，那就是"师徒制"。在国外，"师徒制"也叫"师徒式教学指导"（mentoring），国内有很多种称谓，有称"师徒结对"、"师徒带教制"、"以老带新"、"青蓝工程"或"传、帮、带"等。其方法就是让有经验的教师和年轻教师，尤其是新手教师结对，以帮助他们快速地成长。因为指导教师往往选择的是教学经验深厚、教学业绩突出并具备丰富的教育实践智慧的优秀教师，这对年轻教师的成长很有意义，所以，这种方式推广得很普遍。"师徒制"的方式有很多，有一对一的，有一对多的，也有多对一的，或开设"名师工作坊"。较普遍的指导方式有临床视导和日常交流。临床视导是指导教师进入"徒弟"的课堂，抱着一种非批判性的态度，对"徒弟"的教学活动进行观察、提出反馈。这一过程要求指导教师有目的地对新教师的课堂进行视察，确定观察问题的侧重点，敏锐地发现问题所在，提出合理的建议。而"徒弟"在独立备课上课、接受指导教师或多位同事的听课观察后，需要解释自己的设计、安排与教学目标。师徒之间形成一个共同体，共同探讨，互相听课评课，碰到问题时共同协商，在共同探讨中共同成长。日常交流也是一种比较普遍的指导方式。在

---

① ［美］A. 麦金泰尔. 追寻美德：道德理念研究［M］. 宋继杰译. 南京：译林出版社，2003. 277.

理想情况下，"师徒"在办公室里随时交谈班级发生的事，协商处理师生、生生之间的关系，共同探讨如何有效地进行课堂教学等。在这样的对话交流中，彼此的思维、想法、观点，包括习惯、陋习与偏见都在交织中袒露、协调、修正，师徒的学习是双向的，而智慧的提升是叠加的。

另外，指导教师还可以运用系统指导和协同教学的方法来提升"师徒制"的有效性。系统指导是指导教师根据自身教学经历及指导其他教师积累下来的经验，预设"徒弟"教师在教学时可能会出现的问题，对将会碰到的困惑、冲突系统性地进行讲解，提前告知并提出一些建议。这样的系统讲解（指导）可以有效地帮助教师解决将要面临的各类问题，减少工作中的试误和失误。另一种指导方式叫"协同教学"（Team Teaching），指"师徒"共同承担一个班的教学任务，他们在课堂教学中相互支持。在这种指导方式下，"师徒"双方可以协同制订教学计划，协同备课。"徒弟"教师被置于教学的实际情境中，切实投身于教育教学实践。这不仅加深了教师对教育教学知识的理解，而且加快了其对教学技能的掌握，更重要的是可以获得对教学策略应用情境或条件的理解，加深对教学职业文化的理解，从而使教师能更快地成长为教育实践共同体中真正的一员。指导教师在观摩、点评过程中，把自己的经历与教育教学理论相结合，为"徒弟"教师展示自己的课堂、教学的策略、问题的解决方法，如此这般，"徒弟"教师不仅能形象地知道指导教师是如何处理、避免这一类问题的，而且在观察交流中自我的智慧也在不断增长。

四、教育实践智慧成为专业发展的基础

从本质上说，教育实践智慧就是要求教师有智慧地进行教育实践，灵活地运用教育方法，机智地处理教育问题，充满爱心地关心学生的成长，让每一个生命个体在教育生活里快乐地、健康地成长。而教师专业成长即教师在其职业生涯中不断提升自身的专业水平，达到专业成熟、持续发展的过程。它指向教师职业的专业特性或内部专业结构的成长与改进，因此，对教师而言，仅有知识的积累、技能的娴熟是远远不够的，一切与教育教学活动相关的知识、能力、品性、情意等方面的综合素质提升才能改善教师的教育实践智慧。教师发展取决于多种因素。有来自外在的客观需要，包括社会进步和教育发展对教师责任、角色意识与行为规范的要求、期待和愿望；也有来自内在的主观渴求，包括教师个体的自我完善、生命价值和实践智慧追求。可以说，教师的发展是内外因素综合的结果。但如

同学生成长"是他自己的事情一样"，教师的发展同样不可能依赖外部"灌输"的力量，教师自觉的、有意识的实践活动和自主发展将在教师专业成长中起决定作用。犹如美国的班杜拉所言："在很大程度上，环境只是一种潜能，它只有通过适当的行动才能使这种潜能成为现实，环境并不必然会影响个人的固定属性……可见，教师发展的本质是通过个体实践活动，不断超越自我、实现自我的过程。"对于每个资质不同的教师来说，尽管教师发展有其整体的定位和培养模式，但个体的专业成长的方式和程度还是有差异的，而且并不是靠唯一的教师教育或专业发展模式就可以完成的。有研究者认为：既然教师之成为教师，更多的是"自造"（self-made），而不是"被造"（be-made）的，那么，教师发展也就不可能完全仰仗"学科知识"的学习或"正规"的教育理论的传授，而在更大程度上需要依赖于"自助"了。这需要教师在日常的教育实践中，以自身的经验、知识和实践智慧为专业资源，开展教育研究，自我觉察，自我反思，自主学习和探究，形成自己的教育实践智慧，有意识地朝专业成熟的方向持续发展。简单而言，教师要让自己成长、完善、成熟，一定是基于专业素养的完善、成熟，而教育实践智慧是教师专业素养的综合表现，教育实践智慧的发展正是教师专业发展的基础。

教师专业发展是长期、持续的过程，教师的专业素养、专业品性是教师的立足之本。教师的专业品性包括教师在教育实践活动中所表现出来的独特的专业精神、专业自主性以及专业素养，是教师在教育教学活动中在职业道德、专业知识、教学技能、实践智慧等方面的综合体现。教师专业实践需要具有丰富而深厚的智慧品性，涉及教师在教育实践过程中所表现出来的价值品性、思维品性、能力品性，其中价值品性决定了教师以怎样的姿态进入教育实践，思维品性决定了教师以怎样的方式去分析和认识教育问题，能力品性则决定了教师如何有效解决教育问题。这是一种综合素质的反映，是教师在长期的教育活动和持续的教学反思过程中逐渐形成的，瑞丁认为："好的持续专业发展应是能够持续发展的，能够为个人反思和集体探索提供机会的，它应是以学校为本的和紧密结合教师工作的，应是协作的和以教学知识为基础的，应是易于接受和具有广泛内容的。"[①]所以，当教师对自己具体的教育情境进行追溯、反思和解构时，敏锐的情境知觉和洞察体现的是一种思维品性，而语言的表达和清晰的梳理反映的

① Riding. Online Teacher Communities and Continuing Professional Development. *Teacher Development*, 2001, Vol. 5, No. 3.

更是一种价值和能力品性。罗素曾经说过，一个人从亲身经验所得到的知识是那些与他经验不同的人所没有的，因为这种知识并不是用语言就可以完全表达出来的。教师要对自己的实践智慧进行总结、提取，同样不是容易的事情，需要教师的态度、意志、能力的投入，而当教师有勇气去面对自己的"亲历"，剖析实践中的得与失，提取并分享教育实践智慧的过程本身就是一种专业成熟的映照。

第四节　教育实践智慧建构与教师发展

一、教师发展中的问题与困境

教师发展是一个现实、急切、具体的教育现象，唯有教师发展，才能造就学生的健康发展。教师发展又关涉多个方面，观念、知识、情感、能力各层面交织在一起，教师是完整的生命个体，他始终以整体的精神面貌出现，发展的多样性和多端性是教师专业成长的根本特征。当下，一切教师教育活动的实质都是为教师提供力所能及的专业帮助，推动教师发展，达成教师专业成熟的目的。而针对教师发展过程中所出现的问题，容易感觉到的是现代教师本身出身科班，在职前教育中已经具备良好的学科知识、基本的教学技能，但教育教学实践中的表现离智慧型的教师还有很大的差距，缺少圆润的教育技巧、娴熟的应变能力和创造性的灵感，从某种意义上看，他们少了些教育实践智慧。萧恩曾经指出，优秀实践者"并非比别人拥有更多的专业知识，而是拥有更多的智慧、天分、直觉或是技艺"。显然，教育实践智慧与教师发展的关联很大。现实中，教育实践智慧是零散、隐性、易逝、个体化的，教师专业发展的实质是追寻教育实践智慧在教师身上的积累、提升与沉淀，教师教育的目的就是希望帮助教师顺利地提取、再生和发展这些教育实践智慧，甚至能有效地学习与传递这些智慧。

教育知识是教育实践智慧的提炼、概括和结晶，教师的教育行为是需要教育知识的引导与支撑的。只要教师身处教育情境，教育实践中的教师就会产生相应的教育经历，形成教育经验，而积累的教育经验大多会和个人的教育知识相关，当然也会有教师面对新异教育情境通过试误反应而留下的产物。所以，教育经验具有情境性和个体性。而不断丰富的教育经验，加之个体主动自觉的反思顿悟，经验可以上升为圆润的实践智慧。借助于现代教育知识的生产方式和途径，将生动、鲜活、灵动的教育实践智慧转化为可分享、可言说、可学习的教育知识，并通过教师教育的方式移植到更多的教师身上，促使每一位教师都能成为拥有教育实践智慧的成熟的教师。

教师发展是由教师的自我建构与外界因素共同影响决定的。综观世界教师教育的发展历程，比较国际教师教育改革的做法，西方国家近50年来教师专业发展的走向大体可以归纳为：严格制定师范院校的入学和毕业标准，鼓励才能出众的年轻人进入教师行列；高标准设置师范教育课程，并适当延长学制；确保优质教学的必备条件；成立全国教学标准委员会，确定教师在专业方面应达到的标准，并为达到标准的教师颁发证书；调整师范教育结构，设置教育硕士学位；建立学术课程标准，设置新型的教育学课程；用对专门学科的教与学的研究，来替代一般性教学法课程；提高教师的专业规格、地位和水平。这些发展趋势与经验为我们的教师教育提供了反思的机会，让我们更清楚地意识到目前教师在发展中所存在的问题与所要面临的困境。

（一）职前教育的模式化

教师职前教育，即进入教师职业之前在大学中接受专业教育，是为教师专业发展奠定基础的阶段。其目的就是获得教师"前临床"所必需的知识技能，并为其终生的可持续发展奠定基础。但就目前而言，教师的职前教育还存在着诸多的问题和模式化的倾向。

首先，职前教育理念存在误区。相信师范生通过职前教育中的学习，就能获得并胜任今后教育教学所需要的教育知识和技能依然是当前带有普遍性的想法。目前师范生的培养主要局限在学科专业知识和教学法知识的传授上，尤其以学科内容知识为主，似乎知道了"教什么"和"怎么教"就自然能成为一名好教师。显然这种终结性教育的理念已经不能适应现代教育发展对教师所提出的要求了，"传递一套今后受用的知识和技术"的传统教育准则从根本上失去了现实的基础。并非理论不再受用，而是职前的教师教育要为教师的发展提供更有价值、更"好"的理论，并且能够帮助师范生更深刻地理解教育的本质、课程的价值、实践的意义，具备自由创造的能力和调控实践的智慧。显然，理论应用于实践并不是直接的，按照哈贝马斯的观点，理论要影响实践，就必须经历一个启蒙过程，"科学概括出来的知识并不能直接地驱使实践，还必须有一个启蒙过程，以使特定情景中的实践者能对自己的情景有真正的理解并作出明智而谨慎的决定"①。职前教育所能提供的应该是为未来教师可持续发展终身受用的价值理念和基本素养。

其次，培养模式格式化。无论是目前的课程设置还是教学方法，都还存在着一些严重的缺陷，突出的问题就是"知识"与"实践"的分离。尽管目前开始强调教师教育课程的"实践取向"，但培养过程依然是以理论知识为主线，以课堂为中心，以授受方式为主导，即使增加了实践的时间，但量的增加并没带来质的变化。程序化、技术化的实践内容没有完全摆脱工具理性取向，实践往往就简单落实于"三字一话"、现代教育技术等方面的培养，没有让学生在"临床"中充分地理解教育智慧的圆润、教学目标和课程的含义，也没有有意识地引导学生去感悟、领会和内化"前临床"的知识。显然，用"技术理性"的格式去培养教师，是无法适应当代教育对教师的要求的。因为"首先，教育中的问题通常是复杂的、不确定的、独特的或者表现价值冲突的，技术理性对这样的问题是不可应用的；其次，教育实践中最为关键的，也是最为困难的是问题的确定，技术理性只关心问题的解决，而完全忽视了对问题情景的认知与分析，忽视了教育实践中问题的界定过程；最后，教育问题往往也是一个价值问题，解决问题首先需要解决价值冲突，而技术理性的前提是没有价值冲突和对立的实践范式"②。一项对中学优秀教师各种能力的形成的研究表明：除了语言表达能力以外，教育教学所必需的其他能力，如处理教学内容的能力、运用教学方法和手段的能力、教学组织和管理的能力、科学研究的能力、教育机智、与学生交往的能力等都有65%以上是在职后形成的。③ 这意味着，在实践环节上先天不足的传统师范教育很难对教师专业发展起到很大的促进作用。

（二）专业自主发展意识的匮乏

教师专业发展由可能变为现实，在更大程度上取决于教师自身条件。作为一个成人学习者，教师的成长和发展是自我导向、自我驱动的结果，没有教师的自主参与、自觉要求，教师个体只能获得狭隘的经验、技巧。

---

① ［美］李·S. 舒尔曼. 理论、实践与教育的专业化［J］. 王幼真，刘捷编译. 比较教育研究，1999（3）.

② Allen T. Pearson. *The Teacher：Theory and Practice in Teacher Education*（1st.）. London：Routledge & Kegan Paul，1989，p. 28.

③ 王邦佐等. 中学优秀教师的成长与高师教改之探索［M］. 北京：人民教育出版社，1994. 46.

因此，教师的专业发展意识是教师专业成长的关键。

但就现状来看，教师的专业自主发展意识相当匮乏，分析其原因，首先是教师职业的平稳性。教师职业是需要完成自己相应的使命的，因此他不仅要掌握相应的学科知识和技能，了解相应的教学策略，更需要选择并提供学生能参与的活动，清晰地呈现知识任务，管理学生的行为，判断情境中的两难问题并及时作出决策。显然，教师需要不断调整和完善自己，确保能承担相应的责任和使命。但是，目前对教师的考核中，除了分数，还缺少相应的考核评价体系，不管能否胜任，是否优劣，对教师而言只要不触犯法律，就绝无丧失资格之虞。其次，工作环境具有被动性。现有的课程环境对教师缺乏挑战性。在制度课程背景下，教师所享有的专业自主权相对有限，只能在一个狭隘、封闭的框架中活动，从事着相对机械的重复劳动，课程目标、教学内容、行为方式基本上都是在既定的框架里，教师已经习惯于被动接受专家学者或教育职能部门所确定的各种标准的约束，自愿地沦为"传声筒"或"工具"的角色。再次，教育责任意识的模糊性。由于客观存在的一些原因，教师的教育教学大都停留在统一的教学进度、一视同仁的教学方式上，学生的个体差异、不同的需求认知很难在教师的工作中得到体现。而作为比较，如果医生不研究病情可能会对患者造成身体上的伤害，那么教师不研究"学情"同样也会给学生造成身心发展的损害。但医生的"误诊"将受到严厉的追究，而教师的"误教"往往不易被察觉、发现，可以得到宽容甚至无须承担责任。如此既往，许多教师就形成了一种无谓的态度，失去了专业发展的愿望和动力。

（三）个人成长环境的复杂

一个人的发展总与他个人的成长环境密切相关。教师的专业成长与教师个人的先前经历、现有的职业生活环境有着极大的关系，这些因素会直接或间接地影响教师的价值愿望、专业需求和成就动机，进而对教师发展产生重要影响。

有人说，当前学生学业负担减不下来，与许多教师本身就是高负担的产品不无关系。这种说法有一定道理，教师的许多教育理念和行为方式就是求学阶段在其自己的教师的影响下潜移默化地形成的。同时，教师的职业生活环境也严重地制约着教师的学习和发展：沉重的教学任务，繁杂的工作负担，没完没了地应付上级主管部门的各项检查，加上一些农村学校教学资源的匮乏和教学条件的简陋，许多教师没有时间，更没有精力提升他们的专业技能，思考他们的专业价值，探究他们的专业行为，提取实践智慧，体现自我价值。另外，就目前教师发展的过程来看，职后的教师教育相对低效，并没有给教师专业发展带来实效性的帮助。如专业发展活动的实施脱离了教师专业实践情境，提供的内容不能切合教师的实际需求，方法要求偏离了教师专业生活的轨道。教师发展必须镶嵌于教师日常的专业实践之中，其专业成长必须依赖于实践经验和对经验的反思，尤其是教师的教育实践智慧。而这些只有教师在实际的课堂情境中，在具体的行动过程里，通过领悟和内省才能获得。而如果教师专业发展活动不指向教师专业实践的改进或游离于实践之外，低效甚至无效的在职教育也就不难理解。

（四）学校共同体的导向

教师的发展是一个渐进的过程，需要教师利用各种机会，主动获取，积极实践，从而积累自己的成长经验。但这种发展的机会与教师专业实践的学校环境，特别是教师实践共同体中的文化密切有关。学校是教师发展的最重要的场所，教师所处的学校环境尤其是长期积累下来的学校文化和共同体成员将对教师个人的发展产生深刻的影响。传统意义上教师职业群体存在的一些消极文化，如沉默、专业个人主义、专业保守主义等，会造成教师专业上的"自我封闭"，即使教师有交流与学习的愿望，也往往是表面的、保守的，至于合作，更是缺乏机会与平台。加之各学校存在着各种不合理的竞争、评价，更加剧了教师的"自我保护"，在拒绝分享的同时也拒绝了学习与发展。教学经常被看作一种孤独的职业、一种个体化的工作。教师在教育教学活动中常因为惧怕暴露自己的困难、问题和"软肋"而拒斥他人的介入，也不愿去寻求他人的帮助。而这种隔绝又使得教师只能独自经历挫折和困惑，甚至自我否定，放弃自我发展。从学校层面来看，管理的价值导向、专业发展的评价标准、学习共同体的建构也是重要因素。尽管目前有许多学校已经意识到问题所在，也在努力创建一种良好的学习氛围，加强团队合作，提升教研室文化，但依旧存在着一些制度上的禁锢，如严格的科层管理、教师工作的量化标准、升学率的指标以及各种不合理的竞评方式，它们在本质上就与教师的专业自主不相容，会严重阻抑教师的发展。

二、教育实践智慧发展渠道

教师发展强调"让智慧引领教师专业成长"，要求教师在自我的职业生涯中，通过实践、反思与创造，不断地积累、丰富、完善教育实践智慧。教师教育实践智慧的形成是一个渐进的累积过程，教师通过对具体的教育情境和教学事件的关注和反思，将感性的、表面化的经验加以提升，用理性的方式加以梳理、归纳，从而使其上升为自身的教育实践智慧。在探讨教育实践智慧的发展途径时，我们可以从"知识"、"行动"、"反思"三个层面进行探析。

（一）从"知识"的角度

教师的教育实践智慧发展依赖于教师个人实践性知识的积累。实践性知识应该是最能体现教师专业特性的一种知识，也是教师从事教育教学活动所必须具备的智力资源，而且教师实践性知识的丰富程度和娴熟运用也直接决定着教师教育实践智慧的水平高低。从一些优秀的、有经验的教师身上我们可以发现，这些教师在教育实践活动中时常会表现出某种独特的智慧特征，带有实践性知识特点的创造灵感。其实，对于教师的教育教学工作而言，真正对其实践过程产生影响的是他自己头脑中固有的那种认知体系，又称"个人理论"。即教师个人在具体的教育教学实践情境中通过自己的体验、沉思、感情和领悟并总结出来的实效性知识。这种知识常常被教师本人看作某种真理命题的东西，也是对公共理论消解或内化的结果。它带有实践性、行动性、情境性、个体性和开放性，是教师在运用公共知识于教育教学实践中，借助于批判和反思升华最终体现在个人行动上的。因此，它表现出来的特征是：①它是一种服务于实践的知识，这种知识的结论只适合特殊情境，或为其他类似情境提供样例和备择方案。②它是一种伴随行动的知识，在运用过程中关涉行动者的理念、思想和概念，体现的是行动的价值意义。③它是在具体的时间、地点、人物情境下对独特教育问题进行探究的结果。④它反映了教师个人的愿望、理解，是一种个人知识，它是通过对经验的理性反思而获得的。⑤它是不确定、不完全的知识，具有无限的开放性。它开始于问题，终结于问题，在行动的过程中不断地得到修正或证伪，从而有可能走向创新。① 可见，教师的这种实践性的、带有个人行动特征的知识是一种总结性的、高度内隐化和情境化的知识，是教师自己有所感悟、有所体验的知识，其最大价值和收获是促进教师教育实践智慧的增长。

根据萧恩的研究，教师"专业性"不仅可以从科学、技术的合理应用的侧面，而且可以从实践智慧与见识——在复杂的背景中、在课堂教学多因素交互作用的情境中处理未知问题的专业性选择和判断——的侧面作出

---

① 刘良华．校本行动研究［M］．成都：四川教育出版社，2002.65.

界定。① 这为教师发展拓展了新的关注领域，教师在实践中将所学知识结合实际教育情境而自我创造的而且很灵验有效的知识将成为提升教师教育实践智慧的基础。这是一种依赖于教师自我的经验背景，在教育实践专业活动中所内化、沉淀并"信奉"的知识，在教育教学活动中自然流露出来一些认知形态、价值观念和智慧技能。为此，从知识拥有的角度看，教师拥有的知识体系包括了理论层面的，但更多的还有经验性和实践层面的，它带有个人的品性，与个人的生活经历、教育经历、教育实践及对实践的反思密切相关，它甚至就是教师在解决实际问题的过程中以试误或顿悟的方式组织起来的图式。它应该表现为教师教育行为的创造性、艺术性和独特性，能反映出教师内在的精神境界和丰富的人文哲理，它是教师教育实践智慧的基础，同时伴随着它的增长，教师得以不断成熟与发展。

1. 职前的实践教学培育实践性知识

师范生作为未来的教师，需要不断完善自身知识结构，提高实际教学能力。在专业成长的道路上，实践性知识不可或缺，而其形成的过程是一个不断建构与完善的过程，用陈向明教授的观点来说，可以用"同化"和"顺应"这两种方式来解释。同化是指"把外部环境中的有关信息吸收进来并结合到已有的认知结构中"，属于数量上的变化。已有的实践性知识在专业的学习过程中不断积累与丰富。例如师范生接受导师示范指导时吸收、内化导师的实践性知识即是同化的具体表现。而顺应是指"外部环境发生变化，而原有认知结构无法同化新环境提供的信息时所引起的认知结构的重组和改造"，属于性质上的变化。如在大学课堂中所学的一些有关教育教学的理论观点，在真实的实践教学中遭遇到"现实冲击"而不得不改变认知，寻求折中的、更适宜的知识观点。所以，实践性知识不仅需要经由传授来获取，更需要师范生个体在一定的实践情境中，以实践的方式，以主体的身份，以原有的理论和经验为基础，主动探究摸索或是借助其他人的帮助抑或是利用相关的资料，通过意义建构的方式来培育。

职前教育中有各种途径、方式接触实践教学，可以帮助师范生感知、内化来自理论的、经验的综合知识，在专业学习中孕育实践性知识。教育实习是师范生实践教学最重要的一种途径，也为师范生走进真实而复杂的教育教学提供了践行的机会。教师角色的初次体验、真实教学情境的感知、主体实践活动的开展、优秀指导教师的引领、对教育对象的深入了解

---

① 钟启泉. 教师研修的模式与体制［J］. 全球教育展望，2001（7）.

都为师范生实践性知识的建构创设了条件。

（1）师生角色转变激发主体性。

教育实习的平台，以实践教学的方式极大了触动了师范生角色身份的转变——由学生转变为了教师。而这种师生角色的初次转变，一声声"老师好"的问候带给师范生的体验是完全不同的。教师的责任意识由最初的懵懂到逐渐地清晰，极大地激发了师范生的主体性。体验的经历不仅能深化师范生对"教师职业"的认识、对"教学中的自我"的认识，还能使其收获丰富的情感体验。在基础教育阶段，师范生作为学生获得的仅是从学生视角观察到的"教师概况"；在高校教育中，"教师职业"、"教师职责"出现在抽象的教育理论课本上，这些概括的定义无法使师范生真实地认识"教师"的职责，也很难想象教学中的"自我"概况；进入到实践教学环节，师范生正式成为一名"实习教师"，开始全方位地体验教师的工作，因而能深入地认知"教师职业"、"教学中的自我"，承担着教师的责任，体验着由学生给予所带来的情感享受，深化了对教师职业价值以及自我的认识理解。职业认同感、自我效能感等信念感受的加强将激发师范生寻求进一步完善自我的主体意识。而实践性知识的生成机制一定程度上依赖教师反思的自觉性和主动性，依赖主体的自主建构。师范生的主体性是实践性知识建构的关键性因素。

随着实践教学的展开和深入，自我的认知、职业的认同以及丰富的情感体验激发了"初任教师"的主体意识，教育信念、教育价值、教育使命以及对自我的角色认知都会有一定的发展。事实上，"教师的教育信念"以及"教师的自我知识"本身就是实践性知识的组成部分。所以，积极主动地参与实践教学活动，为实践性知识的建构提供了信念情感上的支持。

（2）真实场景展现感悟情境性。

真实的教学情境是生成实践性知识的肥沃土壤。从建构主义视角看来，情境性是实践性知识的重要特性。实践性知识是产生于具体情境，并服务于具体情境的。偏离实际情境的实践性知识将丧失效度，当然脱离真实情境的实践性知识将失去意义。而不同的实践性知识适用于不同的教学情境，因此情境也左右着实践性知识的使用与发展。由此可见真实情境对于实践性知识的重要性。提供实践教学的目的也就在于为师范生的实践性知识孕育创设滋养的土壤，而进入基础教育去体悟每时每刻都在变化、无法复制的教学情境显然是非常有价值的。这种真实的情境为师范生们提供了生成实践性知识的条件，同时也保证了具体实践性知识的有效性。

从进入到实践教学的具体场景起，师范生就开始观摩学习优秀教师的教学课堂。这是师范生以观察者的身份对真实教学情境的初次体验。不同于书本上的教学案例，真实的教学情境带给师范生的是一种全面深入的直观感受。师范生用心倾听，仔细观察，不仅关注示范教师的教学行为，也会留意学生的学习情况。在对情境全面地观察、感受之下，示范教师优秀的实践性知识将和具体情境结合在一起而被师范生所习得，这是师范生实践性知识的来源之一。而课堂观察中捕捉到的一些问题、矛盾和困惑，也将成为师范生反思、研讨的素材。除了观察情境之外，师范生置身于具体的实践活动情境中，对课堂情境的感知与把握、对突发事件的分析与处理等相应的"教学情境知识"，有了真实的知觉与感悟，这有利于师范生实践性知识的意义建构。

（3）教学活动开展体验实践性。

师范生亲历教学实践活动是其实践性知识生成的最直接途径。教学实践活动是知识得以运用的平台。理论知识只有在教学实践中才有可能转化为实践性知识；缄默的实践性知识也只有在实践活动中才能得以显性化。教师教育阶段，师范生积累了部分实践性知识，这些知识多以"静态"的样式储存在个体大脑中。在实践教学时，师范生通过实际运用这部分知识使其实现了"显性化"，并相应地予以检验，为发展和积累实践性知识创设了条件。在这个过程中，师范生将积累大量由理论知识转化为的实践性知识，并且可以不断修正改善原有的实践性知识。当然，复杂多变的实践活动也会继续促进原生态的实践性知识生成。

丰富的实践教学生活由多样的教学活动组成，不同的实践活动之下，师范生产生的实践性知识是不同的。例如师范生在初期的实践教学中，面对具体的学科教学工作时，积累最多的便是"教师的策略性知识"，例如接触备课环节，学习积累确定教学目标、重难点、教学方法等的策略性知识；体验上课环节，学习了解有关提问、评价、教学环节衔接的策略性知识。而在实践教学的末期，当开始反思、梳理自己的实践经验时，则能获取大量的"批判反思性知识"。这种通过实践而收获的知识、经验、体悟，进一步为实践性知识的建构创设了条件。

总之，实践性知识的建构离不开实践教学。其核心内涵即是组织引导师范生开展教学实践活动，有效地促进了师范生实践性知识的建构。

（4）导师制度实施落实传承性。

实践教学离不开导师的引领和帮助。指导教师作为师范生学习的榜样，师范生通过观察指导教师的教学行为，可以直观地感悟指导教师的实践性知识。具体的课堂教学、班级管理等环节都能呈现出指导教师丰富的实践性知识。师范生将这些实践性知识结合具体情境予以学习、内化、积累，实现了导师实践性知识的传承与自身实践性知识的意义建构。师范生与指导教师以教学为核心，以知识为背景，针对教学过程中的问题，实践教学的各种疑问以及指导学生的规范要求等提供建设性的意见与建议。有效的交流沟通和良好的学习合作也为实践性知识的传承提供了途径。

另一方面，指导教师的教学信念、对职业的认同感等隐性的知识结构在教学实践活动，通过具体而细腻的工作、行为将得到充分的体现，潜移默化地影响着师范生们。同时，共同的实践教学对于具体的教学行为、教学理念等的探讨交流也会促使师范生从不同的角度重新审视自己的教学价值和专业知识，引发对于具体问题的批判与思考，不断生成"批判反思性知识"。师范生教育信念的变化以及批判反思能力的增加将促使其由传承实践性知识逐渐转为自主建构，实现实践性知识生成的多重途径。

（5）师生交往觉知提高理解性。

学生是学习实践活动的主体，是教师开展教学的对象。教师的教是为了学生的学，因而有效的实践性知识就是为了开展优秀的教学活动，最终目标是提高促进学生更好地发展。由此，与学生融洽相处、了解学生的各方面情况在师范生建构实践性知识的过程中显得至关重要。实践活动为师范生提供了与学生紧密接触的平台，为师范生了解学生、掌握学情创设了条件，从而为师范生建构实践性知识奠定了基础。

同时，在与学生深入而全方位的交往中，师范生也将直接积累下"教师的人际知识"，对学生的理解、对学生变化的感知、对学生群体动态的把握等能力都是在师生的交往过程中逐渐提高的，与学生交流沟通的技巧也是在实际交流中予以积累的。此外，师范生也将渐渐形成与巩固自身特有的学生观，不断完善"教师的教育信念"这一实践性知识。

2. 职后的教学实践优化实践性知识

摘自一位老师的笔记：

下课铃响了，老师们拿着听课记录本走出教室。我一身汗走下讲台，今天请老师们来给我的课诊脉，自我感觉还不错。

下节课，大家要进行研讨，每个教师都在思考着、准备着自己的发言，大家已经习惯了参与，如果哪次教研活动大家没有说话，总会觉得空洞许多。

办公室里，老师们讨论热烈，焦点集中在这节课的气氛上。我自己还觉得挺热闹，没想到大家透过情形看实质，发现了核心问题。

"这节课热闹，气氛活跃，老师和学生都在动，这就是师生互动吗?"王老师问题尖锐。我自以为是的地方，首先遭到了"攻击"。我的脸一下子红了。

陈老师翻着笔记："你看，我记录的，老师和学生你来我往，光是老师问学生是不是、好不好、行不行就有近10次。"谁想到，陈老师这么细心。

郭老师一边数一边说："我记录这节课老师提问的次数太多了，不下50个问题，学生机械反应似的回答，所提的问题又过于简单，几乎只有一个标准答案。"

"怎样才能不问这么多问题呢?"我心虚地问。

"这样的课，我看着都着急。"一向急脾气的吴老师说，"老师提这么多问题，还不如提几个有价值的问题，给学生充分的时间思考，这样学生还能有些收获。"

"对。"大家同意吴老师的建议。

陈老师突然说："老师和学生要起'化学反应'，而不能只是'物理运动'。"

"这个说法新鲜。"大家安静下来，琢磨这话的道理。

郭老师还拿着他的记录本，认真地说："你们看，老师提出问题，看到有学生举手，不要急着找学生回答，要让学生仔细想一想。"

"就是给他们充分的时间。"我总算找到表示我也在学习理念的机会了。

"一个、两个学生回答后，老师别觉得就是我要的答案，就赶快往下面进行。我们教学的目的是为了学生的发展嘛，可以启发学生把这个问题回答得更好。也可以启发学生们对同学的回答进行评说，先肯定优点，再指出不足，有的学生还对别的学生的评论加以评论。老师还可以请学生把大家的意见综合一下。我想这样就能多向交流了。"

"您解说的师生互动的含义，真形象。"我敬佩地说。

"组织学生小组学习时，我们怎样实现多向的交流呢?"

"我们老师是不是可以深入一组参与活动?"

……

老师们的讨论还在继续。

教育实践活动一方面为教师个人知识的生产活动提供了大量的或隐或显的原始资料，如课堂的描述、教育的叙事、合作的对话、评论和分析等，给教师提供了一种重新回顾、分析和反思他们在一段时间里的各种经验的文本。另一方面，教师在"前临床"里获得的知识需要在这个平台里体验、检验与内化，以此建构或重新构建自己的教育教学观。教师发展应该是一种内源性的主动成长，他需要借助教育实践、教育生活的平台，与其他教师同僚、决策人员、学术团体以及教育相关人员一起就教育教学的问题、疑惑、困难进行讨论商榷，寻找解决问题的策略，从而使个人化的教育经验和理论在公共层面得以交流对话，达成共识，提炼经验，提升智慧，以修正教师个人经验中的偏见、成见、意识形态与其他知识假象的影响，如此循环，刺激教育实践智慧源源不断地产生，始终呈现其鲜活性和独特性。

（二）从"行动"的角度

教师的教育实践智慧是教师在教育教学实践中显现出来的能力与行动。它直接表现为"怎样做"和"如何得以处置"等一些行为方式，它是教师在复杂的教育教学情境中应对未知问题的专业性选择和判断，因此具有鲜明的实践旨趣。实践是教师专业发展中实践智慧得以提升的"生命土壤"，而行动是实践的表征方式，千变万化的教育教学实践活动使得教师的教育实践智慧永远处于生成、建构、发展的过程中，无固定形态，也没有一定的标准。在教师与学生一起学习、生活、共同探究时，每一种情境、每一个瞬间都需要教师作出反应，采取行动。在大多数情况下，教育境遇的发生、变化，是不允许教师迟疑或停顿下来，先仔细权衡各种方式方法的可能选择，挑选最佳的行动方案，然后再付诸行动的。面对问题与学生，教育的特殊性就在于面对各种不可预知的情境，要求教师当机立断地行动，及时作出反应。而教育实践智慧的精彩就体现在教师灵活、圆润、高效地完成教育教学活动，流畅、顺利、机智地解决、协调教育实践中的问题、事件、矛盾、关系的行动方式上。

实践就是"行为、行动及其后果"。为此，对教师行为的关注和研究应该是促进教师发展的一种有效手段，可以帮助教师自我反思，提高专业的敏感性和解决问题的能力。萧恩一直认为凡是实践者，都应该是反思性实践者。教育反思、教育行动研究不应该是专家的"专业"，而应该是所有实践者的一种基本生活方式。在这一点上，行动研究者达成了共识。埃利奥特、凯米斯等人也非常赞同将行动研究作为教师专业扩展和专业自主的一种重要方式，并以此来"提升"教师发展。凯米斯坚持认为教育研究不是科学原理在教育问题中的直接应用，而应该是一种针对教育实践中产生的问题的科学探究，它的目的在于使人获得解放。教师的教育实践智慧是指向教育实践的，实践智慧产生于实践之中，但并不等于有实践就必然可以带来经验的递增、智慧的增长，因为实践既不遵循理论家所设想的那种逻辑，也不可能完全按照行动者的事先规划行事，"实践逻辑的步骤很少是完全严密的，也很少是完全不严密的"。所以，现实中的教育情境总是"复杂的"（complexity）、"不确定的"（uncertainty）、"不稳定的"（instability）、"独特的"（uniqueness）、"价值冲突的"（value conflict），①它完全可能存在于任何已经产生的理论和技术之外，不可能仅凭头脑里储存的专业知识就能解决任何他所遇到的问题。因此，要想有效地处理问题，实践者就需要在自己的行动中用自己设计的方法尝试性地解决它。教师在实践中，依据个人的知识背景、信念、内隐的理论与现实的实践活动进行密切的联结，对可能的、有效的行为路径或行为模式作出选择。而行动研究关注的就是实践中教师的行动、行为，只要有助于解决实际问题，改进实际工作，对各种知识、方法、技术和理论都主动容纳、吸收并加以利用，通过教师的探究和对自己实践行为的反思，不断提高行动质量，增进实践智慧。尽管行动研究强调的是对实践问题的解决，但在解决问题的过程中，实践者会通过从具体、特殊到一般、普通，从已有知识理论到实践经验、认识的反思与修正，从知识的层面上升到智慧的形态。这不仅可以改变教师对自己行为的惯性和惰性的态度，学会审视和改善自己的教育教学行为，还有助于改变教师教育过程的自闭与孤立，促使教师们协同探究问题，获取交互的情感支持，并进行有效的专业对话，从而进行实践智慧的提取与分享。

行动研究过程其实是通过对教师知识的建构来提升发展教育实践智慧的。研究过程以问题开始，在行动中进行，并以行动质量的提高与否作为检验研究效果的标准。教师从自己学校和班级的"教情"、"学情"出发，自主地对实际工作的问题进行研究并采取行动，以不断适应新情况，解决新问题，使自身的教学观念和教学行为得到改进和完善。当然，这种实践行动是不能单纯依靠经验和常识的，而是需要一定的理论指导的参与。在这类行动研究过程中，教师依赖于自己过去形成的知识和兴趣所建立起来的解释性框架，会因为行动研究而渗透在教育教学实践之中，许多行之有效的显性知识和"默会知识"，一些"日用不知"和约定俗成的行为方式，会通过行动研究的过程得到展现，引发冲突，促进反思，合理的修正将使

① Schon, D.. *The Reflective Practitioner*: *How Professionals Think in Action*. New York: Basic Books, Inc., Publisher, 1983, pp. 14 - 18.

教师的教育教学实践活动变得更为理性和行之有效,也使智慧的光芒引领行动的方向。

(三) 从"反思"的角度

教师对教育教学行为进行反思,并非一般意义上的对教育教学活动的回顾。反思是对经验的批判,对已经采取的行为的重新审视,对实践结果得到的意义的重新考量。反思旨在形成新的实践智慧。所以,反思是建立在科学的教育知识的基础之上的,通过对自己或他人的教育教学实践活动进行深入的反省、思考和探索:"我"为什么这么做?学生为什么这么想?学生是怎么说的?"我"又是如何处置的?在教育教学实践活动中,教师习惯于对活动的方案、过程、结果进行多种预设,然后在预设的指导下开展实践活动,但活动的结束并不意味着实践的完结,更多的意义在于之后的反思和总结。教师要通过一系列的分析和研究活动,将预设与实际活动的真实效应进行比较,总结自己的行为和经验,听取同行的建议和分析,通过对问题的观察、思考、调查,寻求解决问题的最佳方案。在这过程中,教师始终要审视自身的教育教学实践,认真地反省自身行为与设想之间的差距,对自己的行为作出客观的评价和解释,把已有的教育知识、学科专业、方法技巧与教育的具体情景结合起来,用"前临床"的理论指导、反思"临床"的行为,对自己的教育教学过程加以系统的整理,从而形成一种与行为有关、与智慧相连的知识。这种反思性研究是对教育实践中多种可能性、复杂性的深刻领悟,使教师的教育实践直面教育中的每个生命个体,通过对教育实践的反思,建构新的实践智慧。反思是教师实践智慧发展的重要途径。

反思是"教育实践者"的反思。教师的实践是一个不断"实践—反思—再实践—再反思"的动态发展过程,教师需要随时对自我的教育教学进行主动的批判,勇于突破预设的情境和传统经验的束缚。所以,教师应有一种姿态,敢于并善于向自己挑战。"反思不是简单的否定,不是盲目的怀疑,不是率性的批判,它是思想之'思',是智慧之'悟',它打碎'惰性'和'惯习'的坚冰,它破除'盲从'和'复制'的樊篱,以一种超越的姿态,关照教学实践,探询隐含在日常教育生活世界中的意义体验。"① 可见,反思是高度个体化和情境化的教育思考、教育反观,内蕴着教师个人的价值观、判断、经验、良知和责任等。当教师自觉地以反思姿

---

① 代建军. 教师教育智慧生成的价值辩护 [J]. 天津市教科院学报, 2008 (4).

态追求个人实践的合理化、理性化，全过程地参与和创造，在他身上会逐渐养成一种探究的精神，也会产生行之有效的教育知识或个人化的行动理论。这有利于教师对教育实践进行全面的、深刻的认识和教育经验的积累，并有效地调整教育实践行为的偏差，提升教育实践的智慧水平，从而引导教育实践不断走向完善，促使教师实践智慧不断升华。

为此，伴随着教师知识的积累和经验的不断沉淀，依循行动研究的方式方法，关注教师实践活动中行为的调整、修正、改善、完善，强化教师的自我反思、自我探究，促使教师的知识体系、经验能力和实践智慧不断提升，教师发展将成为一种可持续发展的过程。

第一步，问题的产生。问题是在行动中产生的。教师在实践工作中总会遇到一些问题与困惑，只不过在大多数情况下没有及时地收集和整理，或者是缺乏这方面的意识和习惯。教师的问题意识和教师的专业敏感性及专业能力有关。实践智慧始于教师对自身教育教学的一些想法、问题和困惑，即便它们是模糊而不明晰的，但也应该及时地对它们进行记录与整理，善于发现与归类问题。在这个过程中，实践者头脑中已形成的个人理论会起隐性作用，它会影响教师们对问题的归因和定位，因此有必要与同伴、合作者一起讨论分析，通过对话、头脑风暴和联结"公共理论"来确立问题的价值。

第二步，探究与假设。问题产生以后，假设就随着行动而不断调整。探究就是要对问题进行多次探寻，这有助于明确这个问题在实际工作中存在的严重性和普遍性，同时也可以确立问题的可行性和有效性。教师的领域主要在学校和课堂，教师应该有足够的敏感性、主动性，关注一些和自身教育教学相关的问题，思考面对问题时该怎么办，思考"我"的预设、"我"的反应、"我"瞬时的行为……探究—假设的直接目的是改善行动，在改善行动的过程中使实践智慧获得更新。

第三，计划与措施。这是研究的核心部分。教师在每一次的试误和顿悟中获取经验、认知、灵感等，或在尝试采取新计划、新措施解决新问题时，都要善于运用各种资料收集方法，对措施、计划的实施情况和效果进行及时的追踪和记录，以便积累更多有效的资源，为最后的反思评价奠定资料基础，也为灵感顿悟提供帮助。教师的措施应该落实到自己的实际工作中去，具有可操作性，如果研究涉及的是学科教学的问题，措施和计划就在自己的备课、教案和课堂教学中展开；如果研究涉及的是班级管理的问题，就应该将措施和计划结合在班级的制度建设和活动规划中；如果研究涉及的是学生心理健康方面的问题，措施和计划就应该体现在对学生心理健康的辅导过程中。通过计划和措施，教师不仅可以使实际工作中的问题得到解决或改善，也可以在解决问题的过程中，不断调整自己教育教学的观念和行为，丰富自己的经验和创造性，使自己的实践智慧得以提升。

第四，评价与反思。教师研究往往是螺旋式、循环往复的过程，评价与反思伴随着教师实践过程，并不断为教师带来新的思考、新的感悟、新的发展。教师研究要求教师把自己的实践、理念，关于教育的预设付诸行动，然后在实践中检验、审视，检验的过程是寻找是否存在可靠证据可以证实先前的实践、理念，预设是正确的或错误的，或相互矛盾的，新措施在多大程度上解决了问题，是否有更好的策略，是否还有新的问题存在，如何改善"我"的行为，有什么值得商榷的。为此，教师要记录、搜集和分析关于教育背景、事件、行为和结果的证据并进行反思。这种反思可以"促使实践主体通过研究活动改变原先的教育理论，提高认识和完善教育活动的能力。这时，研究具有把作为研究者的实践者从原先的认识框架、思维和行为方式的框架中'解放'出来的功能。……这种'解放'功能对教育实践的意义就是推进改革和促进完善"①。

最后，修正与提炼。教师研究的过程也是教师对教育实践智慧进行觉知和提取的过程。在这个过程中，教育实践者的教育知识整合在行动之中。教师通过对自己行动的反思揭示，发展了那些潜在于他们身上的个人理论，从而促使他们产生行为的意念以及相应的行动，通过行为的结果不断发展个人的智慧技能。在这个过程中，公共知识所起的作用是为教师的反思提供支撑，并影响其个人的教育知识与实践发生联系，而通过实践行为不断地验证、磨合、批判，不仅可以使教师的个人理论转化为公共知识，而且也"为批评打开了一扇窗户，使经由批评而得到的改进成为可能"。这显然也使教育实践智慧的提升成为可能。教师用文字、语言或各种显现的方式将自己的实践过程和灵魂深处的声音记录下来，用符号表达自己对经验的理解，用对话剖析自己的思维与行为，这本身就是一个修正与发展的过程。"有足够的理由认为，当通过批判性讨论而使研究得到有意识的、审慎的检验时，该研究就是一种公开的活动。"②

---

① 叶澜. 教育研究方法论初探 [M]. 上海：上海教育出版社，1999. 337.

② Kemmis, S.. Some Ambiguities in Stenhouse's Notion of "The Teachers as Researchers": Towards a New Resolution. In Rudduck, J. (Eds.). *An Education That Empowers: A Collection of Lectures in Memory of Lawrence Stenhouse*. Bristol: Multilingual Matters Ltd., 1995.

三、教育实践智慧对教师发展的价值

社会发展使得人们对教育的要求与期望随之提高，教师发展也就成为关注的焦点。当前教师职业成长环境已经有了非常明显的变化，不仅高等教育的发展使得教师数量迅速增加，培养出来的新手教师的专业素养越来越高，也使得竞争意识日趋强烈，提升自身的竞争力不可避免地成为教师的立身之本；同时，新一轮的基础教育课程改革营造了全新的课程环境，使得教学成为一个经常面临新的挑战，需要进行不断的探究以解决新问题的活动，对生命个体差异性、独特性和价值性的尊重迫使教师成为研究型、智慧型的实践者。而这一切对教师的专业水平提出了极大的挑战，客观上为教师的发展提供了动力。教师的发展意识是必需的也是可以培育的。对教师职业本身而言，更为重要和有效的激励来自工作本身。如果教师能体验到工作过程的睿智与愉悦，如果工作具有挑战性和创造性，能给教师带来职业的成就感和满足感，那么教师的发展意识就会持续生成。唯有当发展成为教师自主的选择时，教师的专业成长才可能具有持续的动力。教师需要拥有一种"扩展专业特性"的能力，通过系统的自我学习和研究，通过与同行同伴、优秀教师、专家学者的共同探析及其实践体验、检验，来实现自身教育知识的补充和实践智慧的提升。

正因如此，教师的教育实践智慧对教师的成长与发展来说，有着极为关键的作用，它的价值和意义正在教育实践中不断被肯定和强调。

（一）教育实践智慧可以更好地促进教师的自我发展

在当前如此纷繁复杂多变的社会环境里，人们有必要及时调控自己以适应社会环境提出的各种要求与挑战。每个人的生存与发展都是对自己生命负责的表现，而对教师而言，其专业发展既离不开亲身的实践活动，更需要依赖自主的专业成长。教师只有通过实践行动的方式，参与到自我发展和创造中去，才能使自己更好地适应这个社会的变化，而不至于被纷杂的知识洪流淹没自我，被时代的进步和教育的变革所淘汰。因此，个人化的因素是其自身不断发展和变化的不竭动力。对此，意大利瑞吉欧教育家马拉古兹曾指出："教师发展必须从其自身的教育实践活动中去找寻，除此之外我们别无良法。"教师知识、行动研究与教育实践智慧增长都是和教师的意愿、付出、创造分不开的。只有通过不断学习，才能更新知识与观念，提升自己发现问题的能力；通过不断学习，可以加强对问题的探究并改善行为，在实际工作中不断调整与完善实践智慧，提高解决问题的能

力；通过不断学习，进一步反思和提炼自身的个人教育知识，将"教学体验"上升到"教学经验"，将"教学经验"不断"法则化"、"智慧化"，从而增强教育教学效能。学习是一种意识和习惯，教师需要养成这种意识和习惯。而这种意识和习惯的养成有助于提升教师实践活动的效能，有助于教育实践智慧的创生，更有助于教师的自我发展。

实践智慧来源于教师的教育实践活动。智慧的增长是依赖教师自己在教育实践中不断探寻而获得的。每个教育环节、因素都充满了偶然、意外和不确定性，虽然教学方法、教学程序可以预设，教学计划、教学方案可以制订，但施加影响的过程，师生在课堂中通过交往获得生命体验和成长经验的过程，都是开放的、即时性的、不可复制的。实践智慧打破了程序化操作的经验流程，要求教师根据教育对象的发展特点，通过对教育情境变化的感知、辨别、选择，不断反思并探寻合理有效的行动方式，对教育实践作出灵活机智的变革，这个过程需要教师有足够的教育理解力和敏感性。

不同成长阶段的教师实际上都有一些自己的"实践智慧"，只是在丰富性、系统性、灵活性上存在差异。新教师的"实践智慧"可能个别而零星，专家型教师的"实践智慧"可能就较为灵活而圆润。不断积累与丰富的"实践智慧"正是教师发展的专业品性特征。犹如杜威所言："智慧并不是一旦得到就可以永久保用的东西。这常常处于形成的进程中，要保持它就要随时戒备着，观察它的结果，而且要存着虚心学习的意志和重新调整的勇气。"①

（二）教育实践智慧可以改变教师的生存方式

教育活动是一种需要极高的心智参与的活动，需要实践智慧。教师的生命意义就蕴含在这种智力实践的教育智慧运用之中，践行自己作为教师的使命，体验与学生进行心灵交流的愉悦与充实，获得身为教师的意义感。教育实践智慧是教育科学与艺术高度融合的产物，它需要教师具备对教育生活中的人与事合理评议与抉择的艺术，具有洞察、感悟、审视教学行为的能力，这是教师在教育教学实践中基于善的教育价值追求，由此带来教师精神品味的提升和生存方式的改变，通过转变教师的精神品质，帮助教师摆脱一直以来"工具价值"的匠人角色，在教育实践中不断感受、体悟与学生生命相遇碰撞和再生拓展的价值与意义。

---

① ［美］杜威. 哲学的改造［M］. 许崇清译. 北京：商务印书馆，1958. 52.

　　教育实践智慧在具体的教学实践中是无处不在的，比如课堂教学中呈现的智慧、师生关系中流露的智慧、促进学生发展中渗透的智慧、化解人际矛盾展示的智慧，这一切都时时激发着教师实践理性的自我认知和自我更新。而具备了实践智慧的教师正是综合了自己的教育理念、知识学养、情感与价值观、教育机智等多方面素养，将自己的兴趣和爱好有机地融于其中，从而形成自己独特的教学风格和生存方式。"当教师不是机械地重复教育内容，而是将自己的'力'加进了教材时，教育活动对他便不再是被动的、外在的，而正是教师本性力量的流露。"① 如果教师在教育教学活动中慎思而明辨、通达而圆润，不仅用书本上的知识去教育学生，而且用自己对人生的体验、对世事的洞见、饱满的激情、崇尚的灵魂去影响学生，那么，不仅学生可以感受到教育的优雅与丰盈，师生能在一起创造和享受着美好而有意义的教育生活，而且教师在育人的过程也已达成育己，在关注生命价值的同时，自己的生存方式也获得了人文意义与生命意义。

　　教育生活中的教师只有充满开拓的智慧与活力，才能激发对教育现状和自身专业品质的超越与发展。创造的生活反映着人的意志和自由，智慧的实践基于对善的生活方式的追求，教师的实践智慧使得教师在教育过程中可以超越教材与文本，直面生命的意义与价值，超越预设与表演，面对境遇的多元与挑战，超越灌输与授受，享受对话中的生成与精彩，超越框定与局限，追求自身的完善与发展，从而感受生命的充实和生活的雅趣。

（三）教育实践智慧可以改变教师的实践方式

　　教育实践是一个凝聚着教师创造力和精神品质的活动，尤其需要教师把自身的理想、信念，教育的原则和规范，以智慧的方式、实践的途径，内化为个体习惯化的教育品性，成为教师教育生活通达而明智的实践方式。这是一个变革的时代，特别需要教师具备对现实的教育实践生活重建的意识、能力和习惯。面对纷繁多变的教育实际和生命发展状态，教师不能再简单地满足于"生存"的需要，而应该在超越"生存"的基础上为自我生命的存在方式和生存状态赋予深刻的价值和意义。在此基础上，对已有的知识经验和文化底蕴进行重新整合，突破固有的教育惯性成见，质疑各种"已有"的思维品质，进而在打破、解疑和顿悟的过程中改造并超越固有，获得"新生"。教育实践需要教师用智慧践行，将知识与经验、灵感与韬略重新进行内化与建构，修正缄默的"实践性知识"，成为匠心独

---

① 刘次林. 幸福教育论［M］. 南京：南京师范大学出版社，1999. 195.

具又富有教育价值性的践行方式。

教育实践智慧指向"应当"的实践，意味着教师在了解、思考、寻找解决教育实践问题的过程中，自觉探求着智慧的践行方式：以教育的理念和眼光来审视自我的教育实践，以智慧的决策和能力掌控自己的教育生活，将创新的思维和行为渗透到教育的过程中。具体表现在对课程标准的准确解读和教学目标的清晰表达、对教学内容的深度阐释和教学任务的理性分析、对教学方式的独特创新和学习方式的灵活引领、对教学资源的敏感捕捉和对学生的倾听理解等各个教学过程之中。所以，实践智慧一定是"实践"之知，教师只能在"做中学"，要转识成智，需要教师在思索中不断改变原有实践的工具理性趋向和技术化品质，使公共的教育理论真正内化为对自己具有个体意义的实践理论，突破原有的思维框架与行动策略，转变自己的教育实践行为方式，提升教育实践智慧的价值品质。

1. 增强专业敏感，提升解决问题的能力

教师工作有它自身的专业性。面对教育实践中的各种问题，教师应该具备专业的敏感和解决问题的策略。对实践智慧的不懈追寻为教师的专业发展提供了新的视角。通过教育教学实践，教师会积累比较多的"临床经验"，可以更深刻地理解"前临床"的知识。面对各种实际问题，可以迅速启动头脑中的行动预案和问题策略，而不是对教育问题熟视无睹或一筹莫展。理论学习、经验累积和反思探究相结合，为教师有效地解决问题、积累智慧策略提供了有力支助，也使教师更有能力应对不断变化的教育教学工作中的挑战。

教育的对象是人，教育教学面临的是最不确定的人，面对高度不确定的实践环境，其复杂性、特殊性决定了教师不可能像医生、律师一样只需套用某种严格的操作程序就可以解决实际问题，教育理论也不可能完全满足实践的需要，教师必须养成专业的敏感性，积累一种基于"临床经验"的预警能力，学会经常分析、洞察具体的教育教学事件，凭着自身的直觉和不完全的推理等，在实践中自主摸索、总结当下的教育教学究竟应该怎样开展，"一切教育实践……都是智慧性的（thoughtful）和反思性的（reflective），甚至（或者特别是）最好的教育家常常用一种我们大家都感到匮乏且无法进行价值判断的知识来调和他们的教育实践"①。这恰恰告诉我们教育实践智慧对促使教师理性开展教育实践的价值。

———————

① ［加］马克斯·范梅南. 教学机智——教育智慧的意蕴·序［M］. 李树英译. 北京：教育科学出版社，2001.

2. 加强专业反思，提升行为的有效性

教师在教育实践过程中所积累的经验和所获得的知识并不是一种纯粹理性、技术化的知识，而是一种充满智慧的实践性知识。教师自觉关注教育实践中的问题，从自己的实际情况出发，在行动中反思自己的教育观念和教学行为，在发现问题和解决问题的过程中使自身的观念和行为得到修正与完善。教育实践要求教师"用研究的方式对待自己实际工作中出现的问题"，面对自己的教育教学实践，经常地逆向追问自己："我"这样做意味着什么？"我"为什么要这样做？"我"这样做的理论依据何在？"我"是怎样想的？进而找出教育教学行为中实际潜藏着的基本假设、困惑和问题。教学工作是极为复杂的，尽管有一定的规律，但没有固定的程序和规则可循，它是具有生成性的。教师在教育教学过程中随时随地都可能遇到困难和窘境。每一个教育教学情境，对教师来说都是特殊的，都可能是一个新的困境。它不可能借助于教师预设的规则或程序一劳永逸地得到解决；每一次遭遇问题，教师都可能需要从头开始，重新审视自己的知识、经验，重新经历各种困惑、窘迫乃至危机，重新解构和建构实践智慧。"在实践性行动研究中，参与者监控自己的教育实践，其直接目的是发展他们对实践的判断。专业研究者作为促进者，其作用是提供宣传，以此为依据，实践者来检验自己的观念，从而对自己行为的原因有更多了解，同时也学会更好地进行自我反思。"① 可见，这样的实践过程可以促使教师在与同行之间的观摩、评课中展示和改善自己的教学行为，在与同事、专家的对话交流中觉察、解决问题，提升行为的有效性。

3. 加深合作交流，提升个人知识的价值

英国学者哈格里夫斯（Hargreaves，A.）认为，合作是后现代时期最具前景的元范式（metaparadigm），因为合作能整合各种行动方案、文化、组织和研究成果，应对后现代急速发展、复杂多样、变动不居、价值多元的时代特征。更具体地说，合作能为教师提供情感道德的关怀；打破学科之间的隔阂；提高教学效能；减轻教师负担；促进教师与行政人员关于变革的视域融合；降低环境的不确定性；增强教师对外部变革的适应能力；提高教师的反思能力；增加学习的机会；保证教师的持续发展等。② 诚然，

---

① Cohen, L. & Manion, L. *Research Methods in Education*. London：Routledge & Kegan Paul，1995，p. 189.

② Hargreaves, A.. Beyond Collaboration：Critical Teacher Development in the Postmodern Age. In J. Smyth（Eds.）. *Critical Discourse on Teacher Development*. London：Cassell，1995，pp. 149 – 173.

教师发展不再沦陷于个人的摸爬滚打，单个个体的有限发展也无法满足现代教育的需求，教师发展应该是群体的发展，是教师社团的共同发展，因此需要教师之间的合作交流，需要有团队意识和共享精神，消除教师在业务上的自我封闭状态和摆脱个人经验的狭隘性，养成一种开放的心态，包容和接受同事及他人的意见，学会从多个角度思考问题，一起分享研究成果、经验和问题。同时，教师的个人理论也可以在不断的合作与交流过程中被肯定、对话与理解，它将使教师的专业意义在个人理论的价值中得到提升。

当然，这并不意味着公共理论不重要或可以在实践中忽略它。公共理论作为教师个人理论形成的"语境"，也是教师追寻教育实践智慧的理论根基。学习和吸收公共教育理论是教师工作、生存和发展的一个基本前提。教师的实践智慧必须通过教育实践的锤炼才能提升、发展和丰满。因为面对教育实践中不断涌现出来的新问题、新难题，教师就会产生求助于教育实践理论的冲动，渴求对自己的实践智慧进行审视、诊断、调适，致使原本零碎、模糊的实践智慧变得系统、合理，形成应对实践问题的新韬略。为此，实践智慧既需要教师对自我经验的积累、反思，与同伴的交流、合作，也需要对公共理论知识的领悟和扩展。而这一过程也可以促进教师专业的自觉成长。而当教师在实践过程中，对问题、对教育教学实践所形成的认识与经验进行进一步提炼、抽象、概括并可以在公共领域进行传播时，它就可能被越来越多的人所接受和理解。当教师借助可言说或不可言说的语言和行为与其他同伴进行交流、对话、效仿，并被他人认可、接受时，这种个人化的知识就会逐步成为超越个人的、具有"主体间性"（intersubjectivity）的公共理论。当教师通过理性思维的方式，以对话、叙事和撰写论文等途径把一种实然的教育实践样式、教育活动方式转换、提炼为一种适应面广、合理化程度高的思维范式，教师的教育实践智慧便具有了显性、观念、共享的价值，其中的积极因素得以继承和发扬，消极成分得以清理和过滤，在扬弃、积淀和升华的过程中，最终教师自身也在发展中走向智慧。就如人们所熟悉的李吉林和刘京海，他们的个人教育知识通过反复的实践检验和抽象概括，就形成了享誉教坛的公共教育理论，并为广大教师所共享和交流。所以，教师发展的核心就是要不断提升教育实践智慧的专业品性。以行动的方式、研究的态度对待自己的教育生活，在合作交流中营造良好的学习互动共同体，以智慧的方式成就自己的发展。

参考文献

[外文资料]

1. Buckinghan, B.. *Research for Teachers*. New York: Silver Burdett, 1926.

2. Browhill, R. J.. *Education and the Nature of Knowledge*. London & Canberra: Croom Helin, c1983.

3. Carr, W. & Kemmis, S.. *Becoming Critical: Education, Knowledge and Action Research*. Victoria: Deakin University Press, 1986.

4. Carr, W.. *For Education: Towards Critical Educational Inquiry*. Buckingham: Open University Press, 1995.

5. Carrie Birmingham. Practicing the Virtue of Reflection in an Unfamiliar Cultural Context. *Theory into Practice*, 2003, Vol. 42, No. 3.

6. Clandinin, D. J.. *Classroom Practice: Teacher's Images in Action*. London: Falmer press, 1986.

7. Corey, S.. Action Research in Education. *Journal of Educational Research*, 1954, Vol. 47, No. 1.

8. Dewey, J.. The Relation of Theory to Practice in Education. In Achambault. R. (Eds.). *John Dewey on Education: Selected Readings*. Chicago: The University of Chicago Press, 1964.

9. Elbaz, F.. *Teacher Thinking: A Study of Practical Knowledge*. New York: Nichols Publishing Company, 1993.

10. Elbaz, F.. The Teacher's "Practical Knowledge": Report of a Case Study. *Curriculum Inquiry*, 1981.

11. Elliott, J.. *Action Research for Educational Change*. Buckingham: Open University Press, 1991.

12. Foshay, A. & Goodson, M.. Some Reflections on Cooperative Action Research. *Educational Leadership*, 1953, Vol. 10.

13. Foucault, M.. *The Archaeology of Knowledge*. Translated by A. M. Smith.

London & New York: Tavistock Publication, c1972.

14. Goodson, I.. Studying the Teacher's Life and Work. *Teaching & Teacher Education*, 1994, Vol. 10, No. 1.

15. Grossman, P. L.. Teachers' Knowledge. In T. Husen & T. N. Postlethwaite (Eds.). *The International Encyclopedia of Education* (2nd ed.). New York: Pergamon, 1994.

16. Houser Cather. *Reflections on Teachers Schools and Community*. New York: Teacher's College Press, 1990.

17. Lewin, K.. *Resolving Social Conflicts*. New York: Happer & Brother, 1948.

18. Mckennan, J.. Curriculum Action Research. *A Handbook of Methods and Resources for the Reflective Practitioner*. Second Edition. London: Kogan Page, 1996.

19. Moore, T. W.. *Educational Theory: An Introduction*. London: Routledge & Kegan Paul, c1974.

20. Noel, J.. On the Varieties or Phronesis. *Educational Philosophy and Theory*, 1999, Vol. 31, No. 3.

21. Polanyi, M.. *The Study of Man*. London: Routledge & Kegan Paul, c1957.

22. Polanyi, M.. *Personal Knowledge: Toward a Post-Critical Philosophy*. London: Routledge & Kegan Paul, c1958.

23. Polanyi, M.. *The Tacit Dimension*. London: Routledge & Kegan Paul, c1966.

24. Riding. Online Teacher Communities and Continuing Professional Development. *Teacher Development*, 2001, Vol. 5, No. 3.

25. Schon, D.. *The Reflective Practitioner: How Professionals Think in Action*. New York: Basic Books Inc., Publisher, 1983.

26. Schmuck, R. A.. *Practical Action Research for Change*. Palatine, IL: IRI/Skylight, 1997.

27. Shulman, L. S.. Knowledge and Teaching: Foundation of the New Reform. *Harvard Educational Review*, 1987, Vol. 57, No. 1.

28. Shulman, L. S.. The Dangers of Dichotomous Thinking in Education. In Petter P. Grimmett and Gaalen L. Erickson (Edited by). *Reflection in Teacher Education*. Vancouer: Pacific Educational Press, 1993.

29. Sterberg, R. J. & Horvath, J. A. (Eds.). *Tacit Knowledge in the Professions Practice*: *Researcher and Practitioner Perspectives*. London: Lawrence Erlbaum Associates Inc., c1999.

30. Wideen, M., Mayer-smith, J. & Moon. A Critical Analysis of the Research on Learning to Teach: Making the Case for an Ecological Perspective on Inquiry. *Review of educational research*, 1998, Vol. 68, No. 2.

[中文资料]

1. ［古希腊］亚里士多德. 尼各马可伦理学［M］. 廖申白译注. 北京：商务印书馆，2003.

2. ［美］索尔蒂斯. 教育与知识的概念［A］. 瞿葆奎主编. 教育学文集·智育［C］. 北京：人民教育出版社，1993.

3. 金生鈜. 理解与教育——走向哲学解释学的教育哲学导论［M］. 北京：教育科学出版社，1997.

4. ［美］弗洛姆. 弗洛姆著作精选——人性·社会·拯救［M］. 黄颂杰主编. 上海：上海人民出版社，1989.

5. 张志伟，欧阳谦. 西方哲学智慧［M］. 北京：中国人民大学出版社，2000.

6. ［日］今津孝次郎. 变动社会的教师教育［M］. 名古屋：名古屋大学出版会，1996.

7. ［德］雅斯贝尔斯. 什么是教育［M］. 邹进译. 北京：生活·读书·新知三联书店，1991.

8. ［日］佐藤学. 课程与教师［M］. 钟启泉译. 北京：教育科学出版社，2003.

9. ［加］马克斯·范梅南. 教学机智——教育智慧的意蕴［M］. 李树英译. 北京：教育科学出版社，2001.

10. ［英］迈克尔·波兰尼. 个人知识——迈向后批判哲学［M］. 许泽民译. 贵阳：贵州人民出版社，2000.

11. ［巴西］保罗·弗莱雷. 被压迫者教育学［M］. 顾建新等译. 上海：华东师范大学出版社，2001.

12. ［英］罗素. 人类的知识［M］. 张金言译. 北京：商务印书馆，2001.

13. ［美］马丁. 当代叙事学［M］. 伍晓明译. 北京：北京大学出版社，1990.

14. ［英］贝利．什么是知识［A］．沈剑平等译．瞿葆奎主编．教育学文集·智育［C］．北京：人民教育出版社，1993.

15. ［英］约翰·洛克．教育漫话［M］．傅任敢译．北京：教育科学出版社，1999.

16. ［法］米歇尔·福柯．规训与惩罚：监狱的诞生［M］．刘北成，杨远婴译．北京：生活·读书·新知三联书店，1999.

17. 赵祥麟．外国教育家评传［M］．上海：上海教育出版社，1992.

18. 王天一，夏之莲，朱美玉．外国教育史（上册）［M］．北京：北京师范大学出版社，1993.

19. 教育部师范教育司．教师专业化的理论与实践［M］．北京：人民教育出版社，2003.

20. 梁忠义，罗正华．世界教育大系·教师教育［M］．长春：吉林教育出版社，2000.

21. 陈永明．国际师范教育改革比较研究［M］．北京：人民教育出版社，1999.

22. 金生鈜．德性与教化——从苏格拉底到尼采：西方道德教育哲学思想研究［M］．长沙：湖南大学出版社，2003.

23. 石中英．知识转型与教育改革［M］．北京：教育科学出版社，2001.

24. 叶澜，白益民等．教师角色与教师发展新探［M］．北京：教育科学出版社，2001.

25. 叶澜．教育研究方法论初探［M］．上海：上海教育出版社，1999.

26. 刘良华．校本行动研究［M］．成都：四川教育出版社，2002.

27. 王枬等．智慧型教师的诞生［M］．北京：教育科学出版社，2006.

28. 邓友超．教师实践智慧及其养成［M］．北京：教育科学出版社，2007.

29. 刘次林．幸福教育论［M］．北京：人民教育出版社，2003.

30. 施良方，崔允漷．教学理论：课堂教学的原理、策略与研究［M］．上海：华东师范大学出版社，1999.

31. 瞿葆奎主编．教育学文集·美国教育改革［M］．北京：人民教育出版社，1990.

32. 瞿葆奎主编．教育学文集·英国教育改革［M］．北京：人民教育出版社，1993.

33. 瞿葆奎主编．教育学文集·教师［M］．北京：人民教育出版社，1991.

34. 国家教育发展与政策研究中心．发达国家教育改革的动向和趋势——美国、苏联、日本、法国、英国 1986—1988 年期间教育改革文件和报告选编［M］．北京：人民教育出版社，1987.

35. 国际 21 世纪教育委员会．教育——财富蕴藏其中［M］．联合国教科文组织总部中文科译．北京：教育科学出版社，1996.

36. 联合国教科文组织国际教育发展委员会．学会生存——教育世界的今天和明天［M］．华东师范大学比较教育研究所译．北京：教育科学出版社，1996.

37. 联合国教科文组织．世界教育报告 1998：教师和变革世界中的教学工作［M］．罗进德等译．北京：中国对外翻译出版公司，1998.

38. 徐友渔等．语言与哲学——当代英美与德法传统比较研究［M］．北京：生活·读书·新知三联书店，1996.

39. 林一钢．中国大陆学生教师实习期间教师知识发展的个案研究［M］．上海：学林出版社，2009.

40. 叶澜．思维在断裂处穿行［J］．中国教育学刊，2001（4）.

41. 叶澜．让课堂焕发生命活力［J］．教育研究，1997（9）.

42. 叶澜．教育创新呼唤"具体个人"意识［J］．中国社会科学，2003（1）.

43. 鲁洁．论教育之适应与超越［J］．教育研究，1996（2）.

44. 鲁洁．一个值得反思的教育信条：塑造知识人［J］．教育研究，2004（6）.

45. ［美］R. J. 斯腾伯格，［美］J. A. 霍瓦斯．专家型教师教学的原型观［J］．高民，张春莉译．华东师范大学学报，1997（1）.

46. ［加］F. 迈克尔·康内利，［加］D. 琼·柯兰迪宁．专业知识场景中的教师个人实践知识［J］．何敏芳译．华东师范大学学报（教育科学版），1996（2）.

47. 范宁编译．霍姆斯协会报告：明天的教师（1986）［J］．外国教育资料，1988（5）、（6）.

48. 吴德芳．论教师的实践智慧［J］．教育理论与实践，2003（4）.

49. 夏正江．论知识的性质与教学［J］．华东师范大学学报（教育科学版），2000（2）.

50. 肖川. 体验：从知识到教养的中介［J］. 教育参考，2001（9）.

51. 陈向明. 实践性知识：教师专业发展的知识基础［J］. 北京大学教育评论，2003（1）.

52. 李政涛. 教育学的生命之维［J］. 教育研究，2004（4）.

53. 冯建军. 论教育学的生命立场［J］. 教育研究，2006（3）.

54. 张民选. 专业知识显性化与教师专业发展［J］. 教育研究，2002（1）.

55. 邓友超，李小红. 论教师实践智慧［J］. 教育研究，2003（9）.

56. 姜勇. 知识管理：教师专业成长新视角［J］. 教育理论与实践，2004（9）.

57. 刘良华. 行动研究、叙事研究与校本教研［J］. 教师之友，2005（1）.

58. 张学民，申继亮. 国外教师教学专长及发展理论述评［J］. 比较教育研究，2001（3）.

59. 鲍嵘. 论教师教学实践知识及其养成——兼谈教师专业发展的基础［J］. 高等师范教育研究，2002（3）.

60. 鞠玉翠. 行动研究何以联结教育理论与实践［J］. 山东教育科研，2002（7）.

61. 姜勇. 论教师的个人知识：教师专业发展的新转向［J］. 教育理论与实践，2004（6）.

62. 李小红. 教师个人理论刍议［J］. 高等师范教育研究，2002（6）.

63. 陈振华. 解读教师个人教育知识［J］. 教育理论与实践，2003（21）.

64. 邹斌，陈向明. 教师知识概念的溯源［J］. 课程·教材·教法，2005（6）.

65. 席梅红. 教学实践智慧发展论［D］. 华东师范大学博士学位论文，2009.

66. 任永泽. 教育知识的性质研究［D］. 东北师范大学博士学位论文，2009.

67. 刘冬岩. 实践智慧：一种可能的教学价值［D］. 南京师范大学博士学位论文，2006.

68. 靖国平. 教育的智慧性格——兼论当代知识教育的变革［D］. 华中师范大学博士学位论文，2002.

后　记

　　光阴如梭，时光荏苒，转眼间，我在教师岗位上度过了将近三十年，第一次以独立的方式完成人生中的第一本学术著作，心中充满了无尽的感慨，更有意犹未尽之感。

　　尽管我在教育领域里已经徜徉多年，但专业的转折还是要感谢与华东师范大学的美丽"邂逅"。在短短的一年时间里，我领悟了什么是学术、什么是专业发展，并参与到"新基础教育"的课题研究中，了解到教育研究的方式方法，对教育实践有了新的认知。重要的是我"迟钝"许久的思维开始被激活，对职业生命的觉知也是在那里开始醒悟的。于是，我开始学着去思考与探索"教育是什么"、"教育学是什么"，开始探寻与反思教师职业生命的意义与价值，开始追寻对话教育哲理和教育实践的意蕴与交织。在断断续续的思考中，我对这个职业的使命和教育学的内涵有了更深的理解。

　　专业生命的成长是需要历练的，游走于教育的领域里，自觉而有意识的学习是非常有价值的。和不同的学者交流，与不同的导师对话，跟同行教师们探讨，各种思想和观点在一起交织、汇合、碰撞，从而赋予了我无限的灵感，包括与基础教育中的教师们研讨，来自真实教育实践中的肺腑话语带给我的是深刻的启发。如此这般，智慧理性的思想，包容开放的学术，给了我丰富的滋养，让我有勇气去追寻自己的职业人生。尽管至今我依然在上坡路上，但学术给人能量，思想使人自足，这种努力的过程也是自己生命的一种历练。于是，我一直保持着美好的憧憬，去追寻着学术的梦想，去体验着思想的魅力。

　　这本书其实是我这些年来的研究心得，包括我所涉及的教师知识、教师职业幸福、教育智慧、教师专业发展等，连同我所关注的教育实践，构成了全书的主线。我想把自己这些年来的思考，用书籍的方式呈现出来，那也算是对自己努力的一种回馈。

　　感谢在我的专业生命里给我启蒙的叶澜教授，叶老师的学术造诣、治学态度、广阔胸襟、敏锐思想和人生智慧，在不断地影响和激励着我。"你的变化是最大的！"在一次学术例会上，叶老师对我的评价让我惊喜于自己的进步，并开始有了满满的自信。尽管深知自己的学力有限，但导师的精神力量一直在召唤着我孜孜不倦！

感谢在我的职业生涯中一直与我共事相伴的王少非教授，他既是我的学长，也是我的领导，他深厚的学术功力和严谨的思维方式一直是我敬佩和学习的榜样。这么多年来，他在学术和专业上的不断相助帮扶以及工作中的提携与督促，使我不敢懈怠，不言放弃，感激之情无以言表！

感谢在我的生命中以各种形式帮助过我的老师和朋友们，在我困顿、沮丧和焦虑之时，他们总会给予我无尽的力量、信任的目光、鼓励的语言以及默默的帮助，这一切都是人生的财富，感谢生命中的每一次相遇！

感谢生命中一直陪伴我的亲人，是他们用最质朴的情怀，理解和鼓励着我去承载着自己的梦想与期待，默默地支持着我继续跋涉未竟的旅途！

本书在写作过程中，借用了许多前人与学者的观点、思想和研究成果，在此对他们的学术成就、慷慨支持表示由衷的敬意和感谢！

蒋　茵

2015 年 5 月